JIYU SCM DE WULIU ZONGHE SHIYAN

基于SCM的物流综合实验

郑　平　王冬良
王建宇　李文黎　著

人民交通出版社

内 容 提 要

为配合物流专业课程的实验教学，作者设计了这套基于供应链的物流实验，并开发了与实验配套的软件。本书共分3部分(11章)进行介绍，其中：第1部分(第1~3章)为概述；第2部分(第4、5章)为供应链角色操作的意义及功能模块介绍；第3部分(第6~11章)为实验指导。本实验及实验软件的开发，将为应用型物流教育提供一套可借鉴的综合实验。

本书既可供物流类本科生及大专生学习使用，也可供相关专业工作人员参考借鉴。

图书在版编目(CIP)数据

基于SCM的物流综合实验/郑平等著.—北京：人民交通出版社，2011.8

ISBN 978-7-114-09326-5

Ⅰ.①基… Ⅱ.①郑… Ⅲ.①物流－物资管理－高等学校－教材 Ⅳ.①F252

中国版本图书馆CIP数据核字(2011)第157909号

书　　名：基于SCM的物流综合实验
著 作 者：郑　平　王冬良　王建宇　李文黎
责任编辑：张征宇　郭红蕊
出版发行：人民交通出版社
地　　址：(100011)北京市朝阳区安定门外外馆斜街3号
网　　址：http://www.ccpress.com.cn
销售电话：(010)59757969，59757973
总 经 销：人民交通出版社发行部
经　　销：各地新华书店
印　　刷：北京牛山世兴印刷厂
开　　本：787×1092　1/16
印　　张：11.5
字　　数：281千
版　　次：2011年8月　第1版
印　　次：2011年8月　第1次印刷
书　　号：ISBN 978-7-114-09326-5
印　　数：0001～3000册
定　　价：24.00元

前　言

QIANYAN

北京师范大学珠海分校是教育部批准的举办物流学科的院校之一。自成立以来就高度重视物流学科的实验教学，多次到清华大学、华南理工大学、中山大学、北京物资学院等国内物流学科知名高校学习，也多次出访日本、荷兰、新加坡等物流发达国家考察物流教育和实验教学，同时调研了诸多国内物流企业。在此基础上，本着面向学生、结合实际、有利物流教学和科研的原则，完成了《基于 SCM 的物流综合实验》。

随着全球供应链管理技术的发展，物流的地位和作用更加突出，为了结合物流专业课程的实验教学，我们设计了这套基于 SCM(Supply Chain Management 供应链管理)的物流综合实验，并由专业软件人员开发了与实验配套的软件。目前该软件已获得国家版权局计算机软件著作权，登记证书号：软著登字第 0181783 号。

本实验设计及实验软件的开发面向物流类本科生或者物流类大专生，经过六轮的教学检验不断对实验讲义和实验软件进行有针对性的修改，已基本成型，可以为应用型物流教育提供一套可借鉴的综合实验解决方案。由于实验过程基本是供应链各环节真实作业及流程再现，因此也可以说在课堂范围内找到了理论与实际的结合点，这将有助于解决在校学生实习难、实验难的问题。

本书由郑平负责实验整体设计，王冬良负责实验与测试，王建宇、李文黎等负责软件开发。由于物流与供应链涉及范围较广，加之经验不足，有谬误之处诚挚欢迎各位同仁提出宝贵意见。

北京师范大学珠海分校物流学院

郑　平

2011 年 8 月

目 录

MULU

第1部分 概 述

第2部分 供应链角色操作的意义及功能模块介绍

第3部分　实验指导

第1部分　概　　述

第1章 实验概述

1.1 基于SCM的物流综合实验的意义

物流是跨行业、跨地区、综合性的经济活动。美国物流管理协会(Council of Logistics Management)对物流的定义是:“物流是为满足消费者需求而进行的对原材料、中间库存、最终产品及相关信息从起始点到消费地的有效流动,以及为实现这一流动而进行的计划、管理和控制过程”。我国国家标准对物流的解释是“物品从供应地向接收地的实体流动过程。根据实际需要,将运输、储存、装卸、搬运、包装、流通加工、配送、信息处理等基本功能实施有机结合”。物流学是一门汇集了管理学、经济学、计算机、信息科学、工程技术等多门学科的交叉学科,是自然科学、社会科学、工程技术科学互相渗透的应用性学科。我们有理由说物流是一门实践性很强的学科,而实验作为方法论的一个组成部分,其价值和意义已被人们公认。因此,物流实验教学有着积极深刻的作用,是其他任何教学方法所不能取代的。随着全球SCM(Supply Chain Management 供应链管理)技术的发展,第三方物流及“供应商管理库存”管理模式的应用,给SCM赋予了更深刻的意义。正是为了配合物流专业课程的实验教学,我们设计了这套着眼于全面资源整合的基于供应链的物流实验,并聘请专业软件开发人员开发了与实验配套的软件。本实验设计突破了原有供应链管理以制造企业为主,其他供应链上的物流公司、供应商、零售企业都围绕满足其订单需求进行运作的模式,而是着重突出了供应链集成与战略伙伴的概念,将供应链中信息共享与物流服务这些影响供应链效率的因素进行有效融合。这种实验设计更能突出先进供应链管理思想的核心内容,避免在实验中学生将过多的精力用在单纯的流程操作上。第三方物流的业务再现将正确引导学生认识物流的多种形态,让学生通过实验了解第三方物流的服务特点,树立全面的供应链管理控制以达到利润最大化的思想。

本实验及实验软件的开发将为应用型物流教育提供一套可借鉴的综合实验,通过实验教学,综合应用了物流学、仓储、运输、电子商务、财务管理等知识。由于实验过程基本是供应链各环节真实作业及流程的再现,也可以说在课堂范围内找到了理论与实际的结合点,有助于解决在校学生实习难、实验难的问题。

1.2 实验的目的与要求

(1)实验目的。按SCM理念进行实验设计并配备与其相应的实验软件。通过实验教学,使学生基本掌握SCM的作用与意义,了解供应链上各环节的基本工作内容以及它们之间的关系,掌握第三方物流在供应链中的作用和基本操作流程。培养学生科学严谨的工作态度,提高分析问题、解决问题的能力,提高社会适应能力,提升就业竞争力。

(2)实验要求。要求学生熟悉供应链各环节的基本组成、工作内容和具体操作流程,在实验中增强感性认识,从中进一步了解、巩固与深化已经学过的理论知识,通过实验过程中对第三方物流公司的模拟，了解第三方物流公司与传统意义上的物流公司的主要区别，理解第三方物流公司流程运作的特点，及供应商管理库存(VMI)对制造商、零售商带来的理念更新与运作的变革。每次实验前应详细阅读实验指导书，明确实验目的，了解实验任务，边做实验边填写实验报告，最后提交完整的实验任务书。

1.3 实验的内容与实现方法

本实验将模拟某一产品的销售需求带动供应链系统的整体运作流程。实验内容包括零售商销售管理及订购管理，制造商接受零售商订单并进行生产准备，制造商也可以根据市场预测自主生产，通过 ERP(Enterprise Resource Planning 企业资源计划)的物料需求运算生成原材料的需求，根据材料需求制订采购计划，向供应商采购原材料，供应商与制造商经过谈判签订供销合同，并交由第三方物流公司进行原材料管理及出库、配送等操作，并在制造商要求的时间内将生产所需的原材料配送到位。生产流程将重点模拟产品生产的物料使用及产成品的库存管理，其生产的成品可以选择制造商仓库管理(入库)，也可以选择由物流公司进行产品仓储管理，在完成产品库存管理流程后可进行成品销售。

(1)实验内容。本实验共开设九个实验任务：①实验一 软件使用及新用户注册；②实验二 产品和原材料基本信息维护；③实验三 供应链角色基本信息维护；④实验四 供应链角色关系建立；⑤实验五 原材料采购及财务结算；⑥实验六 产品生产与成品入库；⑦实验七 第三方物流公司仓储实验；⑧实验八 产品订购与销售；⑨实验九 消费者商品订购及收货。

具体实验详见实验任务书(下载地址为 http://www.ns-china.net/down/sys-nos-scm.rar，用户名为 sys-nos-scm，密码为 sysnosscm)。

该实验还包括软件使用、注册管理、班级管理、实验基础信息维护等内容。

(2)实验报告。实验报告从流程控制的角度出发，要求学生在理解供应链流程的情况下，正确填写当前实验所涉及流程的基础数据，必要时画出流程图。

每个实验需完成一个实验报告；每个实验报告附有实验问题与思考。

(3)实验的实现方法。实验的实现方法是将庞杂供应链抽象为五大环节，即销售、制造、供应、终端客户和物流公司，将五个环节组成网链结构模型，如图 1-1 所示。

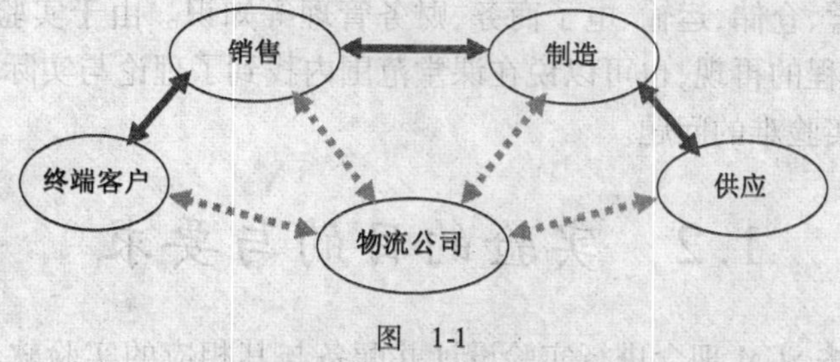

图 1-1

将供应链上每个环节的工作内容进行归纳，总结出学生应了解和掌握的工作流程和知识点，再将工作流程和知识点串成实验内容，根据各个环节的工作特性和目标，结合实验内容，确定软件的分解模块，实验软件开发主要依据企业实际应用软件。本实验中涉及市场营销、电子商务、财务管理、仓储、运输、配送、物流管理等几门课程，因此本实验注重于各科知识的综合运用。

1.4 基于SCM的物流综合实验的特点

(1)实验架构和实验内容来源于实践,并结合了最新的SCM控制成本理论,突显了物流在新的SCM思想下的作用。

(2)将庞杂的供应链抽象为五个环节,并由此组成网链结构模型,有利于对SCM控制成本思想的理解,有利于分解供应链上各环节的工作内容,有利于分析工作流程和掌握它们之间的联系。

(3)将物流、营销、电子商务、财务管理等课程所学知识综合应用。

(4)在课堂上再现实际工作流程,找到简捷的理论与实践结合点,最大可能地解决实习难、实验难的问题。

(5)可选择单独进行或分角色进行的实验模式。学生既可以单独进行实验,也可以通过扮演供应链中的单一角色,分组进行实验。通过角色转换,使之掌握销售管理、制造商管理、物流公司管理、供应管理的流程和细节,熟悉供应链的运作模式,切身体会到供应链各个环节中不同当事人面临的具体工作以及他们之间的互动关系。

(6)教师可自定义实验难度。根据不同的行业特点,教师可以在他的管理中心对学生的上机实验进行行业设定、产品设定、原材料设定、上游供应商及供应商的供应商设定、下游零售商及第三方物流公司设定,通过不同的设定可以调整实验难度。

第2章 系统概述

2.1 基于SCM的物流综合实验教学软件简介

“基于SCM的物流综合实验教学软件”是在广泛调研了零售业、制造业、物流公司、网络销售等企业的操作流程的基础上,尽量保持原始操作的真实性而组成的教学软件,并采用国际标准JAVA2 EE(Java 2 Platform Enterprise Edition)技术作为开发平台,通过组件式开发和模块拼装,使其具有较高的实用性,同时保持了软件的可维护性、移植性和安全性。系统采用标准浏览器/应用服务器/数据库服务器三层结构,以B/S方式来实现教师与学生的教与学的实际操作过程。本软件主要从“供应链计划”(SCP)和“供应链执行”(SCE)的角度去考虑,突出物流在整个供应链管理中的地位,以及物流在供应链全程成本控制中的作用。物流业务涉及供应链管理的各个环节,该软件通过“操作层”、“决策层”和“电子商务层”这一结构框架,为物流教学实验提供了全面资源整合的解决方案,真实地反映供应链环境下各公司之间的动态配合。在不同类型公司中还融入了企业经营的理念,学生可以用某一企业的经营为主,来协调和配合其他企业的运作,从而加深学生对供应链的理解,掌握物流企业在供应链中的作用。

2.2 系统功能

“基于SCM的物流综合实验教学软件”是通过对共用数据的采集,为物流教学信息提供基础支撑信息,满足物流实验教学中各种功能的实现;同时通过共享信息支撑学生的实验操作,系统登录页面如图2-1所示。

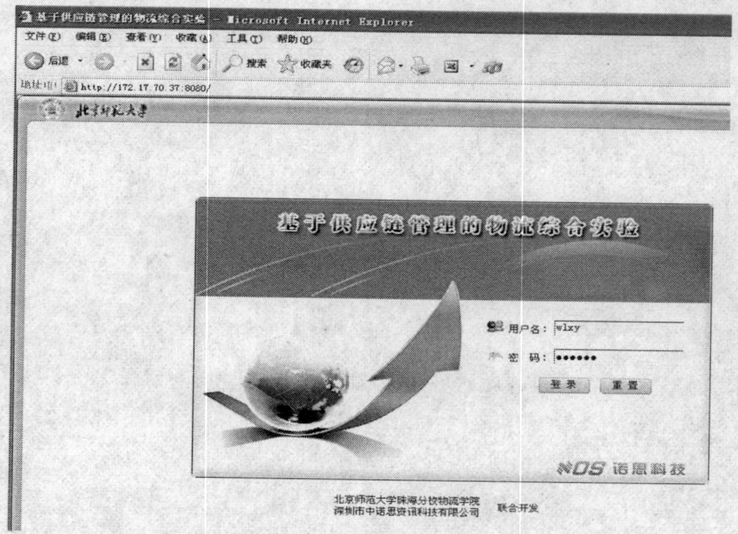

图 2-1

整个系统分为教师后台管理和学生前台操作两部分，教师管理部分为后台管理模块。实验指导教师通过此部分对前台的学生用户进行系统管理。前台学生操作部分分为注册模块和供应链各企业业务操作模块，其模块在页面中的分布显示如图 2-2 所示。

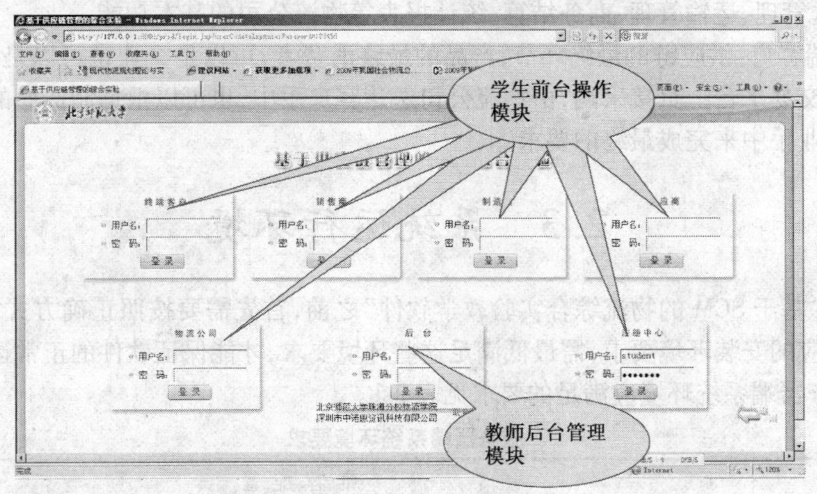

图 2-2

学生用户先通过注册中心模块进行注册，注册完成后学生通过注册的账号登录，进行业务模拟操作。业务模拟部分根据供应链思想，设置了五个供应链上的主体模块：供应商、制造商、零售商、物流公司和终端用户，根据对零售业、制造业、物流公司、网络销售等企业调研情况，参考其操作流程，分别对各主体的作业内容进行了详细的设置，学生可以根据自己对供应链的理解，组合其中的主体模块，来实现自己的业务运作。如可以实现制造商向供应商的原材料采购作业，制造商的生产管理作业，制造商与物流公司的运输、仓储等业务合同签订，零售商向制造商的订货作业，终端用户向零售商网上购买等。物流公司模块可以主要模拟第三方物流公司的作业，实现物流公司为客户的库存管理、运输配送、结算报关等服务。另外，也可以模拟从供应商到制造商，再到零售商，最后到终端用户，全程第三方物流服务的流程作业。

各模块的简介及所包含的作业单元如下。

(1)后台管理：主要是对整个模拟环境基础情况的设定，管理班级、学生，审核学生注册的信息，监控学生操作的过程，了解学生最终学习情况，包括了解系统管理、注册管理、帮助管理等功能。

(2)注册中心：主要是学生在整个供应链的环境下操作时可以模拟不同类型的公司(角色)进行注册，每个公司(角色)可注册 1000 万元的资本来进行供应链过程中各公司之间的业务往来，最终可以了解各公司之间的经营情况，来判断学生的学习效果。

(3)供应商：是整个供应链模拟环境的原材料源头，主要给制造商(生产企业)提供原材料供给来建立自己的客户群体和管理方法，其中包括系统管理、采购信息、业务管理等基本模块。

(4)制造商：制造商又可称为生产商管理(按照制造企业资源计划管理模式设计——ERP)是整个供应链模拟中非常重要的环节，他与供应商、零售商和物流公司协同工作，其中包括系统管理、基本信息、生产计划、电子采购、采购管理、生产管理、仓储管理、零售商管理、销售管理、账务管理、统计查询等基本功能。

(5)零售商：主要是产品销售，其中包括系统管理、基本信息、订购管理、销售管理、仓储管理、管理结算、统计分析等基本功能。

(6)物流公司：在整个供应链环境中主要模拟第三方物流公司的职能，可以配合供应商—制造商—零售商—客户之间货物（物料）的储存、仓库的管理、运输的管理、客户配送的要求及与各商家之间的结算，在整个供应链模拟环境中占有非常重要的地位，其中包括商务管理、仓储管理、配送管理、运输管理、商务结算、统计报表等物流公司的基本功能。

(7)终端客户：供应链的最终环节，产品的最终消费者，可以是企业也可以是个人，他可以从零售商的交易平台上直接采购，由物流公司送达客户手中，也可以根据制造商的要求由物流公司送到企业手中来完成最终的要求。

2.3 系统运行环境

在使用"基于 SCM 的物流综合实验教学软件"之前，首先需要按照正确方式安装该软件，该软件有相应的安装环境要求，需最低满足这些环境要求，才能保证软件的正常运行。

(1)服务器端系统环境应满足的要求见表 2-1。

服务器端系统环境要求 表 2-1

项目	推荐配置
CPU	Pentium（1GHz 以上）推荐使用双核或更高
内存	不小于 512M，推荐使用 1G 以上或更高
硬盘	3G 以上可用硬盘空间
光驱	CD-ROM 或 DVD-ROM
显示器	支持 1024×768 或者更高分辨率的显示器
外围配置	键盘、鼠标或者兼容的指针设备，10/100M 网卡
操作系统	Microsoft Windows 200 Server/Microsoft Windows 2003 Server
浏览器	Microsoft Internet Explorer 6.0 或者更高版本
数据库	Microsoft SQL Server 2000

(2)客户端系统环境应满足的要求见表 2-2。

客户端系统环境要求 表 2-2

项目	推荐配置
CPU	Pentium 500 或以上处理器
内存	128M 或以上内存
显示器	支持 1024×768 或者更高分辨率的显示器
外围配置	键盘、鼠标或者兼容的指针设备，10/100M 网卡
操作系统	WIN 2000、Win XP 及以上操作系统版本
浏览器	Microsoft Internet Explorer 6.0 或者更高版本

当然，该软件也可以独立安装、独立使用。

2.4 软件的安装

在安装实验系统之前，请确认服务器已经安装了 SQL Server 2000 数据库，并确认 SQL Server 2000 数据库服务器已开启。

(1)将物流综合实验软件安装光盘放入光驱,双击自动运行或打开资源管理器找到光盘目录下的“setup. exe”。出现如图2-3所示的窗口界面。

或者下载安装,下载地址为 http://www. ns-china. net/down/sys-nos-scm. rar,用户名为 sys-nos-scm,密码为 sysnosscm。

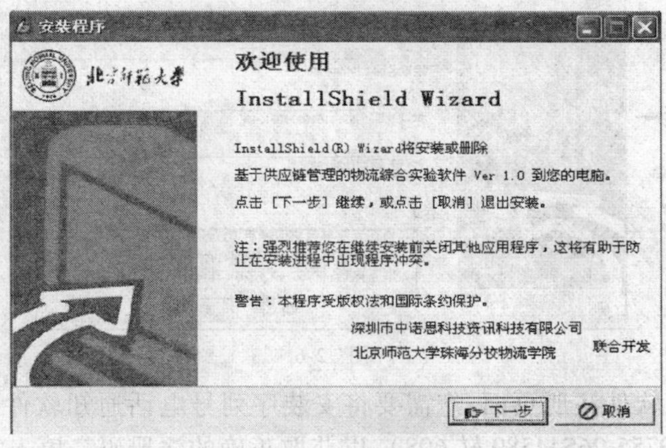

图 2-3

(2)点击安装向导的“下一步”,出现如图2-4所示的窗口界面。

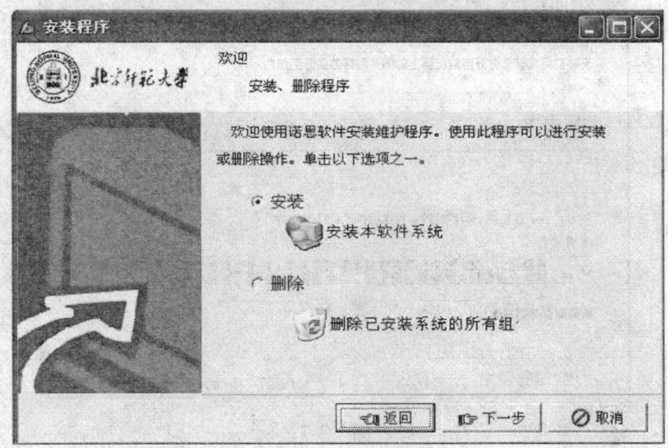

图 2-4

(3)选择“安装”前的单选按钮,点击“下一步”,出现图2-5所示的窗口界面。

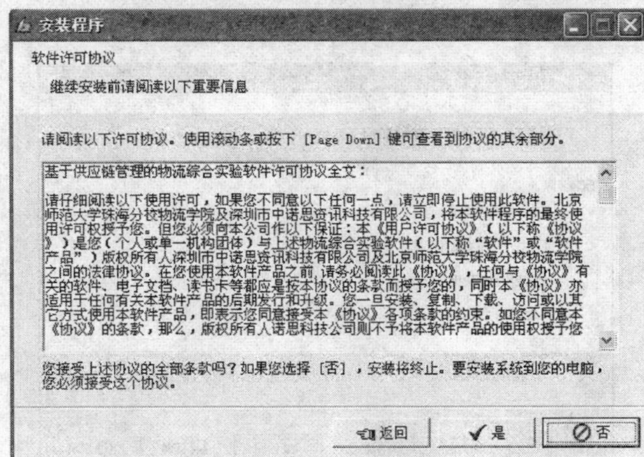

图 2-5

(4)在阅读完软件许可协议后,选择"是"进入软件下一步的安装,将出现如图 2-6 所示的窗口界面。

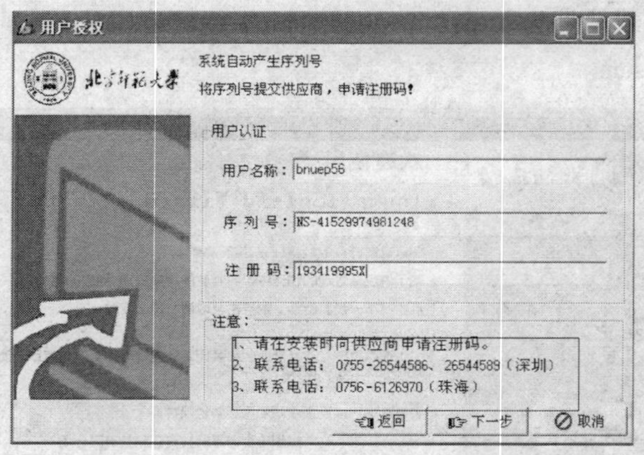

图 2-6

(5)此时将出现软件注册页面,您需要将安装序列号电话通知软件提供商(电话:0755-26544586 转 608 或 0755-26544589 转 608),以获取正确的注册码。填入正确的注册码后,点击"下一步"按钮,将出现如图 2-7 所示的窗口界面。

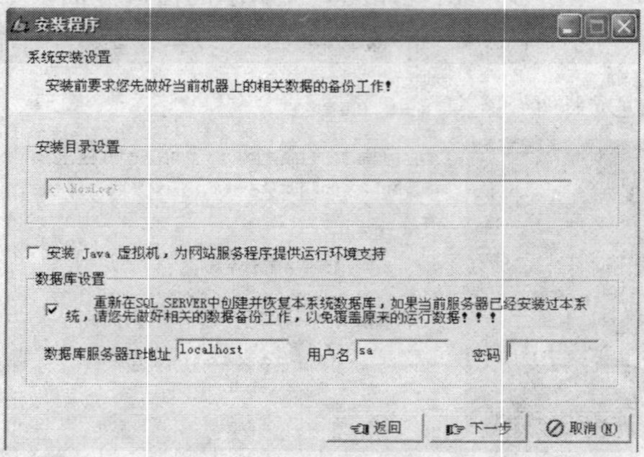

图 2-7

(6)在这里,"安装目录设置"一栏为灰色表示不允许进行更改,我们需要对数据库进行设置以保证软件能够正常连接数据库,正确填写 sa 用户的登录密码后,点击"下一步"进入下一个安装界面,如图 2-8 所示。

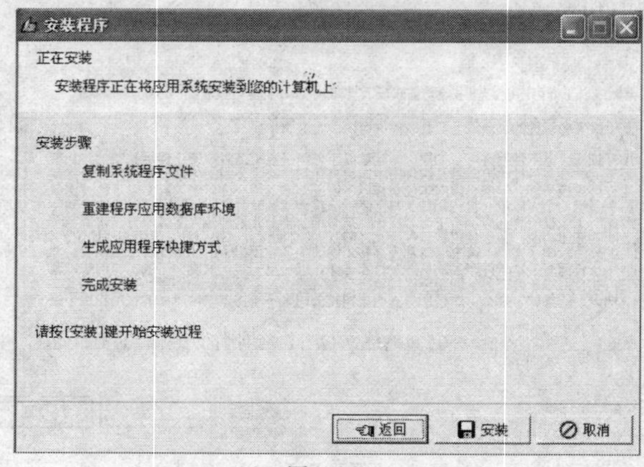

图 2-8

(7)点击“安装”按钮,本界面将显示软件各环节的安装进度,大概需要5分钟,系统完成安装后将出现如图2-9所示的完成界面。

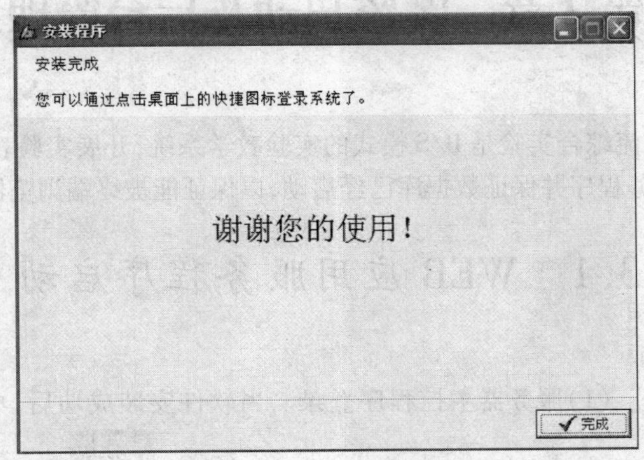

图 2-9

第3章 系统启动及后台管理

基于供应链的物流综合实验是 B/S 模式的实验教学系统，开展实验教学前必须开启服务器上的 WEB 应用服务程序并保证数据库已经启动，以保证能被终端浏览器正常访问。

3.1 WEB 应用服务程序启动

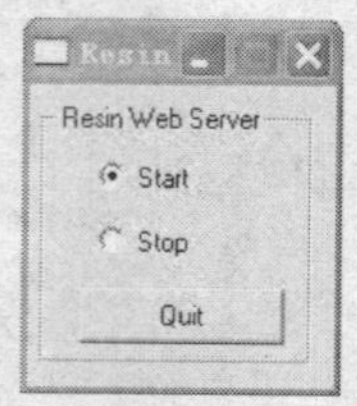

图 3-1

(1)服务器主控程序登录。当软件安装成功后，桌面上应有显示，服务器主控程序启动时首先双击图标，运行基于供应链的物流综合实验软件 WEB 服务器程序，出现如图 3-1、图 3-2 所示的窗口界面，表示服务器主控程序启动成功。该窗口为后台 WEB 服务程序，负责客户端与服务器端的页面交互。

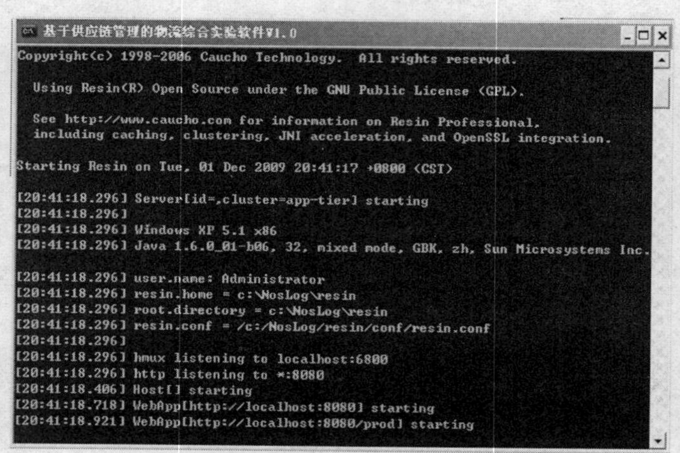

图 3-2

(2)客户端 IE 登录设置。WEB 服务器程序监听端口为“:8080”，因此在学生实验电脑的浏览器地址中输入“http://服务器主机 IP 地址:8080”即可登录实验软件，如图 3-3 所示。

图 3-3

图 3-3 中“172.17.70.37”是服务器主机 IP 地址，“:8080”是服务器监听端口。

3.2 后台管理员登录设置

(1)在局域网内的电脑上打开 IE 浏览器,输入"http://172.17.70.37:8080"(以服务器内网地址为 172.17.70.37 为例),回车后浏览器将跳转到如图 3-4 所示的软件登录界面。

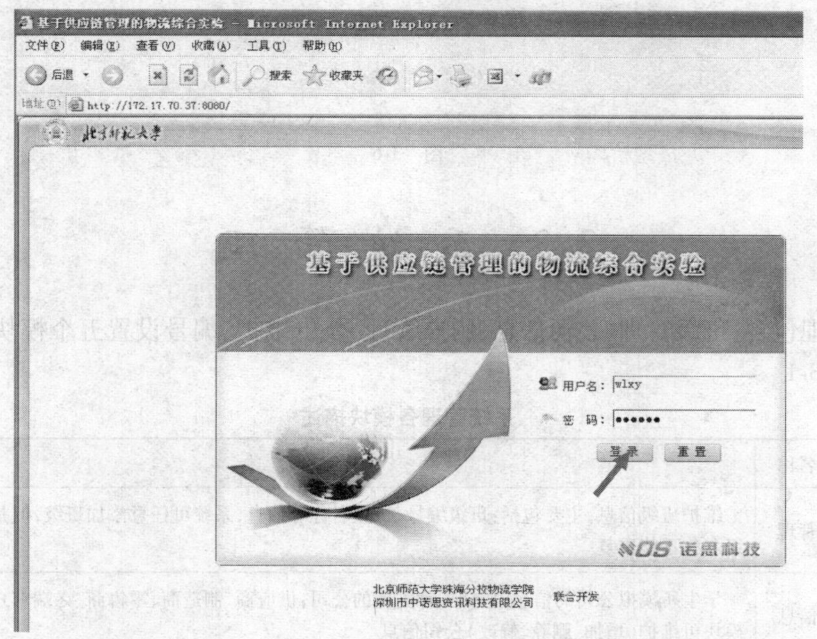

图 3-4

(2)在用户名中输入"wlxy",密码中输入"123456",点击"登录"按钮进入实验角色登录页面,如图 3-5 所示。

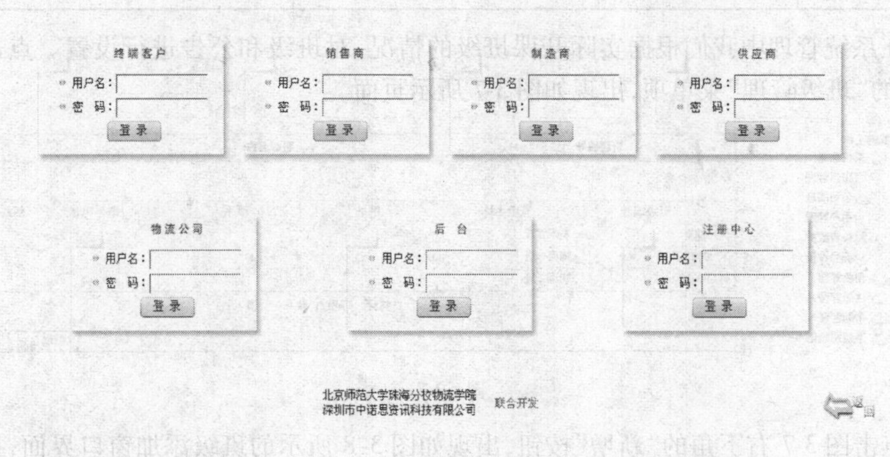

图 3-5

(3)在后台登录对话框中输入用户名"sadmin"、密码"123",点击"登录"进入如图 3-6 所示的后台管理窗口界面。

图 3-6

3.3 系 统 管 理

系统管理包含:班级管理、公司信息、用户管理、公告维护、编号设置五个模块。各模块基本描述见表3-1。

系统管理各模块描述 表3-1

序号	模块名称	模 块 描 述
1	班级管理	维护班级信息,主要包括:班级编号、班级名称等信息,系统可任意添加班级,但是班级编号和班级名称不能重复
2	公司信息	学生所模拟公司的信息,包括五种类型的公司:供应商、制造商、零售商、终端客户、物流公司;该模块可维护(增加、删除、修改)公司信息
3	用户管理	可在此添加系统用户信息,初始情况下,老师以管理员的身份进入,添加另外的教师用户信息,可通过此模块完成。在此添加的用户为非注册用户,而通过注册的方式添加的用户为注册用户。建议学生用户统一通过注册中心注册进入
4	公告维护	向系统所有用户发送窗口底部显示的滚动信息
5	编号设置	定义系统中自动编号的编号规则,建议不要更改

(1)在系统管理中我们根据实际开课班级的情况,对班级和公告进行设置。点击系统管理菜单下的"班级管理"菜单项,出现如图3-7所示页面。

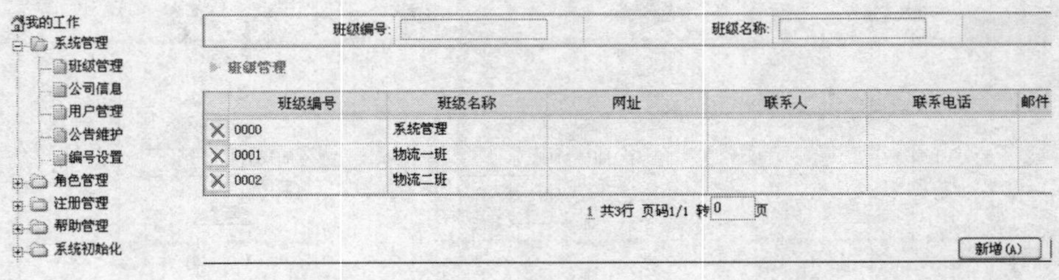

图 3-7

(2)点击图3-7右下角的"新增"按钮,出现如图3-8所示的班级添加窗口界面,按要求添加实验班级,并进行保存即可。

在图3-7界面还可以进行以下操作:

①编辑:点击记录行(除行首的✕外),进入相应班级行记录的编辑界面。

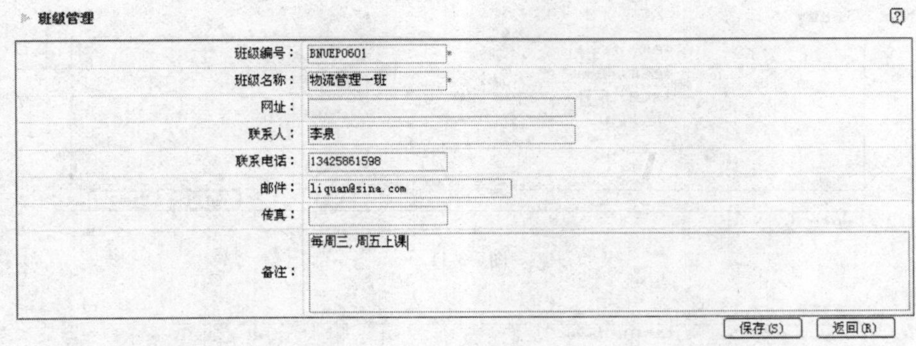

图 3-8

②删除：点击记录行行首的✕，可删除现有的记录。

(3)公告维护。系统管理员可在此点击“新增”，如图 3-9 所示，增加一个公告，向所有用户发送。例如：为了告诉同学后台管理的用户名和密码，就可以增加一公告，公告的内容是“后台的用户名：sadmin，密码：123”，发送后公告的内容就会显示在窗口底部。

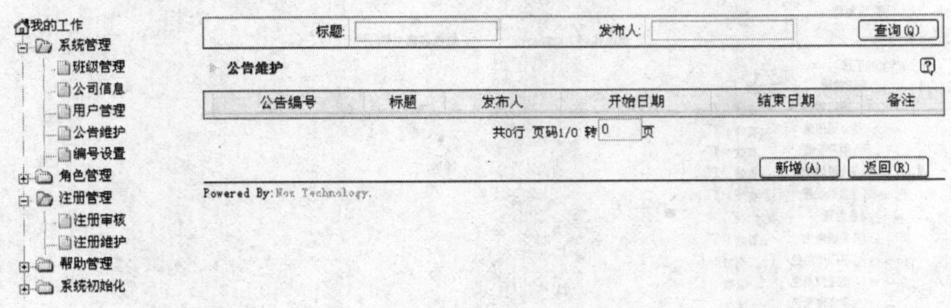

图 3-9

3.4 角色管理

系统设定的角色，不能更改及删除。对于自定义的角色，可以更改删除。

(1)系统角色。点击“角色管理”功能菜单下的“角色”菜单项，出现如图 3-10 所示的系统角色新增页面。

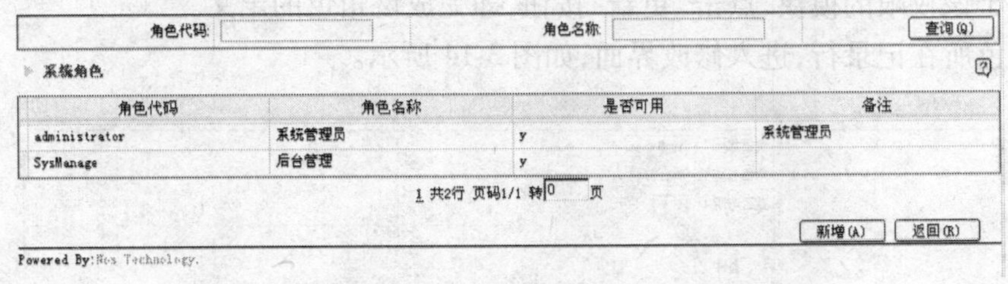

图 3-10

系统管理员通过点击“新增”按钮，添加新的系统角色。点击现有角色，则可对已设置的系统角色进行修改。

(2)新增一个系统角色“SYSadmin”，新增页面如图 3-11 所示。

点击图 3-11 中“保存”按钮，进入如图 3-12 所示界面。

角色管理

角色代码：SYSadmin
角色名称：教师用户
是否可用：y
备注：

保存(S) 返回(R)

Powered By:Nez Technology.

图 3-11

角色管理

角色代码：SYSadmin
角色名称：教师用户
是否可用：y
备注：

保存(S) 菜单权限(M) 返回(R)

Powered By:Nez Technology.

图 3-12

点击“菜单权限”按钮，进入系统角色详细设置界面，如图 3-13 所示。

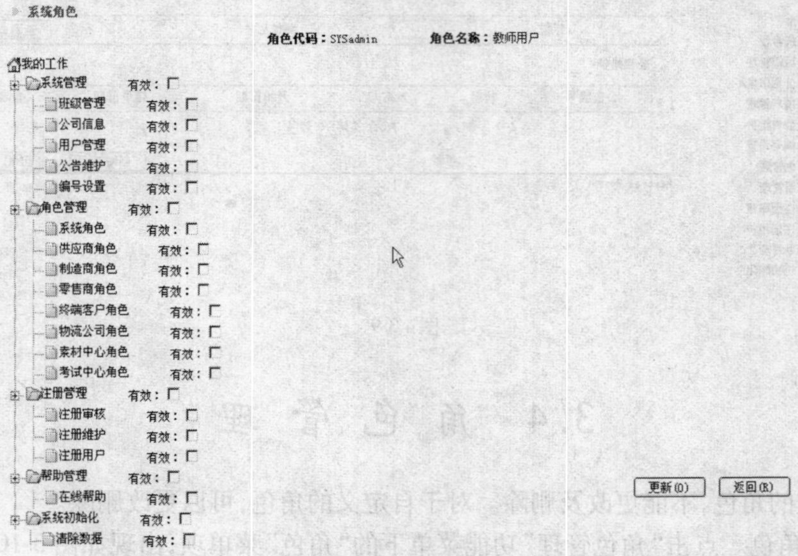

系统角色

角色代码：SYSadmin 角色名称：教师用户

我的工作
系统管理 有效：
班级管理 有效：
公司信息 有效：
用户管理 有效：
公告维护 有效：
编号设置 有效：
角色管理 有效：
系统角色 有效：
供应商角色 有效：
制造商角色 有效：
零售商角色 有效：
终端客户角色 有效：
物流公司角色 有效：
素材中心角色 有效：
考试中心角色 有效：
注册管理 有效：
注册审核 有效：
注册维护 有效：
注册用户 有效：
帮助管理 有效：
在线帮助 有效：
系统初始化 有效：
清除数据 有效：

更新(U) 返回(R)

图 3-13

选择授予该权限的模块，点击“更新”按钮，即完成该角色的定义。

点击角色所在记录行，进入修改界面，如图 3-14 所示。

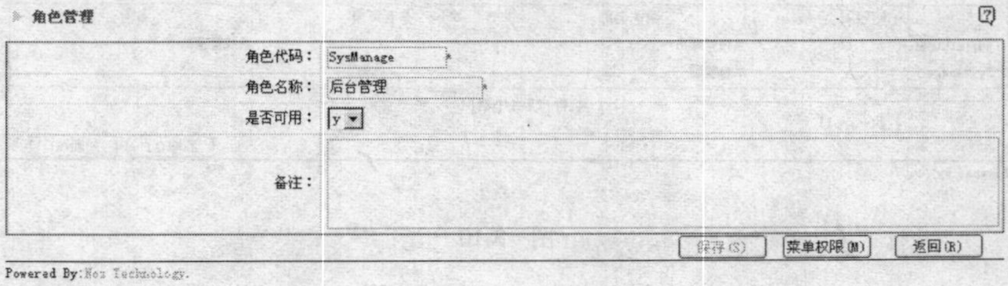

角色管理

角色代码：SysManage
角色名称：后台管理
是否可用：y
备注：

保存(S) 菜单权限(M) 返回(R)

Powered By:Nez Technology.

图 3-14

点击图 3-14 中“菜单权限”按钮，进入“SysManage”角色详细设置界面，如图 3-15 所示。

(3)供应商角色维护。选择供应商角色，对角色的权限等信息进行维护修改。基本操作与系统管理员的权限设置相同，新增页面如图 3-16 所示。

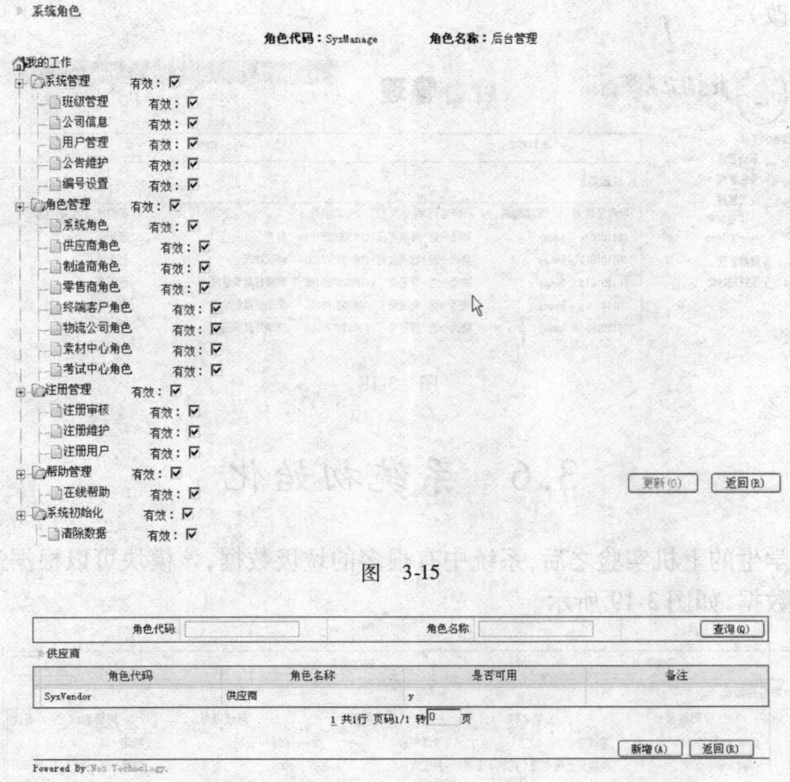

图 3-15

角色代码	角色名称	是否可用	备注
SysVendor	供应商	y	

图 3-16

其他的供应链角色已经进行了定义，在此不再一一进行说明。

3.5 注 册 管 理

注册审核菜单是后台对实验者注册的角色进行审核的模块，其功能菜单项包括注册审核和注册维护。

注册审核用来对注册的学生用户进行审核，使学生注册的用户信息可以登录相应的角色进行实验，注册审核页面如图 3-17 所示。

用户登录名	真实姓名	班级编号	班级名称	注册类型	公司编号	公司名
06110101p	bnuep	0001	物流一班	制造商	COM100726101	文瑞灯具制
061101011	bnuep	0001	物流一班	物流公司	COM100726103	顺风物流
06110101d	bnuep	0001	物流一班	零售商	COM100726102	珠海灯具零
06110101c	bnuep	0001	物流一班	终端客户	COM100726104	林伟
06110101	bnuep	0001	物流一班	供应商	COM100726100	文瑞灯具供

图 3-17

注册维护可以对注册的公司进行基本信息的修改，但不建议通过后台进行维护，完成审核页面如图 3-18 所示（只用于管理员后台修改使用，学生在实验时应避免通过此模块对注册角色信息进行修改)。

图 3-18

3.6 系统初始化

经过一批学生的上机实验之后,系统中有很多的垃圾数据,该模块可以根据需要清除系统中已经存在的数据,如图 3-19 所示。

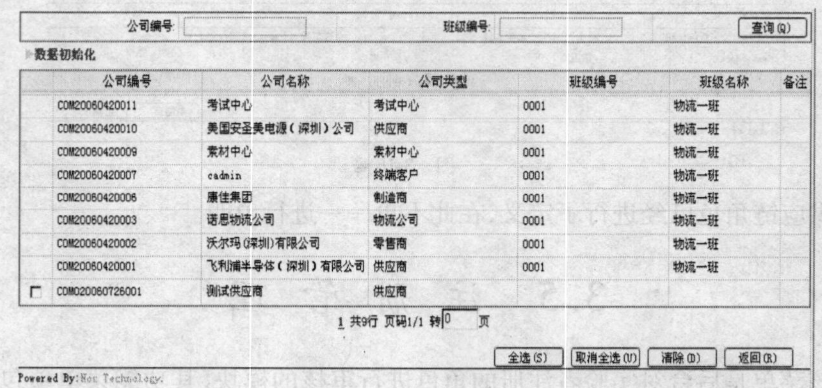

图 3-19

选择一条或多条记录(公司),点击“清除”按钮,系统将清除与该公司相关的用户数据及相应用户在系统所做的实训数据。

第 2 部分　供应链角色操作的意义及功能模块介绍

第4章 系统角色各种操作的理论依据及意义

4.1 系统操作的理论依据及意义

本实验软件是结合供应链企业的实际业务操作流程进行设计与开发的,在具体操作上保留了较多的实际操作内容,在实验思想上也力图使学生在操作的过程中理解操作的依据与实际意义,为其更好地理解供应链角色的各项操作提供保障。本章针对实验软件中的实际操作与软件系统操作中的相关性,就部分操作进行操作依据与实际意义的讲解说明。

企业各种管理系统中的操作是具有权限约束的。企业各部门的业务流程在单据制作和审核上需要确保单据的准确性和合理性,单据审核等关键性操作就需要通过部门主管人员或专职人员进行确认或审核,才能进行下一步操作。企业常用的管理系统通过设定用户权限对用户能否进行关键性操作加以控制。本系统中每一个实验者代表一个供应链角色,如果对每个角色再设定部门管理人员进行审核操作的话,将使实验操作变得太过繁杂,故系统没有对审核操作进行权限管理,但系统依然保留了实际操作中的审核、确认等操作流程,其目的是为了让实验者理解企业中单据的制作与审批是由不同的人员进行操作的,并且各自是有权限之分的。

下面以生产流程为例进行说明:

制造企业的生成订单来源于生产计划单和临时生产订单,生产部门的制单员通常将根据要求先完成当前的生产计划单,将销售部门的生产计划单转化为生产订单,并报生产主管审核,图4-1是生产订单的新增页面。

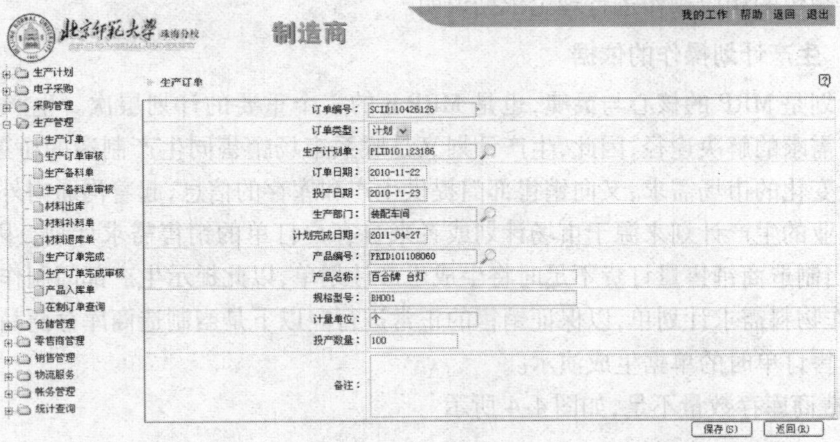

图 4-1

生产部门主管负责生产订单的审核工作,在生产订单审核页面,主管可以查看到等待审核的订单,图4-2为生产订单审核页面。

通过点击订单编号即可看到订单的详细内容,如图4-3所示。

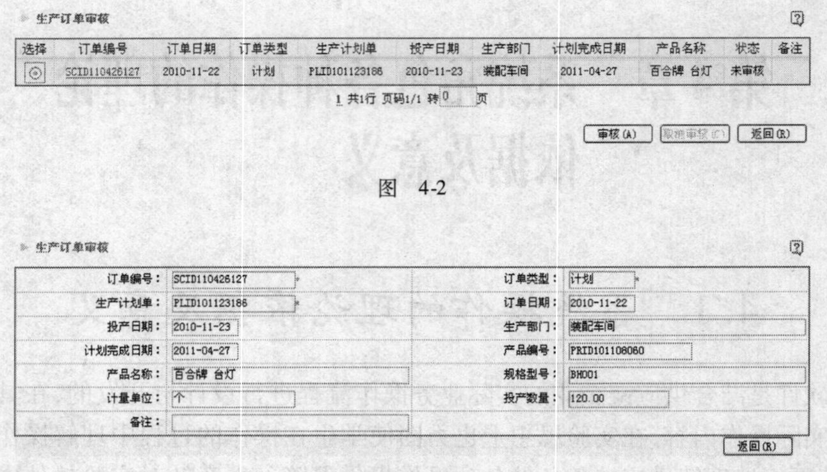

▶ 生产订单审核

选择	订单编号	订单日期	订单类型	生产计划单	投产日期	生产部门	计划完成日期	产品名称	状态	备注
⊙	SCID110426127	2010-11-22	计划	PLID101123186	2010-11-23	装配车间	2011-04-27	百合牌 台灯	未审核	

1 共1行 页码1/1 转0 页

审核(A) 取消审核(C) 返回(R)

图 4-2

▶ 生产订单审核

订单编号：	SCID110426127	订单类型：	计划
生产计划单：	PLID101123186	订单日期：	2010-11-22
投产日期：	2010-11-23	生产部门：	装配车间
计划完成日期：	2011-04-27	产品编号：	PRID101108060
产品名称：	百合牌 台灯	规格型号：	BH001
计量单位：	个	投产数量：	120.00
备注：			

返回(R)

图 4-3

在生产订单审核查看页面中可以看到该订单的投产数量、生产部门等详细信息，主管根据销售订单可能存在的变更和生产计划单随着时间的变化而进行调整，来确定该生产计划单是否需要制单人员进行修改，不需要修改则进行审核。

在以上的两个流程操作上，实际的生产中将由多人来一起完成，但在实验系统中是由制造商角色一个人完成的，制造商角色即是订单的制定者也是订单的审核者。

4.2 制造商各种操作的依据及意义

作为制造企业，其主要的工作部门包括生产部门、销售部门、采购部门、财务部门以及市场推广、物流服务、仓储等部门。在本实验软件中设计有比较典型的生产部门、销售部门、采购部门、财务部门以保证生产企业供应链环节的完整。根据制造商各种实际业务流程，在此对实验中的制造商角色的相应操作进行理论依据说明。

4.2.1 生产计划操作的依据

生产计划是 MRP 的核心与灵魂，也是 MRPⅡ的一个重要的计划层次。生产计划是销售预测与销售需求的解决途径，因此，生产计划又是联系市场销售同生产制造的桥梁，使生产活动符合不断变化的市场需求，又向销售部门提供生产和库存的信息，起着沟通内外的作用。

生产企业的生产计划来源于市场计划或者来自客户订单的销售需求计划。因此，在制造商角色中，当制造商销售量订货不足时将生成生产计划单，以此提示生产部门制作新的生产计划，以便制作物料需求计划单，以保证销售的正常进行。以下是当制造商库存商品不足的情况下接收到销售订单时的单据生成演示。

(1)制造商库存数量不足，如图 4-4 所示。

▶ 成品库存管理

仓库名称	产品名称	规格型号	计量单位	实际数量	库存上限	库存下限	状态
成品仓库	普通台灯	PTTD	台	20.00			正常

1 共1行 页码1/1 转0 页

返回(R)

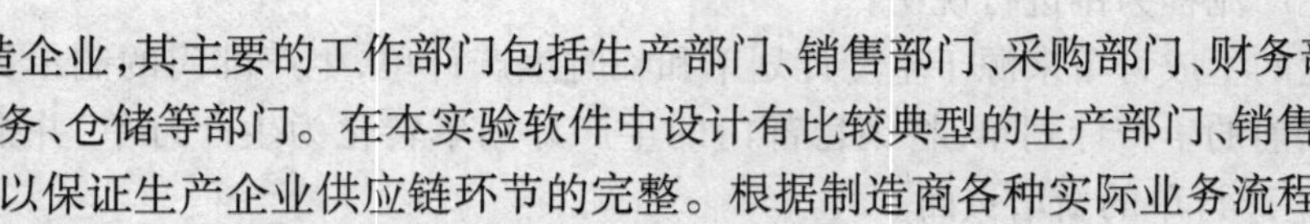

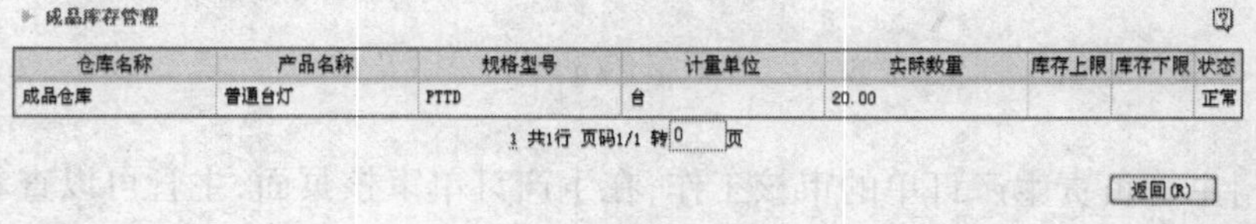

图 4-4

(2)销售出库拣货操作需要分拣 80 台产品，如图 4-5 所示。

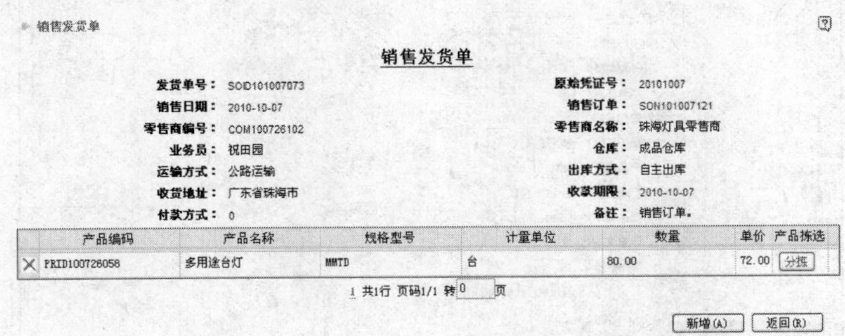

▶ 销售发货单

销售发货单

发货单号：SOID101007073　　原始凭证号：20101007
销售日期：2010-10-07　　销售订单：SON101007121
零售商编号：COM100726102　　零售商名称：珠海灯具零售商
业务员：祝田园　　仓库：成品仓库
运输方式：公路运输　　出库方式：自主出库
收货地址：广东省珠海市　　收款期限：2010-10-07
付款方式：0　　备注：销售订单。

	产品编码	产品名称	规格型号	计量单位	数量	单价	产品拣选
×	PRID100726058	多用途台灯	MMTD	台	80.00	72.00	分拣

1 共1行 页码1/1 转 0 页

新增(A)　返回(R)

图 4-5

点击“分拣”操作，此时系统将提示已经生成了生产计划单，该单据在“生产计划”模块中可以查询到，选择进入后将看到基本信息如图 4-6 所示。

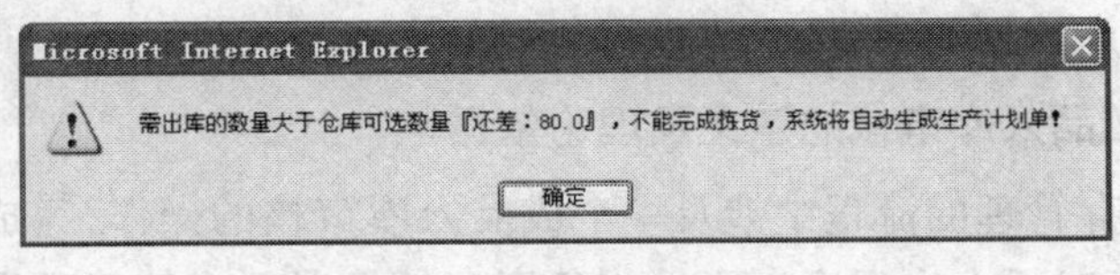

图 4-6

(3)生成 80 台产品的生产计划单，如图 4-7 所示。

计划单号：　　产品名称：　　查询(Q)

▶ 生产计划单制作

	计划单号	原始凭证号	计划投产日期	计划类型	销售订单	生产部门名称	产品名称	计量单位	计划数量	备注	状态
×	PLID101007002		2010-10-07	参考销售订单	SOID101007073		多用途台灯	台	80		未审核

1 共1行 页码1/1 转 0 页

新增(A)　返回(R)

图 4-7

图 4-8 为生产计划单详细页面。

▶ 生产计划单制作

计划单号：PLID101007002
原始凭证号：20101007
计划投产日期：2010-10-07
计划类型：参考销售订单
销售订单：SOID101007073
生产部门编号：DEID100726087
生产部门名称：生产部
产品编号：PRID100726058
产品名称：多用途台灯
产品规格：MMTD
计量单位：台
计划数量：80
备注：为适应销售而生成的生产计划单。

保存(S)　返回(R)

图 4-8

目前，在生产型制造企业中，企业采用的 ERP 系统基本都是采用这种销售拉动生产的模式进行企业资源计划。

对于因扩大市场影响或应对需求旺季所做的生产计划单，在本制造商角色中采用“新增”的方式添加生产计划，单据新增操作如图 4-9 所示(直接生产计划类型)。

生产计划单制作

计划单号：PLID110426190
原始凭证号：20101105
计划投产日期：2010-11-05
计划类型：直接生产计划
销售订单：
生产部门编号：DEID101109089
生产部门名称：装配车间
产品编号：PRID101108060
产品名称：百合牌 台灯
产品规格：BH001
计量单位：个
计划数量：45
备注：直接生产计划单的制作

保存(S) 返回(R)

图 4-9

虽然以上两种生产计划在进行处理的时候是没有区别的，但是在此进行说明，以便大家能够更好地理解企业生产计划的来源。

4.2.2 制造商成品入库审核的意义及理论依据

在制造商进行库存管理的流程中涉及一个成品入库审核的操作，完成该操作使仓库库存进行更新，保证在出库时不会出现库存不足或负库存的情况。仓储管理系统中出现负库存有两种情况：第一种，账外物资未办理退库手续和物资到库未办理入库手续，却办理出库手续；另一种是仓库中成品不足，却已经进行了销售预出库。实际情况下的仓库是不可能出现负库存的，以入库操作为例，货物实际存放在仓库中，当未进行入库审核操作时，系统中的货物是入库操作前的货物数量，只有进行了入库审核操作，系统库存数量才等于实际库存数量。

图 4-10 是在物流公司已经完成原材料入库后，制造商的原材料库存情况。

仓库名称： 物料名称： 查询(Q)

材料库存管理

仓库名称	供应商名称	物料名称	规格型号	库存数量	库存上限	库存下限	状态
宫艺灯饰原材料库	弘扬玻璃制品厂	底座	Jx1	800.00	3000.00	1000.00	库存过低
宫艺灯饰原材料库	弘扬玻璃制品厂	灯泡	Bs1	800.00	6000.00	1000.00	库存过低
宫艺灯饰原材料库	家炫工艺品公司	底座	Jx1	100.00	3000.00	1000.00	库存过低
宫艺灯饰原材料库	博视照明电子厂	灯泡	Bs1	200.00	6000.00	1000.00	库存过低
宫艺灯饰原材料库	弘扬玻璃制品厂	灯罩	hy1	1000.00	6000.00	1000.00	正常

1 共5行 页码1/1 转 0 页

返回(R)

图 4-10

此时，虽然货物已经实际存放在仓库中，但是系统中的库存却没有进行更新。

仓储管理的入库审核页面，找到已经完成物流入库的原材料入库单，选择进行审核，此时原材料库存将更新为入库后的库存量，如图 4-11 所示。

仓库名称： 物料名称： 查询(Q)

原材料库存查询

仓库名称	供应商名称	物料名称	规格型号	库存数量	库存上限	库存下限	状态
宫艺灯饰原材料库	弘扬玻璃制品厂	底座	Jx1	950.00	3000.00	1000.00	库存过低
宫艺灯饰原材料库	弘扬玻璃制品厂	灯泡	Bs1	1100.00	6000.00	1000.00	正常
宫艺灯饰原材料库	家炫工艺品公司	底座	Jx1	100.00	3000.00	1000.00	库存过低
宫艺灯饰原材料库	博视照明电子厂	灯泡	Bs1	200.00	6000.00	1000.00	库存过低
宫艺灯饰原材料库	弘扬玻璃制品厂	灯罩	hy1	1300.00	6000.00	1000.00	正常

1 共5行 页码1/1 转 0 页

返回(R)

图 4-11

因此，入库审核的作用实际是将实际库存更新到系统中的操作。只有完成此操作，入库的原材料或产品才能进行出库或销售。

4.2.3 产品物料清单(BOM)维护的理论依据

物料清单(Bill Of Material，简称 BOM)是详细记录一个项目所用到的所有相关材料及相关属性，即母件与所有子件的从属关系、单位用量及其他属性。在有些系统中也称为材料表或配方料表。在 ERP 系统要正确地计算出物料需求数量和时间，必须有一个准确而完整的产品物料清单表，来反映生产产品与其组件的数量和从属关系。

物料清单是接收客户订单、选择装配、计算提前期，编制生产和采购计划、配套领料、计算成本不可缺少的重要文件。如果没有完整的 BOM 文件，则客户订单的产品将无法生成原材料的采购计划。在制造企业制作生产计划时，要是没有产品 BOM 文件则无法正确计算出生产计划产品所需的物料。因此，BOM 维护对于制造企业的生产、销售、库存管理都至关重要。

本实验系统中的物料清单维护与实际的企业中的多级物料清单是不同的，为了突出供应链实验的重点，本实验系统未设定复杂的 BOM 结构，只设定了一级物料清单，但同学们需要了解企业实际的 BOM 文件的组成及原理，如表 4-1 所示。

产品一级物料清单表 表 4-1

产 品	家用普通台灯		
一级物料清单	灯泡	灯罩	底座

在本 BOM 表中，产品台灯由灯泡、灯罩、底座三个原材料配件组成，其具体数量及型号如图 4-12 所示。

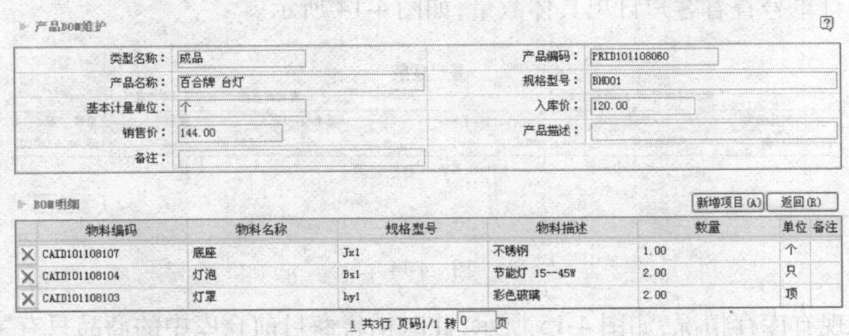

图 4-12

现实企业中的产品分解成的物料清单将有几层甚至几十层，也即组成产品的原材料本身是由多种物料组成。物料清单的维护关系到企业资源计划与物料需求计划等多方面的内容，因此需要更深一层地了解其涉及的知识，避免因本实验的简单描述而出现错误的认识。表4-2是多级物料清单的简单描述。

多级物料清单表 表 4-2

产 品	家用普通台灯					
一级物料清单	灯泡	灯罩		底座		
二级物料清单		布料	定型支架	金属底板	可调支杆	
三级物料清单					支架	固件
…					…	…

4.3 零售商各种操作的依据及意义

“牛鞭效应”是供应链管理的基本原理之一，指的是供应链上的一种需求变异放大现象，是信息流从最终客户端向原始供应商端传递时，无法有效地实现信息的共享，使得信息扭曲而逐级放大，导致了需求信息出现越来越大的波动，此信息扭曲的放大作用在图形上很像一根甩起的牛鞭，因此被形象地称为“牛鞭效应”。可以将处于上游的供应方比作梢部，下游的用户比作根部，一旦根部抖动，传递到末梢端就会出现很大的波动。

在本实验系统中，销售商在接收客户订单需求后，在库存商品不足的情况下将自动生成订购计划单。销售商根据市场及销售情况，向制造商订购产品，其订购产品的数量会有所放大。

(1)销售商接到终端客户 50 台多用途台灯的订单，接收订单后操作页面如图 4-13 所示。

图 4-13

(2)点击订单号查看客户订单具体数量，如图 4-14 所示。

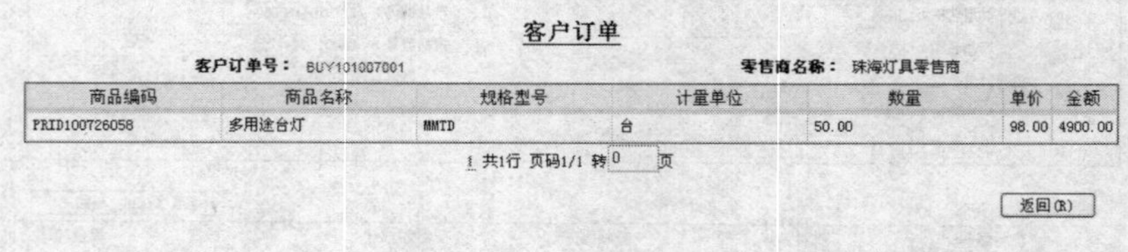

客户订单

客户订单号： BUY101007001　　零售商名称： 珠海灯具零售商

商品编码	商品名称	规格型号	计量单位	数量	单价	全额
PRID100726058	多用途台灯	MMTD	台	50.00	98.00	4900.00

1 共1行 页码1/1 转 0 页

返回(R)

图 4-14

(3)查看现有库存情况，如图 4-15 所示，此时销售商目前仓库中的商品只有“普通台灯”，“多用途台灯”库存数量为 0。

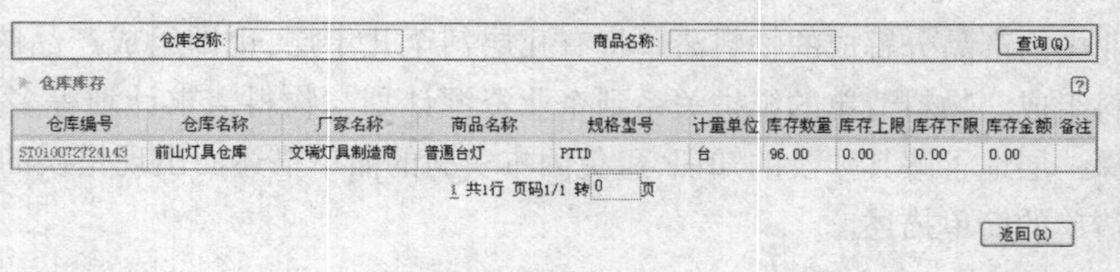

仓库名称：　商品名称：　查询(Q)

仓库库存

仓库编号	仓库名称	厂家名称	商品名称	规格型号	计量单位	库存数量	库存上限	库存下限	库存金额	备注
ST010072724143	前山灯具仓库	文瑞灯具制造商	普通台灯	PTTD	台	96.00	0.00	0.00	0.00	

1 共1行 页码1/1 转 0 页

返回(R)

图 4-15

(4)此时点击“处理订单”，将因为库存数量不足，而自动生成订购计划，如图 4-16 所示。

(5)零售商由于销售库存不足无法完成处理，生成订购计划单，如图 4-17 所示。

(6)点击“订购计划单”进行订购维护，如图 4-18 所示。

(7)查看单据明细，如图 4-19 所示。

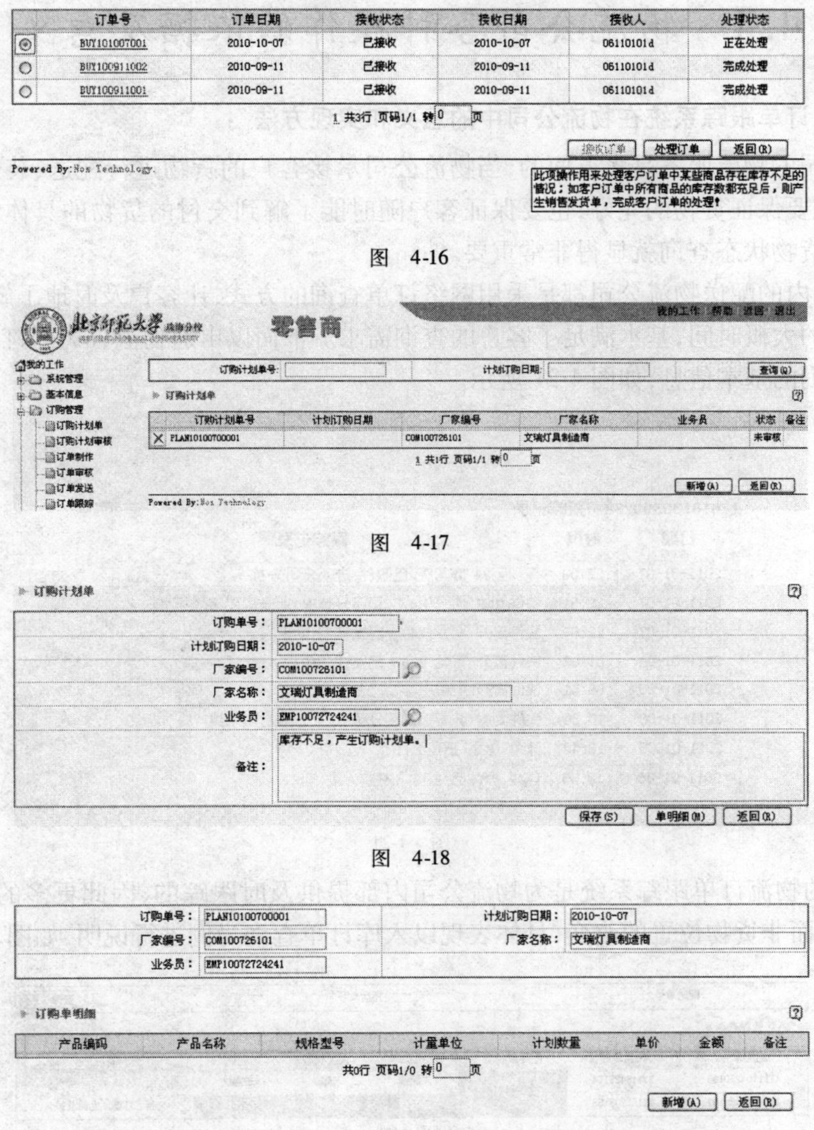

图 4-16

图 4-17

图 4-18

图 4-19

(8)增加订购明细，订购 80 台台灯，大于需求数量 50，如图 4-20 所示。

订购单号：PLAN10100700001　计划订购日期：2010-10-07
厂家编号：COM100726101　厂家名称：文瑞灯具制造商
业务员：EMP10072724241

订购单明细

产品编码：PRID100726058　产品名称：多用途台灯
规格型号：MMTD　计量单位：台
计划数量：80　单价：72.00
金额：5760　备注：客户订单数量为50

保存(S)　返回(R)

图 4-20

系统在订购单中的生成，没有根据销售数量直接产生等量的订购计划，目的在于让实验者更好地理解在实验过程中需求放大的原因。

4.4 物流公司各种操作的依据及意义

4.4.1 订单跟踪系统在物流公司中的意义和实现方法

物流公司的物流服务是多方面的,当物流公司承接客户的货物进行配送、装卸、储存等物流业务时,既要保证货物的完好,也要保证客户随时能了解到交付的货物的具体情况。因此,物流订单及货物状态查询就显得非常重要。

目前,国内的配送物流公司都是采用网络订单查询的方式,让客户及时地了解货物到达每个物流节点的大概时间,基本满足了客户的查询需求。下面以申通物流公司的订单查询为例,说明订单查询的基本信息,如图 4-21 所示。

查询结果

[618130390282]跟踪记录　　　　返回页头

日期	时间	跟踪记录
2011-01-07	22:09	深圳宝城 邱其庆 已收件,进入公司分拣
2011-01-07	22:51	快件到达 西乡中心 ,正在分拣中,上一站是 深圳宝城
2011-01-07	22:59	快件离开 西乡中心 ,已发往 东莞中心
2011-01-08	01:03	快件离开 东莞中心 ,已发往 中山中心
2011-01-08	06:51	快件离开 中山中心 ,已发往 珠海
2011-01-08	10:30	快件到达 珠海 ,正在分拣中,上一站是 中山中心
2011-01-08	18:48	珠海 唐家 正在派件
2011-01-08	18:55	珠海 派件已 签收 ,签收人是 刘

图 4-21

本系统的物流订单跟踪系统是为物流公司内部提供及时跟踪的,因此更多的是体现流程的操作状态,而非货物位置的改变,具体表现以入库订单查询为例进行说明,如图 4-22 所示。

配送单号:　　托运单号:　　查询(Q)

▶ 入库流程查询

配送单号	托运单号	任务单状态	配线状态	调度状态	托运状态	备注
ITB1104250183	TY110425154	已确认	未配线	未确认	未确认	
ITB1012030181	TY101203153	已确认	已配线	已确认	已确认	宫艺灯饰厂仓储业务

1 共2行 页码1/1 转 0 页

图 4-22

4.4.2 货物配载的意义与实现

货物配载是指为具体的运输车辆或航班选配货载,即承运人根据货物托运人提出的托运计划,对所属运输工具的运班确定应装运的货物品种、数量及体积。配载的结果是编制运班装货清单,装货清单通常包括:卸货港站、装货单号、货名、件数、包装、重量、体积及积载因子等,同时还要注明特殊货物的装载要求。

一般来说,轻重搭配是配载的最简单的原则。也就是说用重货铺底,以充分利用运输工具的载重量,轻重货搭配以充分利用其可用空间体积。最后的结果是,轻重货的总重量加起来能无限接近于限定载重量的最大值,轻重货的总体积加起来能无限接近限定体积数的最大值。但轻重货的搭配并不是随意的,而是要达到上面所说的目的,无论是重量还是体积都要无限接近最大化,同时还要产生最佳的经济效益,这就有一个科学的依据和一个科学的比例才能保证上述目的的达成。

为了保证配载的最优化，配载时应注意做好以下几点：①根据运输工具的内径尺寸，计算出其最大容积量；②测量所载货物的尺寸重量，结合运输工具的尺寸和载重量，初步算出装载轻重货物的比例；③装车时注意货物摆放顺序、堆码时的方向，是横摆还是竖放，要最大限度地利用车厢的空间；④配载时不仅要考虑最大限度地利用车载量，还要具体情况具体分析，根据货物的价值来进行价值的搭配；⑤以单位运输工具能获取最大利润为配载总原则。

在做好以上的几点后，配载员通过合理的配载才能保证货物运输的效率和优化。本系统物流公司角色的货物配载操作方式相对比较简单，无法根据实际情况进行真实的模拟，只是简单地对配送货物数量进行配载确认。操作页面如图4-23所示，希望同学们通过这一节内容了解配载的实际操作与意义。

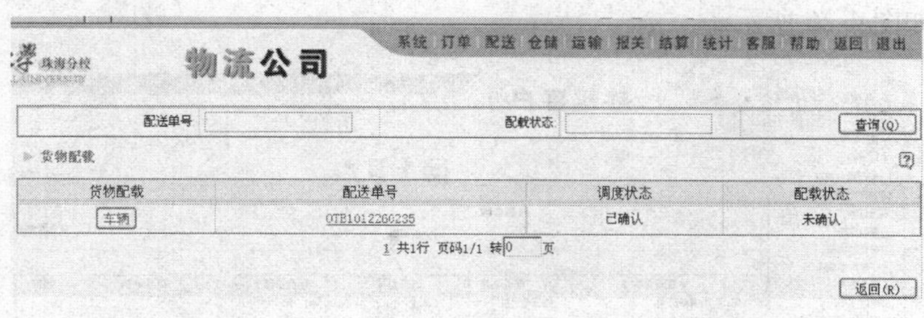

图 4-23

(1)点击“车辆”按钮，对货物进行配载，如图4-24所示。

配送任务单

配送单号：OTB1012260235　　备注：

车辆明细　　返回(R)

配送单号	车牌号	车队编号	车队名称	操作
OTB1012260235	粤T98566	VEID101118036	迅达物流车队	配载

1 共1行 页码1/1 转 0 页

图 4-24

(2)点击“配载”按钮，将需要配载的货物进行配载，点击“保存”按钮即完成了货物的配载过程，如图4-25所示。

配送任务单

配送单号：OTB1012260235　　备注：

货物配载

出库单号	物料编码	物料名称	总数量	已配载数量	待配载数量	备注
OP1012260152	PRID101108060	百合牌 台灯	80.00	0.00	80.00	

1 共1行 页码1/1 转 0 页

保存(S)　返回(R)

图 4-25

最近几年，由于中小企业和个体商户运输业务的增加，货物配载成为一种新发展的货物运输业务模式，出现了很多专门以货物配载为主要业务的物流公司。其业务模式为专门集中同一路线的小批量货物，通过合理的货物配载，提高运输效率，减少了自身的物流成本，降低了单位货物的物流运输价格，为货主提供优质的物流运输服务。

4.5 终端客户各种操作的依据及意义

作为本系统角色之一的终端客户角色，其在供应链环节中是商品的最终用户，是带动市场需求的直接因素。该角色的操作界面功能类似于B2C模式的电子商务平台，目前国内B2C模式电子商务平台有很多，比较常见也被用户接受的有淘宝网、卓越网、当当网等。这些交易平台的功能已经非常完善，从交易的保障措施到商户的信誉评价都设计得很周到。电子商务平台本身是一个非常复杂的系统，但作为供应链中的一个环节，在本系统中终端客户角色通过电子商务平台只是简单地进行商品的订购及收货等操作，以带动供应链各角色的联动。

在此对订购操作的实际意义进行说明。

(1)终端客户通过电子商务平台可以查看到零售商发布的商品信息，点击“ ”按钮，即可进行购买，如图4-26所示。

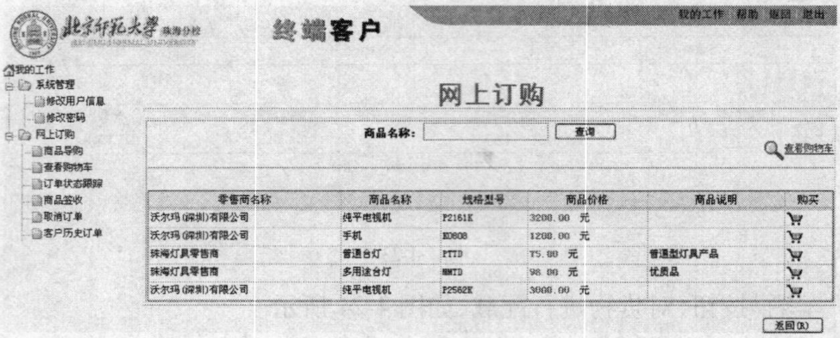

图 4-26

(2)完成商品选择后，在“查看购物车”页面可以看到购物车中商品的情况，通过更新数量，并提交购物单完成商品的采购，如图4-27所示。

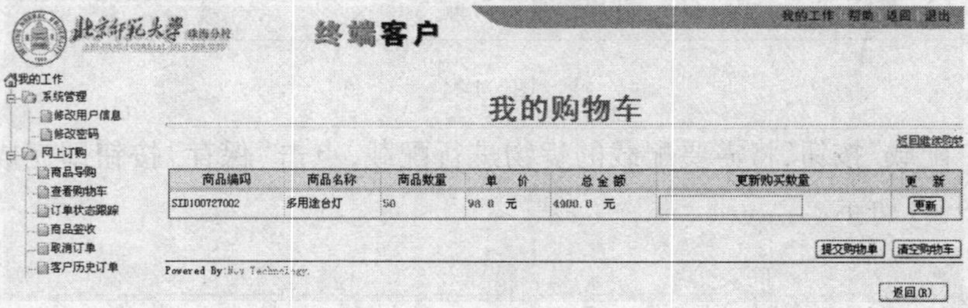

图 4-27

在货物到货后，进行商品签收就完成了本角色的基本操作。在此需要说明的是，现实中的B2C平台中是通过第三方接收订货款并在终端客户正常收货确认后才进行货款支付的。此处说的第三方包括电子商务平台及物流配送公司，如淘宝网就是通过支付宝在平台接收客户货款，而当当网则是通过物流公司在客户收货后接收客户货款，以此保证交易双方的权益。

以淘宝网为例说明一盏台灯的购买流程。首先在查询中输入“台灯”关键字，查询到满意的台灯商品，进行购买，如图4-28所示。

查看客户购物车，按照指引完成订单确认、付款、收货确认等操作，流程示意页面如图4-29所示。

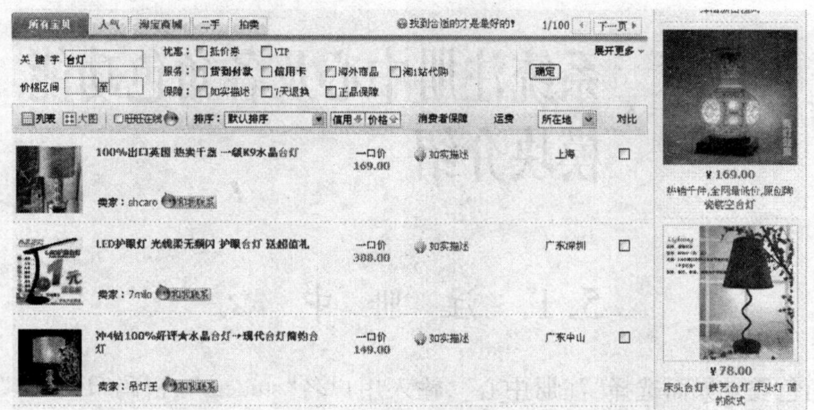

图 4-28

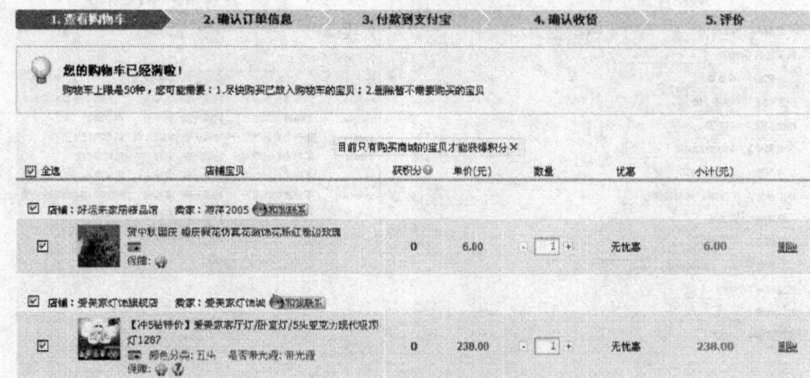

图 4-29

完成购买后，通过平台对购买的商品进行评价，评价体系可以更好地保证信誉等级的公正性，如图4-30所示。

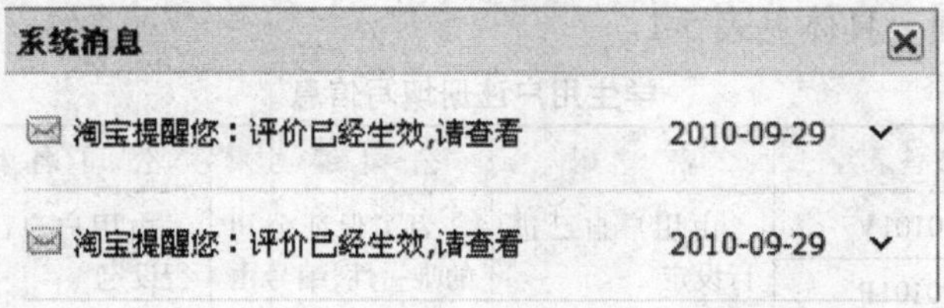

系统消息

淘宝提醒您：评价已经生效,请查看 2010-09-29

淘宝提醒您：评价已经生效,请查看 2010-09-29

图 4-30

第5章　系统注册中心及各角色功能模块介绍

5.1　注　册　中　心

在系统角色登录界面选择“注册中心”，输入用户名“student”、密码“123456”登录角色注册界面。如图5-1所示。

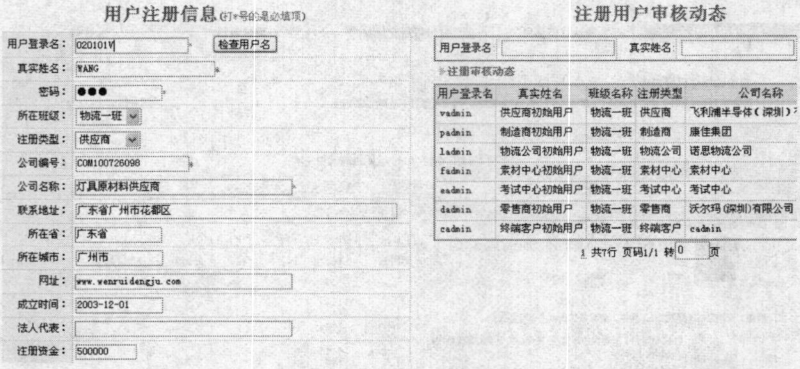

图　5-1

注册中心主要功能是为学生用户提供系统角色注册的接口，并实时查看注册用户审核的动态，了解任课教师对学生用户注册的角色审核的结果。

学生用户通过注册的方式录入用户信息，其中带红色星号的为必填信息，其他为选填信息，但信息应尽量详细。具体见表5-1。

学生用户注册填写信息　　表5-1

注册类型	用户登录名	密　码	公司编号	公司名称	其他信息
供应商	090101V	由用户自己进行设定	为了保证公司的唯一性，编号由系统自动产生	由用户自己进行设定	所在城市
制造商	090101P				联系人
零售商	090101D				联系电话
终端客户	090101C				公司性质
物流公司	090101L				主要产品

（1）用户登录名。系统要求输入英文或数字（限定在8个字符内），建议不要使用中文，可使用学生学号加相应的供应链标识位。

例如：某学生学号为090101，注册供应商时，用户登录名可选择：090101V，其他见表5-1。

（2）注册类型。学生用户为了掌握完整的整条供应链业务运作，应分别完成五种类型的注册，分别是供应商、制造商、零售商、物流公司、终端用户。

（3）公司编号和名称。公司编号系统会自动生成，学生用户不要修改。公司名称可以随用户设定。

(4)真实姓名、密码(1~6 位数字)、所在班级。学生根据自己实际情况填写。同一个班级的同学注册的供应链角色,可以建立供应链联系。

(5)其他选填信息。学生用户可以根据自己实验设计的情况填写,建议尽量填写详细。

5.2 供应商角色功能及模块

选择供应商登录口,以上面注册的供应商登录名和密码登录,点击“登录”进入系统。如图 5-2 所示。

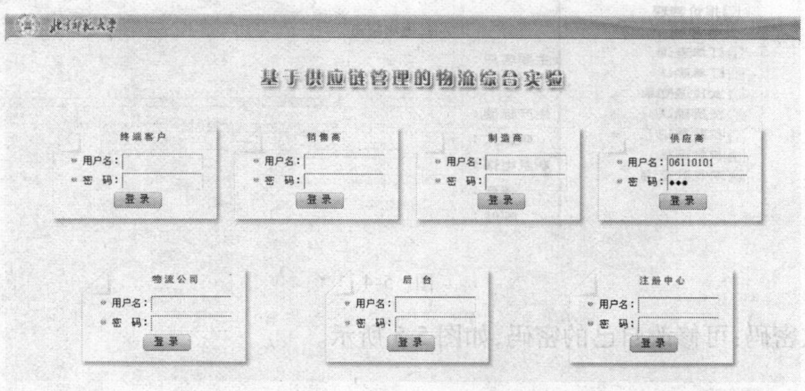

图 5-2

供应链各角色模块都有其角色流程,在页面的中间位置用户可以看到登录角色的流程图,供应商角色工作流程主要有:供应商竞价流程、供应商发货流程。点击流程中的各环节可以进入该流程的详细处理操作,操作页面如图 5-3 所示。

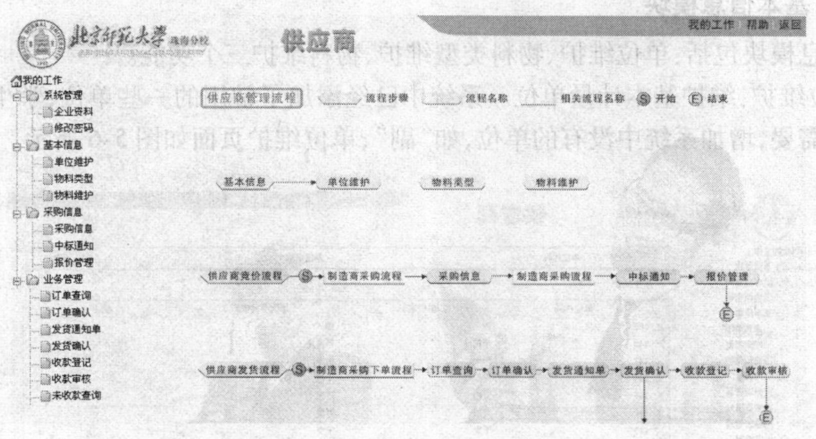

图 5-3

供应商角色要完成其基本的业务流程,需要具备如下基本模块:系统管理模块、基本信息模块、采购信息模块、业务管理模块。现实生活中,供应商往往本身就是成品或半成品的加工制造商,也需要进行原材料采购及产品生产,但是为了使供应链角色能够更加清晰,本实验系统设置了单一提供原材料及半成品的供应商角色。

5.2.1 系统管理模块

系统管理包括企业资料和修改密码。

（1）企业资料：可修改维护注册时输入的公司信息，其中公司编号、公司名称、注册类型不能修改，如图 5-4 所示。

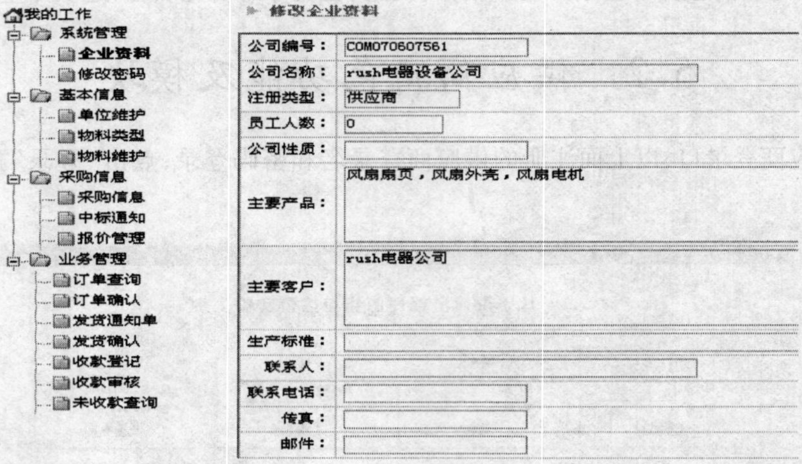

我的工作
- 系统管理
  - 企业资料
  - 修改密码
- 基本信息
  - 单位维护
  - 物料类型
  - 物料维护
- 采购信息
  - 采购信息
  - 中标通知
  - 报价管理
- 业务管理
  - 订单查询
  - 订单确认
  - 发货通知单
  - 发货确认
  - 收款登记
  - 收款审核
  - 未收款查询

修改企业资料

公司编号：	COM070607561
公司名称：	rush电器设备公司
注册类型：	供应商
员工人数：	0
公司性质：	
主要产品：	风扇扇页，风扇外壳，风扇电机
主要客户：	rush电器公司
生产标准：	
联系人：	
联系电话：	
传真：	
邮件：	

图 5-4

（2）修改密码：可修改自己的密码，如图 5-5 所示。

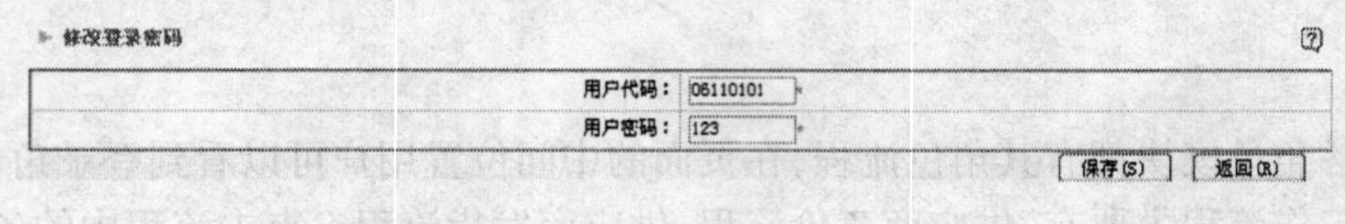

图 5-5

5.2.2 基本信息模块

基本信息模块包括：单位维护、物料类型维护、物料维护三个功能。

（1）单位维护：维护基本计量单位。系统中已经添加了常用的一些单位，学生可根据自己设定的产品需要，增加系统中没有的单位，如“副”，单位维护页面如图 5-6 所示。

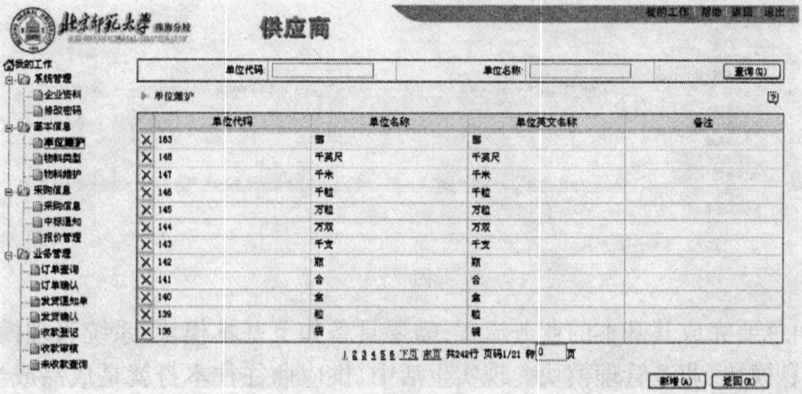

供应商

单位代码　单位名称　查询(Q)

单位维护

单位代码	单位名称	单位英文名称	备注
163	部	部	
148	千英尺	千英尺	
147	千米	千米	
146	千粒	千粒	
145	万粒	万粒	
144	万双	万双	
143	千支	千支	
142	瓶	瓶	
141	合	合	
140	盒	盒	
139	粒	粒	
138	辆	辆	

1 2 3 4 5 6 下页 末页 共242行 页码1/21 转 0 页

新增(A)　返回(R)

图 5-6

（2）物料类型维护：维护供应商所能提供的物料类型。可以通过物料类型维护将供应商提供的物料归类为包装材料、电子产品、化工产品、五金配件等多种类型，物料类型新增页面如图 5-7 所示。

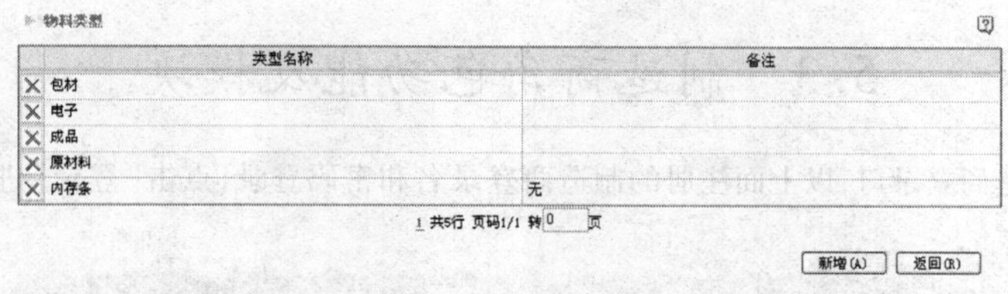

图 5-7

(3)物料维护:维护详细的物料资料。通过新增的方式在系统中添加供应商可以提供的原材料,并选择对应的物料类型,如:新增物料类型为原材料、名称为灯泡的物料,如图 5-8 所示。

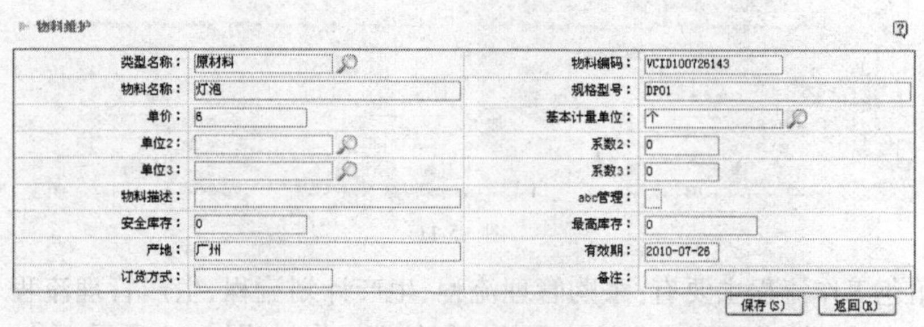

图 5-8

说明:系统中如果出现"🔍"图标时,表示可以通过查找的方式进行选择,切勿通过键盘在输入框直接输入。

5.2.3 采购信息模块

采购信息模块主要功能是查看系统中同一班级制造商角色发出的原材料采购信息,通过网上报价的方式参与竞标。在制造商完成供应商选择后发送中标通知,供应商将通过"中标通知"功能模块查看到本角色中标的产品供应信息,采购信息模块流程图如图 5-9 所示。

图 5-9

供应商通过采购信息功能模块完成竞价流程。

5.2.4 业务管理模块

业务管理模块中有:订单查询、订单确认、发货通知单、发货确认、收款登记、收款审核、未收款查询共 7 个功能模块。供应商通过业务管理功能模块配合制造商采购管理流程单据,完成供应商发货流程,如图 5-10 所示。

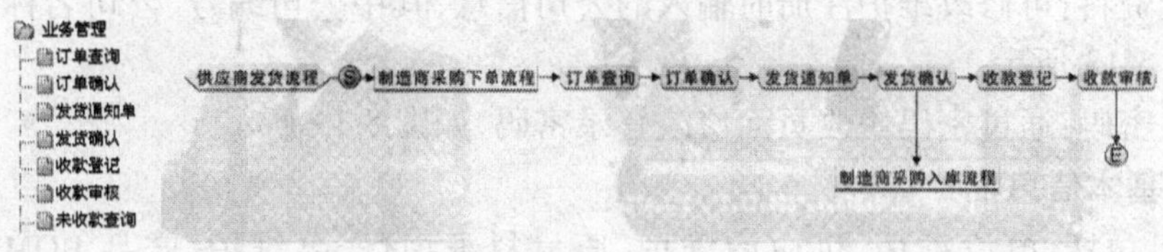

图 5-10

5.3 制造商角色功能及模块

选择制造商登录口，以上面注册的制造商登录名和密码登录，点击“登录”进入系统。如图 5-11 所示。

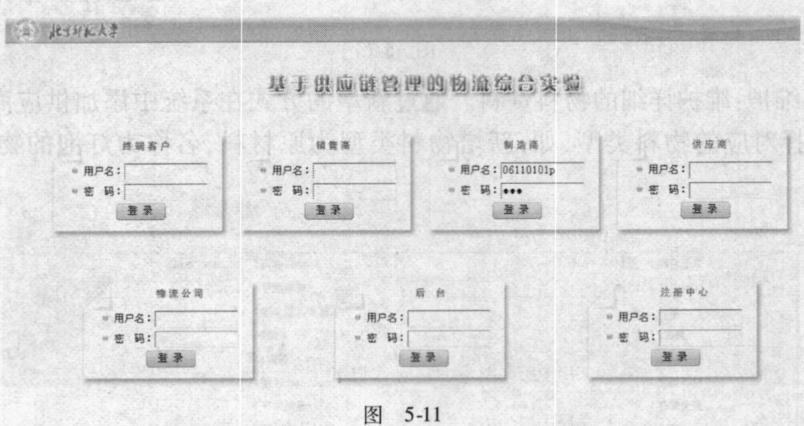

图 5-11

制造商角色工作流程主要有：采购管理流程、生产计划流程、生产管理流程、销售管理流程。点击流程中的各环节可以进入该流程的详细处理操作，如图 5-12 所示。

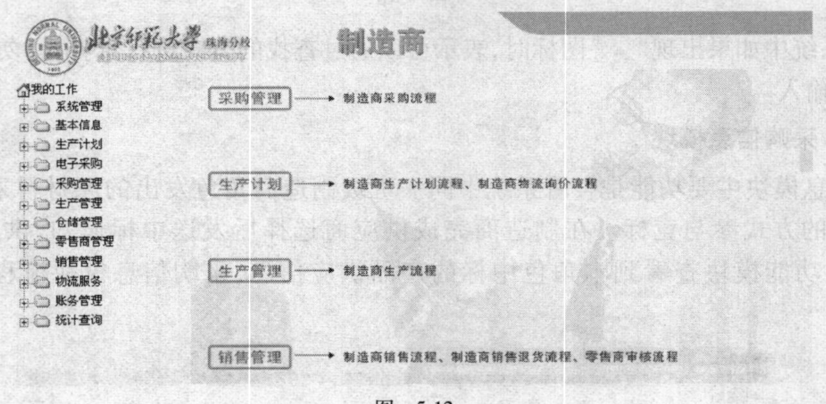

图 5-12

制造商角色进行基本流程操作主要通过“基本信息”、“生产计划”、“电子采购”、“生产管理”、“仓储管理”、“零售商管理”、“销售管理”、“物流服务”、“账务管理”等功能菜单完成，制造商角色是供应链中的核心角色，其与供应链上的各个角色都有较强的联系，将与其他角色一起完成多个系统流程。

5.3.1 系统管理模块

系统管理包括企业资料和修改密码。

(1)企业资料：可修改维护注册时输入的公司信息，其中公司编号、公司名称、注册类型不能修改，如图 5-13 所示。

(2)修改密码：通过密码修改页面修改登录密码，如图 5-14 所示。

5.3.2 基本信息

基本信息包括：单位维护、供应商维护、原材料维护、产品维护、产品 BOM 维护等相关信息。

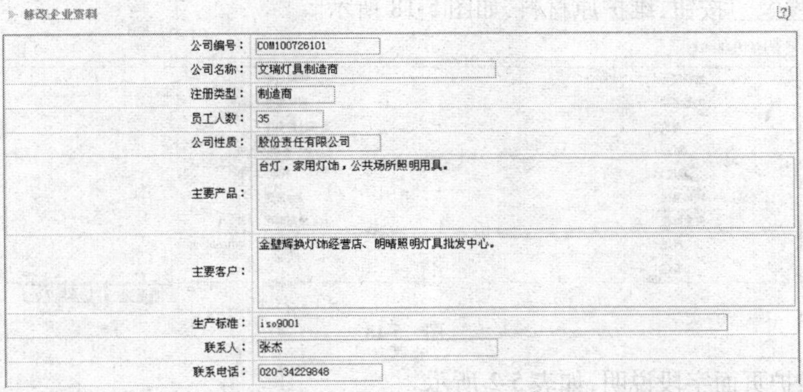

修改企业资料

公司编号：	COM100726101
公司名称：	文瑞灯具制造商
注册类型：	制造商
员工人数：	35
公司性质：	股份责任有限公司
主要产品：	台灯，家用灯饰，公共场所照明用具。
主要客户：	金璧辉煌灯饰经营店、明晴照明灯具批发中心。
生产标准：	iso9001
联系人：	张杰
联系电话：	020-34229848

图 5-13

修改登录密码

用户代码：06110101p

用户密码：123

保存(S) 返回(R)

图 5-14

(1)单位维护:维护基本计量单位,单位新增页面如图5-15所示。

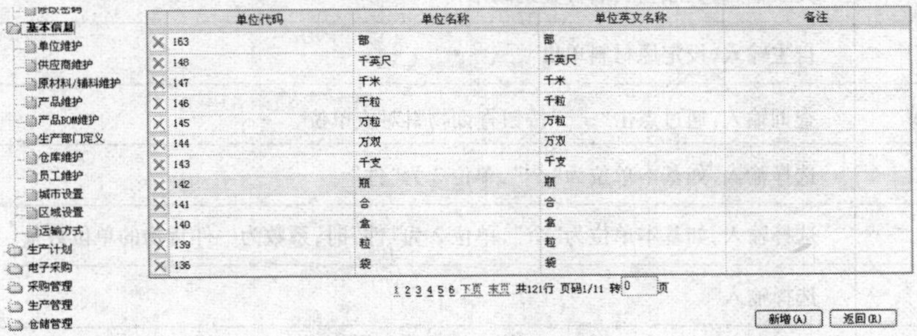

基本信息：单位维护、供应商维护、原材料/辅料维护、产品维护、产品BOM维护、生产部门定义、仓库维护、员工维护、城市设置、区域设置、运输方式；生产计划；电子采购；采购管理；生产管理；仓储管理

单位代码	单位名称	单位英文名称	备注
163	部	部	
148	千英尺	千英尺	
147	千米	千米	
146	千粒	千粒	
145	万粒	万粒	
144	万双	万双	
143	千支	千支	
142	瓶	瓶	
141	合	合	
140	盒	盒	
139	粒	粒	
136	袋	袋	

1 2 3 4 5 6 下页 末页 共121行 页码1/11 转 0 页

新增(A) 返回(R)

图 5-15

根据生产产品的计量需要可以新增新的单位。

(2)供应商维护:对制造商的所有原材料供应商进行管理,在采购流程完成后,对应的供应商信息将自动添加到列表中,制造商角色可在此对供应商的详细信息进行维护,如图5-16所示。

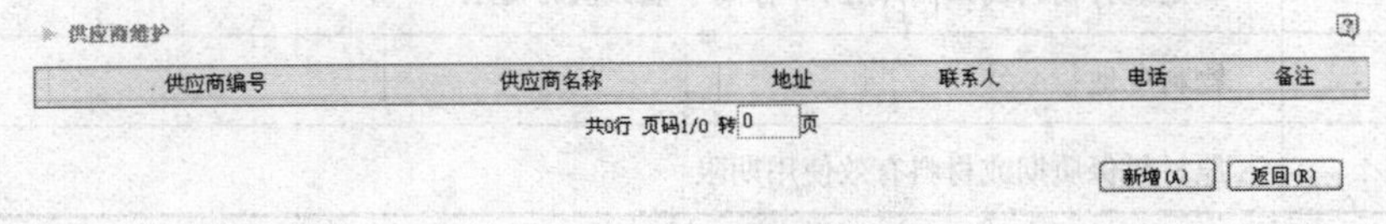

图 5-16

(3)原材料/辅料维护:一方面由制造商根据需要进行物料维护,另一方面,根据统一班级所有供应商维护的物料选择输入,如图5-17所示。

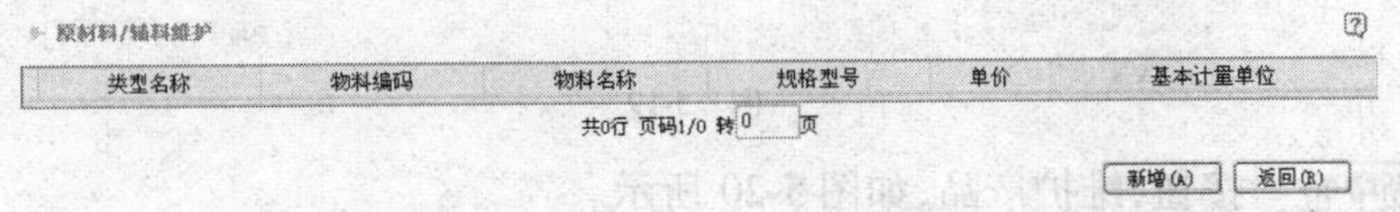

图 5-17

点击 新增(A) 按钮，维护原材料，如图 5-18 所示。

原材料/辅料维护

物料编码：	CAID100726103	物料名称：	
类型名称：		规格型号：	
单价：	0	基本计量单位：	
单位2：		系数2：	0
单位3：		系数3：	0
物料描述：		abc管理：	
安全库存：	0	最高库存：	0
产地：		有效期：	2010-07-26
备注：			

保存(S) 返回(R)

图 5-18

原材料维护页面字段说明，如表 5-2 所示。

原材料维护页面字段说明 表 5-2

字 段 名	说 明
物料编码	物料编码由系统自动产生，不能更改
物料名称	查询输入，通过点击“ ”按钮查询需要添加维护的物料
类型名称	关联输入，关联物料名称查询结果
规格型号	关联输入，关联物料名称查询结果
单价	自主输入，设定原材料单价
基本计量单位	查询输入，通过点击“ ”按钮查询物料对应单位
单位 2	选择输入，如基本单位为“个”，单位 2 为“件”
系数 2	选择输入，如基本单位为“个”，单位 2 为“件”时，系数为一件货物的单位数量
单位 3	选择输入
系数 3	选择输入
物料描述	选择输入，对物料进行简单描述
ABC 管理	按 ABC 管理法对物料进行管理，A 类是管理的重点，B 类是次重点，C 类是一般
安全库存	设定该物料的最低安全库存，低于安全库存需要进行订购提示
最高库存	设定该种物料的最高库存，库存高于该数值时提示
产地	物料产地
有效期	原材料保质期或材料有效使用期限

(4)产品维护：新增并维护制造商生产的成品信息，新增页面如图 5-19 所示。

图 5-19

点击 新增(A) 按钮，维护产品，如图 5-20 所示。

产品维护页面字段说明，如表 5-3 所示。

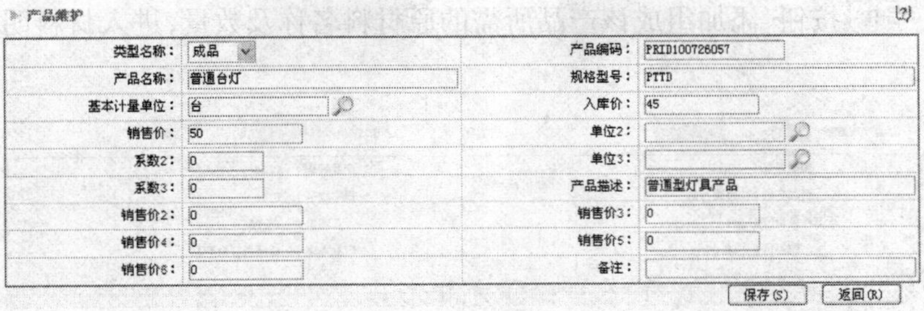

图 5-20

产品维护页面字段说明 表 5-3

字 段 名	说 明
类型名称	通过下拉按钮选择对应的类型
产品编码	系统自动生成,不能更改
产品名称	必须输入,自主输入产品名称,不能为空
规格型号	必须输入,自主定义产品规格型号,不能为空
基本计量单位	查询输入,通过点击“🔍”按钮查询产品对应单位
入库价	产品生产成本价
销售价	产品销售定价
单位 2	选择输入,如基本单位为“个”,单位 2 为“件”
系数 2	选择输入,如基本单位为“个”,单位 2 为“件”时,系数为一件货物的单位数量
销售价 2	选择输入
产品描述	选择输入,对产品进行简单描述

(5)产品 BOM 维护:维护产品的组成清单,如图 5-21 所示。

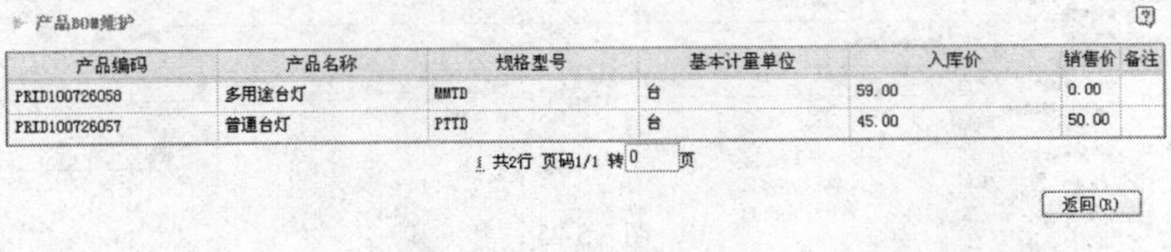

图 5-21

用鼠标选中要进行 BOM 维护的产品,单击鼠标左键进入维护界面,如图 5-22 所示。

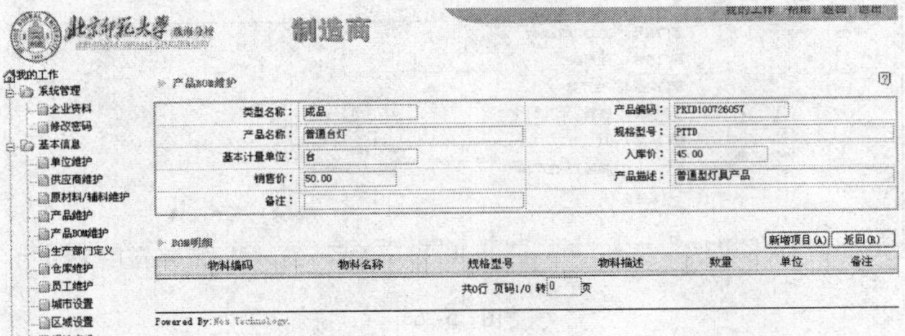

图 5-22

点击 新增项目(A) 按钮，添加组成该产品所需的原材料名称及数量，进入材料明细增加页面，如图5-23所示。

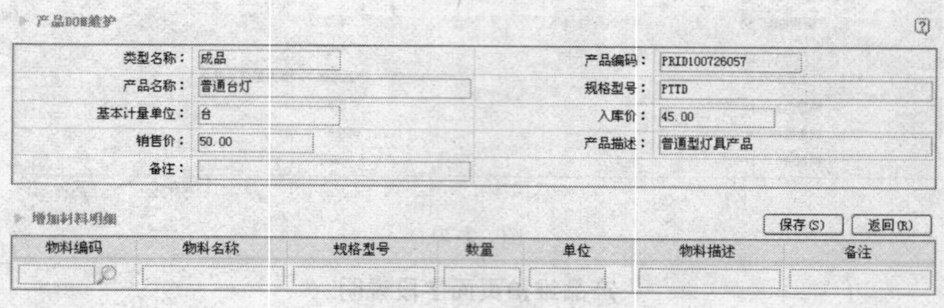

图 5-23

点击查询按钮，选择需要的原材料，完成产品 BOM 维护，如图 5-24 所示。

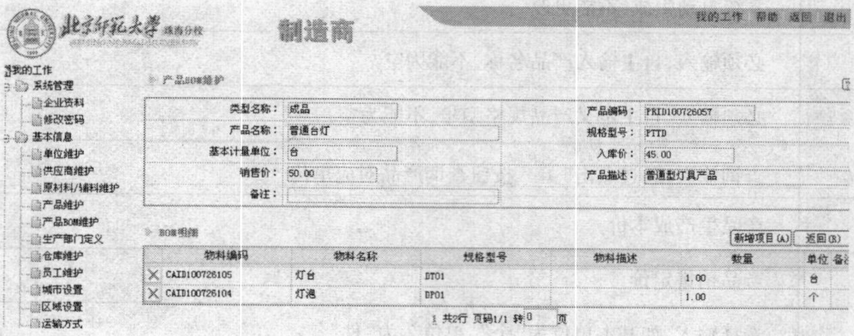

图 5-24

(6)生产部门定义：至少应设立五个部门，分别为管理类、生产类、仓管类、采购类和销售类，部门定义页面如图 5-25 所示。

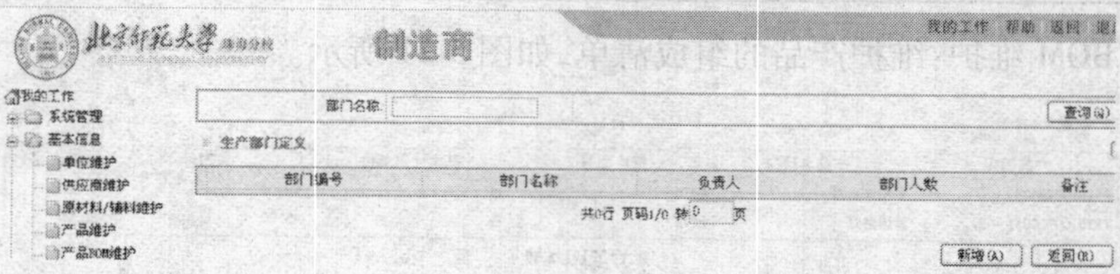

图 5-25

点击 新增(A) 按钮，新增生产类部门，如图 5-26 所示。

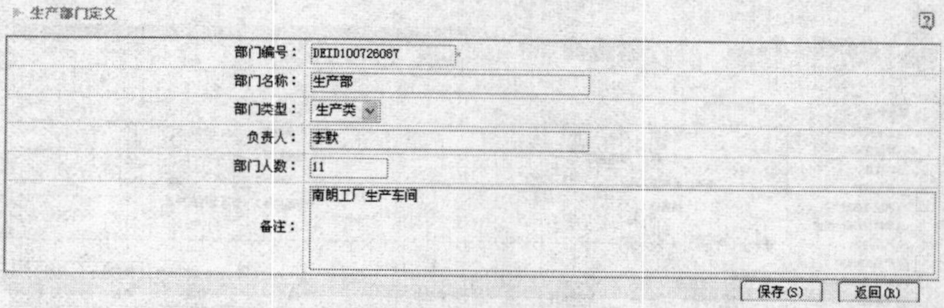

图 5-26

部门新增字段定义说明，如表 5-4 所示。

部门新增字段定义说明　　表 5-4

字　段　名	说　　明
部门编号	系统自动生成,不能更改
部门名称	根据部门类型命名
部门类型	通过下拉按钮选择对应的类型
负责人	自主输入负责人姓名
部门人数	整数格式,部门人数
备注	为选择输入,可以对输入部门进行说明

新增采购类、仓管类、销售类部门步骤如上。

(7)仓库维护:一般设定至少两个仓库(原材料库、成品库),仓库维护页面如图 5-27 所示。

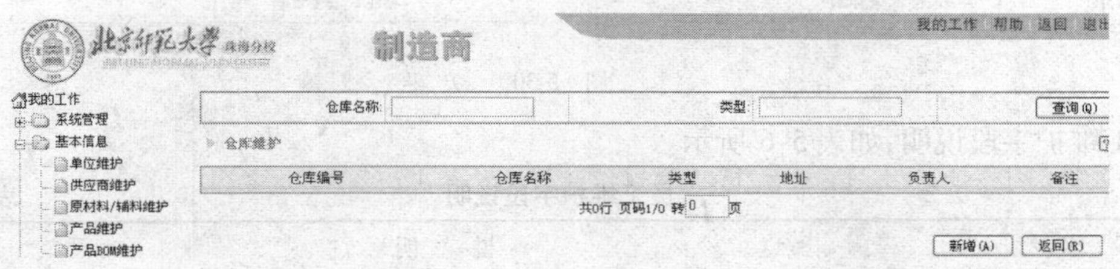

图　5-27

点击 [新增(A)] 按钮,进行原材料库及成品库的添加,如图 5-28 所示。

图　5-28

仓库维护页面字段说明,如表 5-5 所示。

仓库维护页面字段说明　　表 5-5

字　段　名	说　　明
仓库编号	系统自动生成,不能更改
仓库名称	根据仓库类型命名
类型	通过下拉按钮选择对应的类型,只有基本仓库类型才能存放成品及原材料
地址	自主输入仓库地址
负责人	自主输入仓库负责人
电话	自主输入仓库电话

(8)员工维护:给每个部门至少指定一人,员工维护页面如图 5-29 所示。

点击 [新增(A)] 按钮,进行各部门员工的添加,如图 5-30 所示。

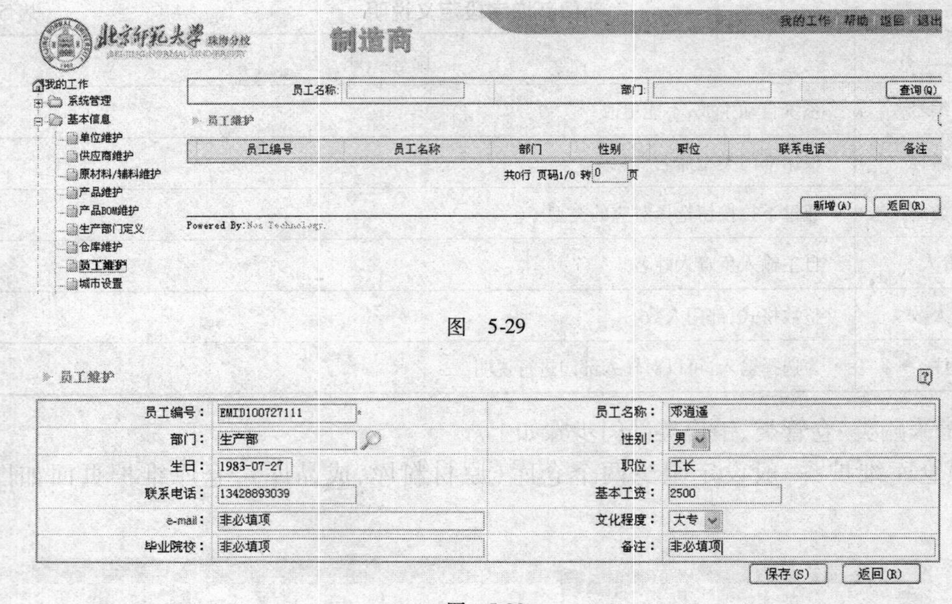

图 5-29

图 5-30

员工维护字段说明,如表 5-6 所示。

员工维护字段说明 表 5-6

字 段 名	说 明
员工编号	必填项,系统自动生成,不能更改
员工名称	根据员工姓名填写
部门	通过选择按钮选择对应的类型,每个部门至少需要一名员工
性别	下拉选项单选择
联系电话	非必填项,选择性输入
职位	员工入职岗位,非必填项

为每个部门添加至少一名员工,如图 5-31 所示。

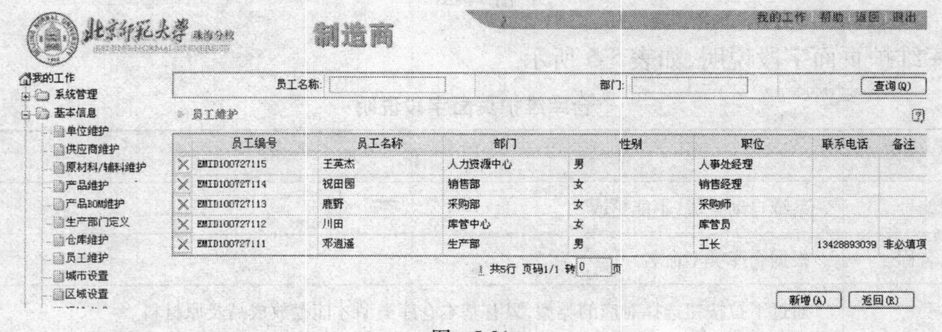

图 5-31

(9)城市设置:添加制造商有业务往来的城市信息,新增页面如图 5-32 所示。

点击 新增(A) 按钮,进行城市的添加,如图 5-33 所示。

完成城市设置,如图 5-34 所示。

(10)区域设置:添加配送区域等信息,新增页面如图 5-35 所示。

点击 新增(A) 按钮,进行区域的添加,如图 5-36 所示。

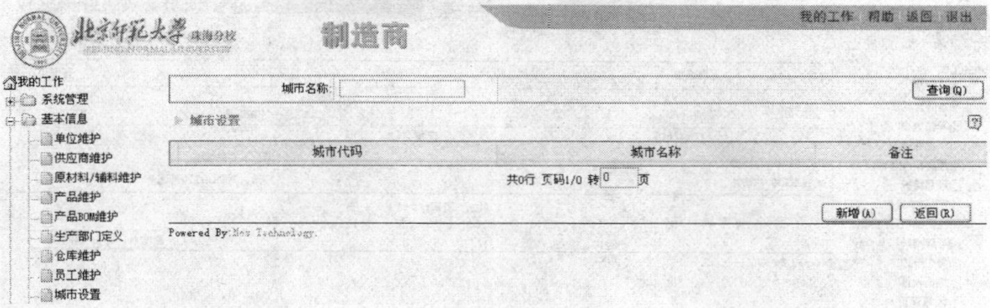

图 5-32

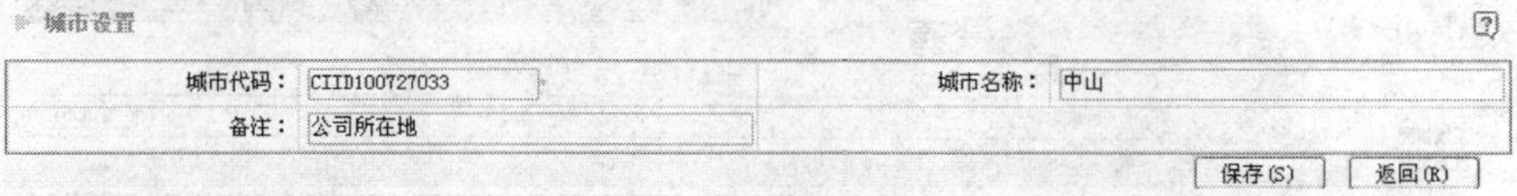

图 5-33

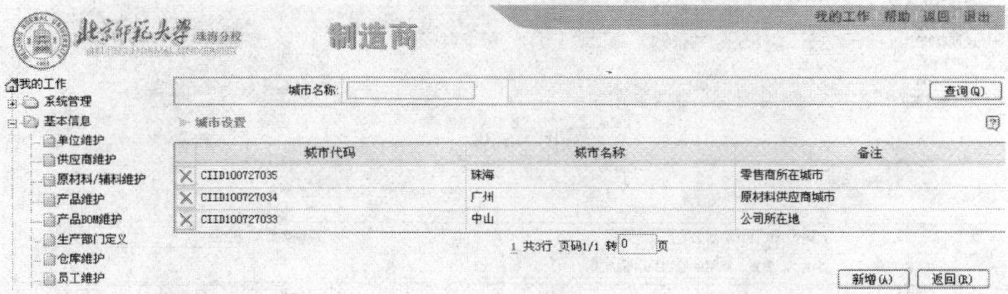

图 5-34

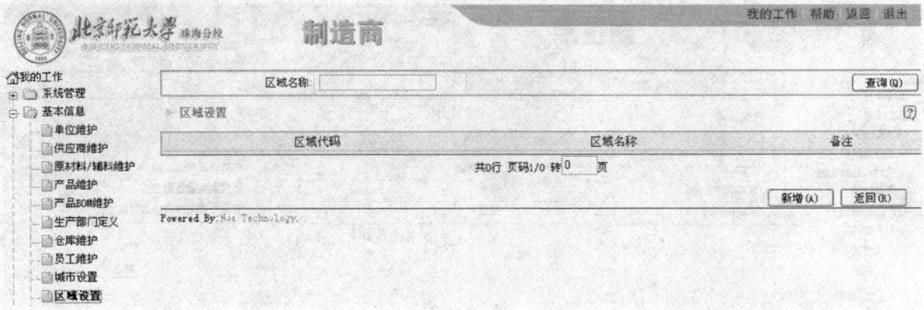

图 5-35

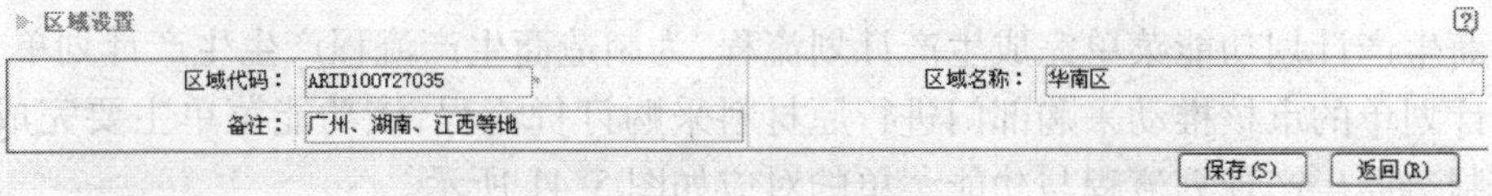

图 5-36

点击“保存”即完成区域设置，完成后页面如图 5-37 所示。

(11) 运输方式设置：添加运输方式，新增页面如图 5-38 所示。

点击 新增(A) 按钮，进行运输方式的添加，如图 5-39 所示。

完成运输方式设置，如图 5-40 所示。

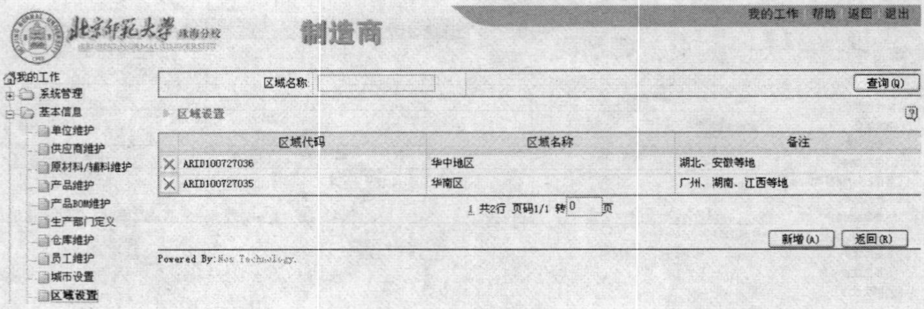

北京师范大学 珠海分校 BEIJING NORMAL UNIVERSITY　　制造商　　我的工作　帮助　返回　退出

我的工作
- 系统管理
- 基本信息
  - 单位维护
  - 供应商维护
  - 原材料/辅料维护
  - 产品维护
  - 产品BOM维护
  - 生产部门定义
  - 仓库维护
  - 员工维护
  - 城市设置
  - 区域设置

区域名称：　　查询(Q)

区域设置

	区域代码	区域名称	备注
×	ARID100727036	华中地区	湖北、安徽等地
×	ARID100727035	华南区	广州、湖南、江西等地

1 共2行 页码1/1 转 0 页

新增(A)　返回(R)

Powered By: Nox Technology.

图　5-37

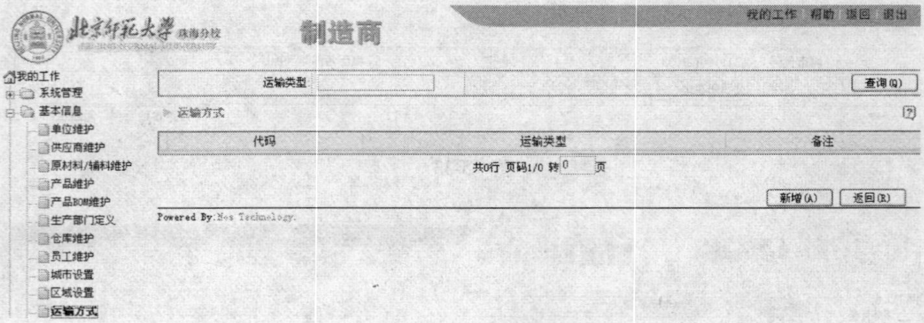

北京师范大学 珠海分校 BEIJING NORMAL UNIVERSITY　　制造商　　我的工作　帮助　返回　退出

我的工作
- 系统管理
- 基本信息
  - 单位维护
  - 供应商维护
  - 原材料/辅料维护
  - 产品维护
  - 产品BOM维护
  - 生产部门定义
  - 仓库维护
  - 员工维护
  - 城市设置
  - 区域设置
  - 运输方式

运输类型：　　查询(Q)

运输方式

代码	运输类型	备注

共0行 页码1/0 转 0 页

新增(A)　返回(R)

Powered By: Nox Technology.

图　5-38

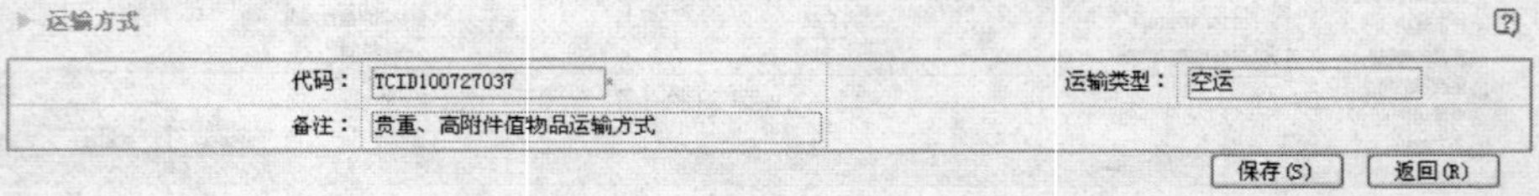

运输方式

代码：TCID100727037　　运输类型：空运

备注：贵重、高附件值物品运输方式

保存(S)　返回(R)

图　5-39

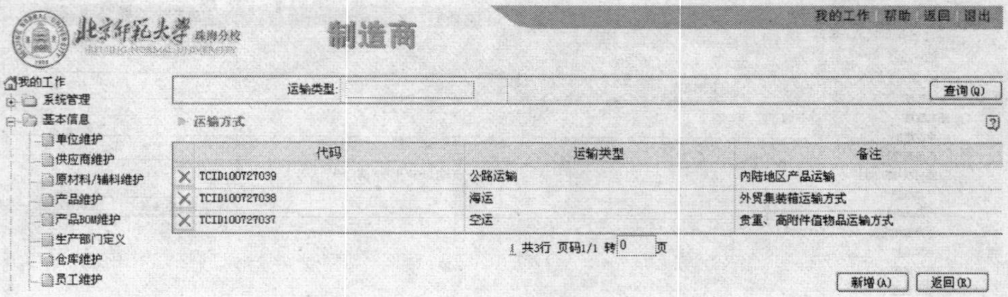

北京师范大学 珠海分校 BEIJING NORMAL UNIVERSITY　　制造商　　我的工作　帮助　返回　退出

我的工作
- 系统管理
- 基本信息
  - 单位维护
  - 供应商维护
  - 原材料/辅料维护
  - 产品维护
  - 产品BOM维护
  - 生产部门定义
  - 仓库维护
  - 员工维护

运输类型：　　查询(Q)

运输方式

	代码	运输类型	备注
×	TCID100727039	公路运输	内陆地区产品运输
×	TCID100727038	海运	外贸集装箱运输方式
×	TCID100727037	空运	贵重、高附件值物品运输方式

1 共3行 页码1/1 转 0 页

新增(A)　返回(R)

图　5-40

5.3.3　生产计划功能菜单

制造商生产计划功能菜单完成生产计划流程，为制造商生产流程产生生产计划单，并通过物料需求计划单的审核推动采购部门进行原材料采购订货流程，该功能菜单主要完成生产计划流程。制造商生产计划流程与功能菜单的对应如图 5-41 所示。

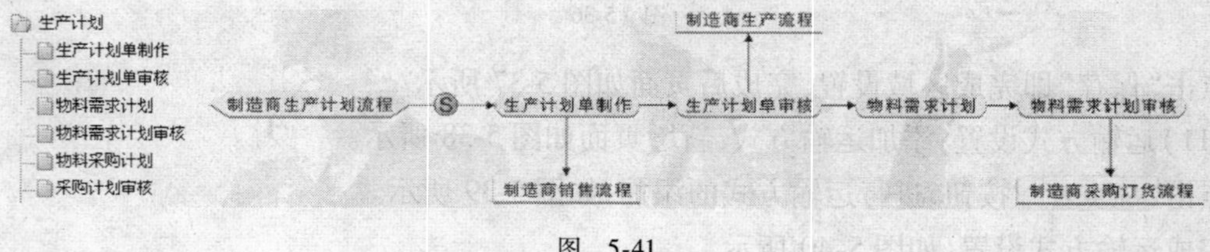

图　5-41

制造商生产计划流程的开始单据为生产计划单，在制订生产计划单后，通过生产计划部门的审核，最终将生成物料需求计划，由此进入"制造商采购订货流程"。在此，我们对流程的首张单据"生产计划单"进行填写规范说明，如图 5-42 所示为生产计划单制作页面。

▶ 生产计划单制作

计划单号：	PLID100903180
原始凭证号：	20100902
计划投产日期：	2010-09-03
计划类型：	直接生产计划
销售订单：	
生产部门编号：	DEID100726087
生产部门名称：	生产部
产品编号：	PRID100726057
产品名称：	普通台灯
产品规格：	PTTD
计量单位：	台
计划数量：	120
备注：	生产非销售计划的普通台灯120台。

图 5-42

单据字段说明如表 5-7 所示。

单 据 字 段 说 明 表 5-7

字 段 名	说 明
计划单号	计划单号由系统自动产生，不能更改
原始凭证号	输入原始单据上的凭证编号(没有可以不输)
计划投产日期	默认当前日期，点击输入框可进行日期选择，日期≥当前日期
计划类型	为选择输入，手工录入生产计划时选择直接生产计划
销售订单	不输入(销售流程关联时自动填写)
生产部门编号	点击输入框后的选择按钮，可选择生产部门
生产部门名称	选择部门编号，部门名称自动连选
产品编号	点击输入框后的选择按钮，可选择产品
产品名称	选择产品编号，相应的关联信息自动填写
计划数量	输入本次生产的计划数量
备注	备注信息

说明：红色 * 号标记项目为必须输入项。

5.3.4 电子采购及采购管理功能菜单

制造商原材料采购主要通过 B2B 电子商务模式完成原材料供应商的选型工作，完成该流程的功能菜单主要包括"电子采购"和"采购管理"模块。制造商采购流程与功能菜单的对应关系如图 5-43 所示。

制造商采购流程来源是制造商的生产计划流程，根据生成计划流程产生的物料采购计划，进行审核并发布，在完成"供应商报价流程"后进入"采购管理"模块完成原材料的采购入库。下面以采购订货说明单据填写规范，图 5-44 为采购订货新增页面。

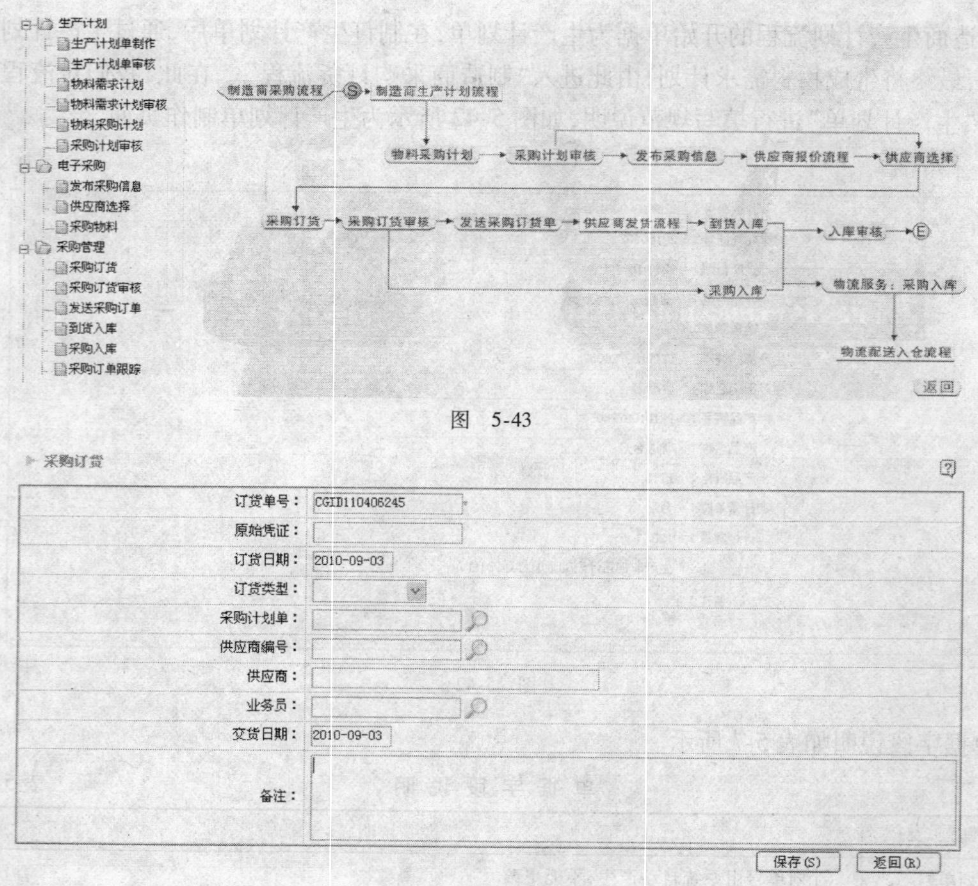

图 5-43

图 5-44

采购订货新增页面的单据字段说明如表5-8所示。

采购订货新增页面的单据字段说明　　表5-8

字 段 名	说　明
订货单号	订货单号由系统自动产生，不能更改
原始凭证	输入原始单据上的凭证编号(没有可以不输)
订货日期	默认当前日期，点击输入框可进行日期选择，日期≥当前日期
订货类型	为下拉菜单选择输入，为“直接订货”或“参考采购计划”订货
采购计划单	当订货类型为“参考采购计划”订货时，需要选择对应的采购计划单
供应商编号	直接订货时需要选择订货供应商，当订货类型为“参考采购计划”订货时，系统自动关联采购计划单的供应商编号
供应商	系统自动关联供应商编号对应的供应商名称
业务员	点击输入框后的选择按钮，可选择执行操作的业务员
交货日期	默认当前日期，点击输入框可进行日期选择，日期≥当前日期
备注	备注信息

另外，制造商采购流程根据制造商订货实际情况，提供了物流采购入库流程接口。该流程为制造商与已经建立业务关系的供应商提供直接的原材料采购方式。

采购订单跟踪：通过此功能菜单可以跟踪系统中的采购订单完成情况，方便直观地了解采购工作的进展情况。如图5-45所示，制造商角色可以查看所有采购订单的执行情况，绿色标记为已经完成操作。如果有流程无法顺利完成，可以在此查看问题可能出现的位置，如图 5-45 所示。

订货单号	订货日期	采购计划单	供应商名称	交货日期	订货单状态	订单发送标记	供应商确认状态	供应商发货标记	执行标记
CGID101201241	2010-12-01		弘扬玻璃制品厂	2010-12-01	已审核	已发送	已确认	已发货	已执行
CGID101201239	2010-12-01		弘扬玻璃制品厂	2010-12-01	已审核	已发送	已确认	已发货	已执行
CGID101201237	2010-12-01		弘扬玻璃制品厂	2010-12-01	已审核	已发送	已确认	已发货	已执行
CGID101122007	2010-11-22	PPID1011220001	家炫工艺品公司	2010-11-22	已审核	已发送	已确认	已发货	已执行
CGID101122004	2010-11-22	PPID1011220001	博视照明电子厂	2010-11-22	已审核	已发送	已确认	已发货	已执行
CGID101122001	2010-11-22	PPID1011220001	弘扬玻璃制品厂	2010-11-22	已审核	已发送	已确认	已发货	已执行

1 共6行 页码1/1 转 0 页

图 5-45

5.3.5 生产管理及仓储管理功能菜单

制造企业生产管理流程来源于生产订单，通过接收已审核的生产订单，生产部门可以开展产品的制作，通过与仓储部门之间进行生产材料的备料及材料出库、补料等操作，最终将产品生产出来并进行成品的入库。制造商生产流程与功能菜单的对应关系如图 5-46 所示。

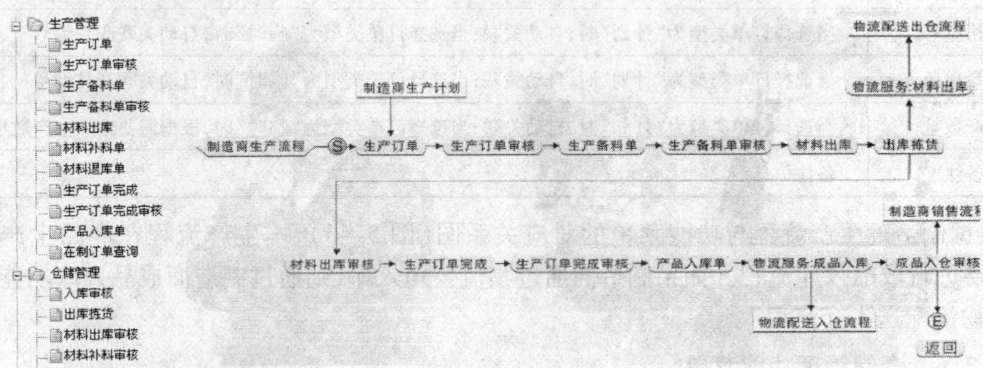

图 5-46

制造商生产流程的来源是制造商的生产计划流程，根据生产订单新增流程选择需要进行生产的生产订单，进行原材料备料、出库，并完成生产订单进行成品入库及跟踪。下面以生产订单新增页面说明单据的填写规范，图 5-47 为生产订单新增页面。

生产订单

订单编号：	SCID110406125 *
订单类型：	
生产计划单：	
订单日期：	2010-11-04
投产日期：	2010-11-04
生产部门：	
计划完成日期：	2010-11-04
产品编号：	
产品名称：	
规格型号：	
计量单位：	
投产数量：	0
备注：	

保存(S) 返回(R)

图 5-47

生产订单新增页面的单据字段说明如表 5-9 所示。

生产订单新增页面的单据字段说明 表 5-9

字 段 名	说 明
订单编号	订单编号由系统自动产生,不能更改
订单类型	订单类型分为:“计划”和“临时”两种
生产计划单	当选择订单类型为“计划”时,通过 选择需要开始生产的“生产计划单”,以下内容都将自动关联无需填写;当选择订单类型为“临时”时,生产计划单为空
订单日期	当选择订单类型为“计划”时,自动关联;当选择订单类型为“临时”时,默认为当前日期
投产日期	当选择订单类型为“计划”时,自动关联;当选择订单类型为“临时”时,默认为当前日期
生产部门	当选择订单类型为“计划”时,自动关联;当选择订单类型为“临时”时,通过选择生产部门
计划完成日期	当选择订单类型为“计划”时,自动关联;当选择订单类型为“临时”时,默认为当前日期
产品编号	当选择订单类型为“计划”时,自动关联;当选择订单类型为“临时”时,通过选择产品编号
产品名称	当选择订单类型为“计划”时,自动关联;当选择订单类型为“临时”时,自动关联产品编号
规格型号	当选择订单类型为“计划”时,自动关联;当选择订单类型为“临时”时,自动关联产品编号
计量单位	当选择订单类型为“计划”时,自动关联;当选择订单类型为“临时”时,自动关联产品编号
投产数量	当选择订单类型为“计划”时,自动关联;当选择订单类型为“临时”时,根据需要输入生产数量
备注	备注信息

根据制造商生产流程与功能菜单的对应关系图(图 5-46),本生产流程在产品生产完成后,需要进行成品入库流程。如果制造商通过物流公司入库,则通过制造商成品入库功能菜单进入“物流配送入仓流程”。

5.3.6 仓储管理功能菜单

仓储管理功能菜单涉及产品生产流程的多个菜单项,如“出库拣货”、“材料出库审核”、“材料补料审核”、“材料退库审核”。此外,仓储管理模块还包括仓储日常管理的各种菜单项,如“材料调拨”、“材料盘点”、“产品调拨”、“产品盘点”、“成品库存管理”、“材料库存管理”等功能菜单项,图 5-48 为入库审核页面。

图 5-48

下面分别以材料调拨单及材料盘点单新增页面,说明单据填写规范,材料调拨单如图5-49所示。

材料调拨单新增页面的单据字段说明如表 5-10 所示。

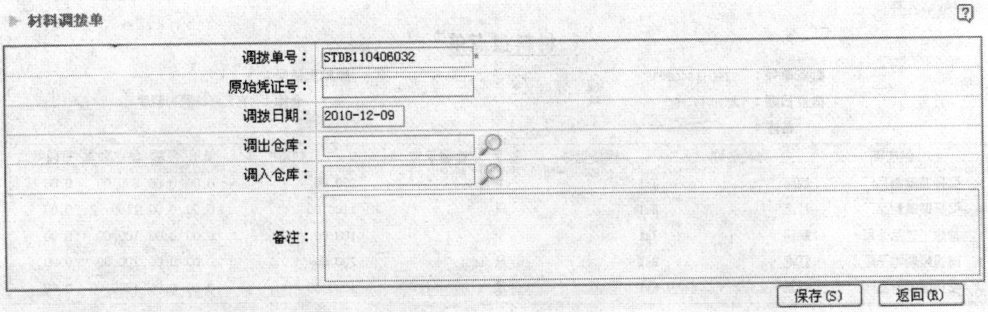

▶ 材料调拨单

调拨单号：STDB110406032 *
原始凭证号：
调拨日期：2010-12-09
调出仓库：
调入仓库：
备注：

保存(S) 返回(R)

图 5-49

材料调拨单新增页面的单据字段说明 表 5-10

字 段 名	说 明
调拨单号	调拨单号由系统自动产生,不能更改
原始凭证号	原始凭证号根据实际情况填写,没有可以不填
调拨日期	选择进行调拨的正确日期
调出仓库	通过🔍查询需要调出的仓库名称
调入仓库	通过🔍查询需要调入的仓库名称
备注	对调拨单据进行必要的说明

材料盘点单新增页面如图 5-50 所示。

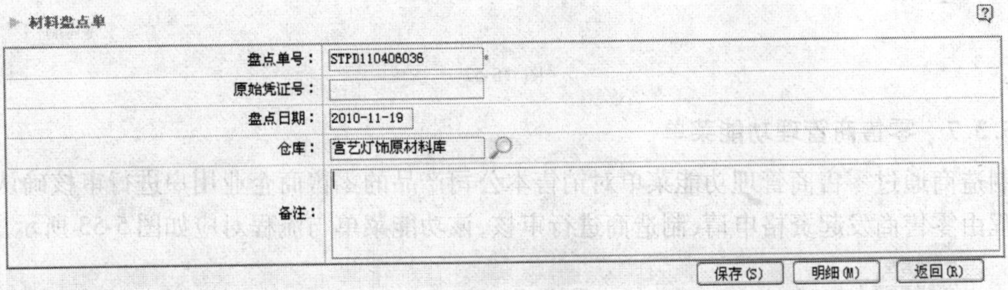

▶ 材料盘点单

盘点单号：STPD110406036 *
原始凭证号：
盘点日期：2010-11-19
仓库：宫艺灯饰原材料库
备注：

保存(S) 明细(M) 返回(R)

图 5-50

材料盘点单新增页面的单据字段说明如表 5-11 所示。

材料盘点单新增页面的单据字段说明 表 5-11

字 段 名	说 明
盘点单号	盘点单号由系统自动产生,不能更改
原始凭证号	原始凭证号根据实际情况填写,没有可以不填
盘点日期	选择进行调拨的正确日期
仓库	通过🔍选择需要进行盘点的材料仓库
备注	对调拨单据进行必要的说明
明细	通过点击“明细”按钮进入材料详细页面,可以进行新增等操作

点击“明细”按钮进入详细盘点页面,选择需要进行修改的原材料条目进行数量的修改。点击“新增”按钮则可以新增盘点多出的材料信息,如图 5-51 所示。

▶ 材料盘点单

材料盘点单

盘点单号：STPD110406036　　原始凭证号：

盘点日期：2010-11-19　　仓库：宫艺灯饰原材料库

备注：

供应商	物料名称	规格型号	计量单位	数量	单价	金额	盘点数量	亏盈数量
弘扬玻璃制品厂	底座	Jx1	个	950.00	0.00	0.00	950.00	0.00
弘扬玻璃制品厂	灯泡	Bs1	只	1100.00	0.00	0.00	1100.00	0.00
家炫工艺品公司	底座	Jx1	个	100.00	0.00	0.00	100.00	0.00
博视照明电子厂	灯泡	Bs1	只	200.00	0.00	0.00	200.00	0.00
弘扬玻璃制品厂	灯罩	hy1	顶	1300.00	0.00	0.00	1300.00	0.00

1 共5行 页码1/1 转 0 页

新增(A)　返回(R)

图 5-51

"成品调拨单"及"成品盘点单"的操作与"材料调拨单"及"材料盘点单"操作相似。通过"成品库存管理"及"材料库存管理"，可以查询目前仓库中的成品及原材料情况，如图 5-52 所示。

▶ 材料库存管理

仓库名称	供应商名称	物料名称	规格型号	库存数量	库存上限	库存下限	状态
宫艺灯饰原材料库	弘扬玻璃制品厂	底座	Jx1	950.00	3000.00	1000.00	库存过低
宫艺灯饰原材料库	弘扬玻璃制品厂	灯泡	Bs1	1100.00	6000.00	1000.00	正常
宫艺灯饰原材料库	家炫工艺品公司	底座	Jx1	100.00	3000.00	1000.00	库存过低
宫艺灯饰原材料库	博视照明电子厂	灯泡	Bs1	200.00	6000.00	1000.00	库存过低
宫艺灯饰原材料库	弘扬玻璃制品厂	灯罩	hy1	1300.00	6000.00	1000.00	正常

1 共5行 页码1/1 转 0 页

返回(R)

图 5-52

5.3.7 零售商管理功能菜单

制造商通过零售商管理功能菜单对销售本公司产品的零售商企业用户进行审核确认。基本流程由零售商发起资格申请，制造商进行审核，该功能菜单与流程对应如图 5-53 所示。

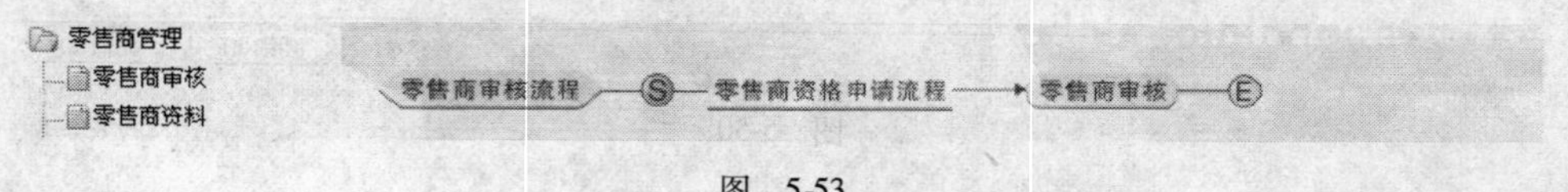

图 5-53

零售商审核操作非常简单，在确认零售商具有销售资格的情况下，选择对应的零售商点击"审核"即可，如图 5-54 所示。

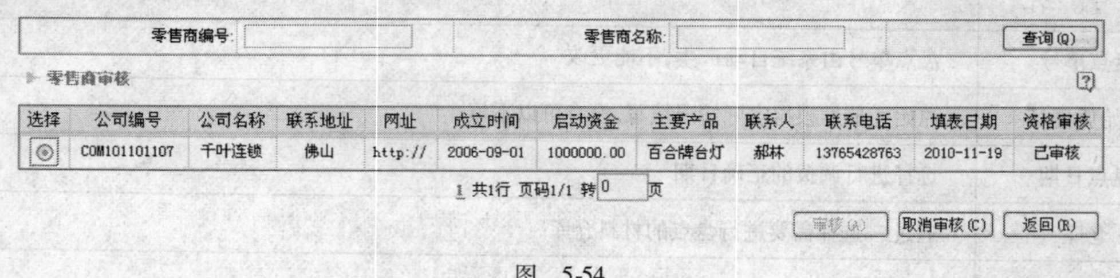

零售商编号：　　零售商名称：　　查询(Q)

▶ 零售商审核

选择	公司编号	公司名称	联系地址	网址	成立时间	启动资金	主要产品	联系人	联系电话	填表日期	资格审核
◉	COM101101107	千叶连锁	佛山	http://	2006-09-01	1000000.00	百合牌台灯	郝林	13765428763	2010-11-19	已审核

1 共1行 页码1/1 转 0 页

审核(A)　取消审核(C)　返回(R)

图 5-54

5.3.8 销售管理功能菜单

销售管理功能菜单主要实现销售管理流程及销售退货流程，这两个流程都是由零售商发起。制造商在接收零售商订单后，通过新增的方式制作需要处理的客户订货单，在销售发货单制作操作时，系统将判断制造商成品库存是否有足够的货物能够完成销售发货，足够则继续完成发货单审批，不足则自动进入制造商生成计划流程，推动制造商进行产品生产，功能菜单与流程对应关系如图 5-55 所示。

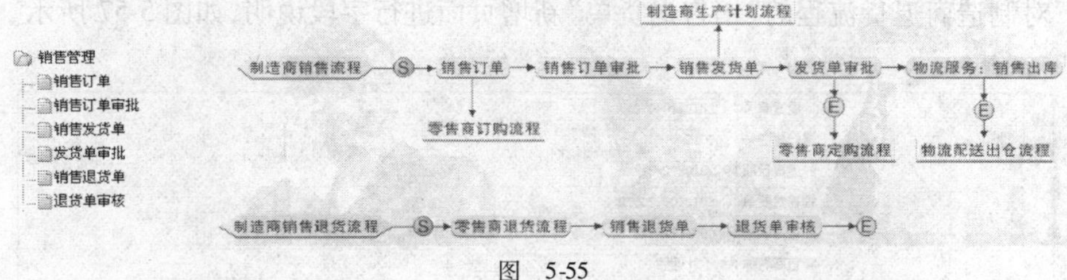

图 5-55

制造商销售流程是在零售商角色发送采购订单后，制造商角色通过新增销售订单对零售上的采购订单进行处理。以下对制造商销售流程的销售订单新增页面进行字段说明，图 5-56 为“销售订单”的新增页面。

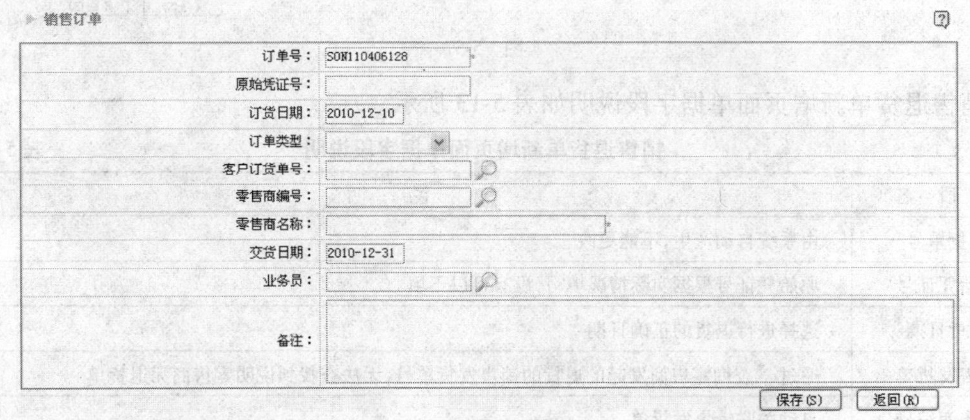

图 5-56

销售订单新增页面的单据字段说明如表 5-12 所示。

销售订单新增页面的单据字段说明 表 5-12

字 段 名	说 明
订单号	订单号由系统自动产生，不能更改
原始凭证号	原始凭证号根据实际情况填写，没有可以不填
订货日期	选择进行订货的正确日期
订单类型	订单类型分为“直接订单”和“参考客户订货单”
客户订货单号	当选择订单类型为“参考客户订货单”时，通过🔍选择零售商发送来的“订货单号”，以下零售商内容都将自动关联无需填写，当选择订单类型为“直接订单”时，客户订货单号为空，不需要选择
零售商编号	当选择订单类型为“直接订单”时，通过🔍选择零售商
零售商名称	自动关联零售商编号
交货日期	选择可以交货的日期
业务员	通过🔍选择跟踪处理此订单的业务员
备注	销售订单的备注说明

本业务流程的结束方式有两种，一种是制造商不通过物流公司进行销售出库，另一种是通过物流公司进行销售出库。在第二种方式下，需要在制造商的物流服务功能下新增“销售出

库”订单。

制造商销售退货流程是在制造商完成发货后，零售商因为各种原因（如：产品型号错误、有瑕疵等）进行的退货流程，该流程也是由零售商发起。

以下对制造商退货流程的“销售退货单”新增页面进行字段说明，如图5-57所示。

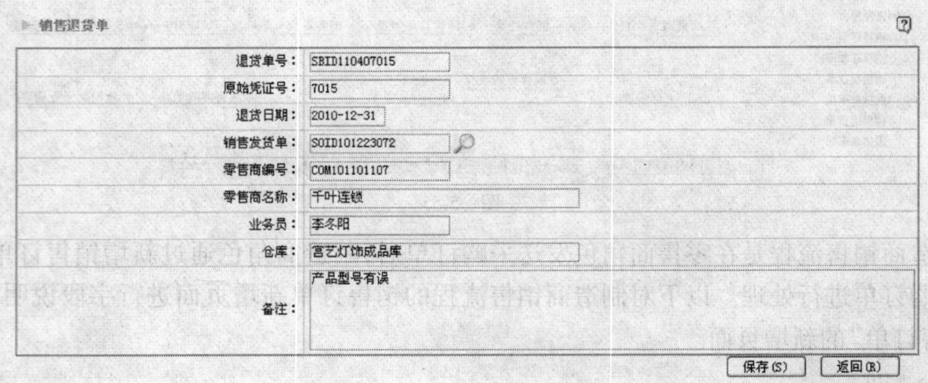

图 5-57

销售退货单新增页面单据字段说明如表5-13所示。

销售退货单新增页面单据字段说明 表5-13

字 段 名	说 明
退货单号	由系统自动产生，不能更改
原始凭证号	原始凭证号根据实际情况填写，没有可以不填
退货日期	选择进行退货的正确日期
销售发货单	通过查询零售商发起的退货的销售发货单号，无法查找到说明零售商无退货单
零售商编号	自动关联销售发货单
零售商名称	自动关联销售发货单
业务员	自动关联销售发货单
仓库	自动关联销售发货单
备注	说明零售商退货原因

该流程在完成退货审核后，便完成了产品的销售退货操作。零售商退回的商品将回到对应的成品仓库中。

5.3.9 物流服务功能菜单

物流服务功能模块主要的功能是制造商与物流公司建立物流联系，并在建立联系后发送材料及成品的出入库订单给对应的物流公司。以下将介绍物流询价流程的发起及新增各种物流订单的基本字段说明，物流服务功能菜单对应的流程操作如图5-58所示。

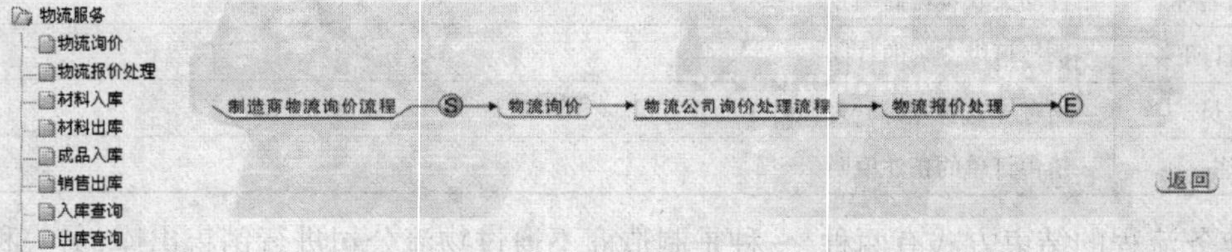

图 5-58

物流询价流程由制造商通过新增物流询价单发起，制造商角色通过查询系统中的物流公司，提出询价说明即可。如图 5-59 所示。

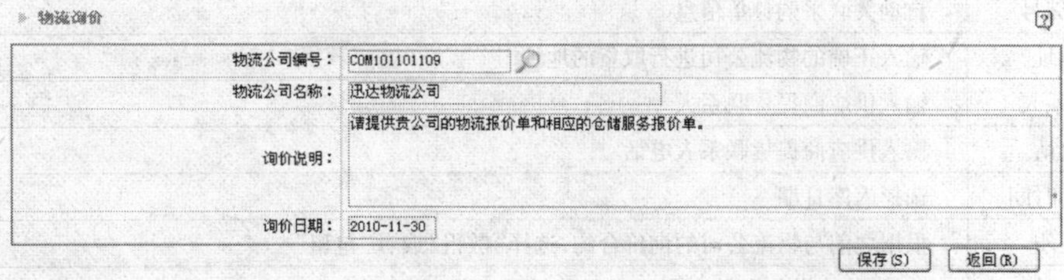

图 5-59

以上询价单字段说明如表 5-14 所示。

询价单字段说明 表 5-14

字 段 名	说 明
物流公司编号	通过🔍查询系统中的物流公司，选择制造商希望进行询价的物流公司
物流公司名称	自动关联物流公司编号
询价说明	请询价的物流公司提供物流报价单和相应的仓储服务报价单
询价日期	输入询价的日期

保存后，该询价单即交由物流公司进行报价处理，最终报价将返回制造商，制造商根据报价的情况进行物流报价处理，完成询价过程。

制造商"物流服务"模块下的物流订单包括"材料入库单"、"材料出库单"、"成品入库单"、"销售出库单"。物流订单的模式基本是一致的，下面对材料的出入库订单的新增页面进行字段说明。制造商角色通过物流服务向物流公司发送物流订单，页面如图 5-60 所示。

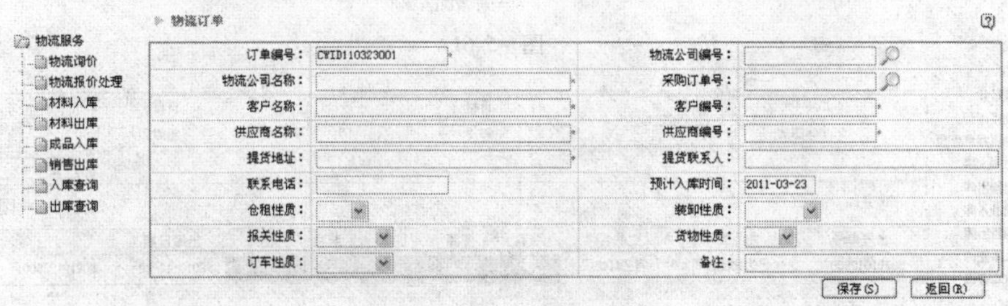

图 5-60

以上物流订单字段说明如表 5-15 所示。

物流订单字段说明 表 5-15

字 段 名	说 明
订单编号	订单编号由系统自动产生，不能更改
物流公司编号	通过🔍选择已经完成物流询价流程的承运物流公司
物流公司名称	自动关联物流公司编号
采购订单号	通过🔍选择供应商采购订单
客户名称	自动关联采购订单信息
客户编号	自动关联采购订单信息
供应商名称	自动关联采购订单信息

续上表

字 段 名	说　明
供应商编号	自动关联采购订单信息
提货地址	输入正确的物流公司进行取货的地址
提货联系人	输入供应商提货联系人
联系电话	输入供应商提货联系人电话
预计入库时间	选择入库日期
仓租性质	根据之前与物流公司的询价合约，选择“散租”或者“包租”
装卸性质	选择“客户装卸”或者“物流装卸”，建议选择“物流装卸”
报关性质	选择“物流报关”或者“客户报关”
货物性质	选择“散货”或者“整车”
订车性质	选择“客户运输”或者“物流运输”，建议选择“物流运输”
备注	订单说明信息

完成订单保存后，物流公司将接收到该物流订单，并进行相应的物流业务。

另外，物流服务功能菜单模块提供了“入库查询”、“出库查询”菜单项，制造商可以通过此功能查询出入库订单的基本状态，随时跟踪发送的物流订单。图 5-61 及图 5-62 是出入库查询的基本页面。

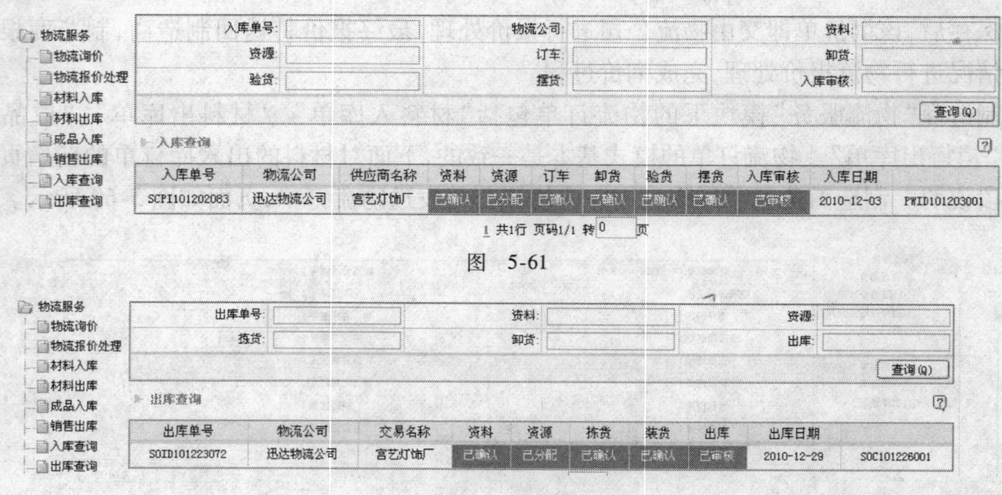

图　5-61

图　5-62

5.3.10　账务管理功能菜单

账务管理功能菜单包括：“付款管理”、“收款管理”、“销售收款”、“退款管理”及相关的审核功能菜单项，根据销售及采购金额，制造商角色进行付款及收款操作即可，图 5-63 为付款管理基本页面。

账务管理：付款管理、付款审核、采购付款、收款管理、收款审核、销售收款、退款管理、退款审核、销售退款

应付凭证号:　　入库单号:　　查询(Q)

付款管理

应付凭证号	原始凭证	供应商名称	入库单号	付款方式	应付金额
PCPD101201003		弘扬玻璃制品厂	CIN1012010003	银行转账	0.00
PCPD101201002		弘扬玻璃制品厂	CIN1012010002	银行转账	0.00
PCPD101201001		弘扬玻璃制品厂	CIN1012010001	银行转账	0.00

1 共3行 页码1/1 转 0 页

新增(A)　返回(R)

图　5-63

5.3.11 统计查询功能菜单

统计查询功能菜单提供了制造商原材料、成品及日报表的多种查询，制造企业根据该模块可以全局了解制造企业的运行情况。统计查询包括：原材料库存查询、产品库存查询、材料进出日报表、产品进出日报表、产品生产完成日报表、销售情况日报表。图 5-64 为原材料库存查询页面。

统计查询
- 原材料库存查询
- 产品库存查询
- 材料进出日报表
- 产品进出日报表
- 产品生产完成日报表
- 销售情况日报表

▶ 原材料库存查询

仓库名称	供应商名称	物料名称	规格型号	库存数量	库存上限	库存下限	状态
宫艺灯饰原材料库	弘扬玻璃制品厂	底座	Jx1	950.00	3000.00	1000.00	库存过低
宫艺灯饰原材料库	弘扬玻璃制品厂	灯泡	Bx1	1100.00	6000.00	1000.00	正常
宫艺灯饰原材料库	家炫工艺品公司	底座	Jx1	100.00	3000.00	1000.00	库存过低
宫艺灯饰原材料库	博视照明电子厂	灯泡	Bx1	200.00	6000.00	1000.00	库存过低
宫艺灯饰原材料库	弘扬玻璃制品厂	灯罩	hy1	1300.00	6000.00	1000.00	正常

1 共5行 页码1/1 转 0 页

图 5-64

该功能菜单模块只涉及页面的查询，没有流程操作。

5.4 销售商角色功能及模块

选择零售商登录口，以上面注册的销售商登录名和密码登录，点击"登录"进入系统如图 5-65 所示。

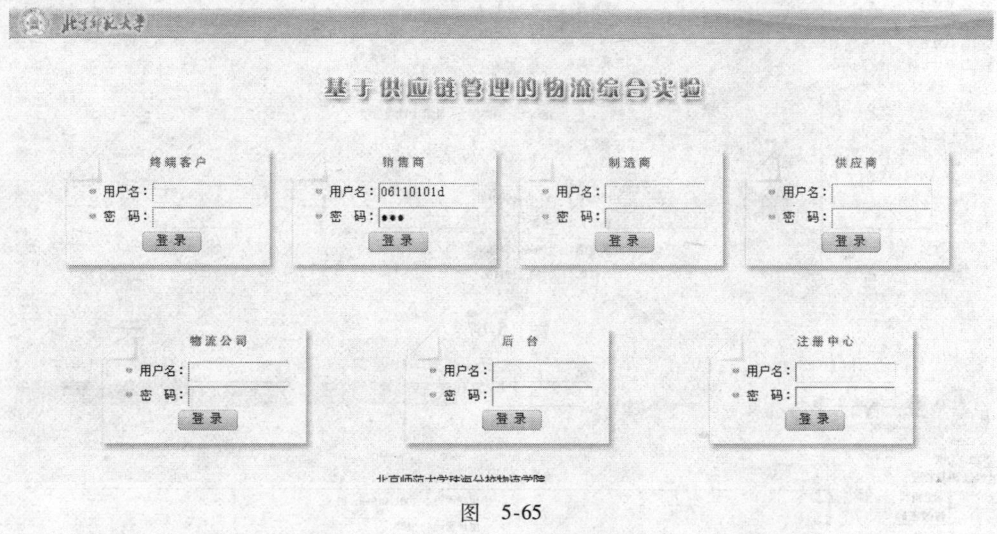

图 5-65

零售商角色工作流程主要有：零售商资格申请流程、零售商销售流程、零售商订购流程等。点击流程中的各环节可以进入该流程的详细处理操作，零售商主要的流程如图 5-66 所示。

零售商角色功能模块包括系统管理、基本信息、订购管理、销售管理、仓储管理、物流服务、结算管理、统计分析，其中系统管理和基本信息模块功能主要是维护零售商角色的基本信息。订购管理、销售管理等模块主要完成零售商销售及订购流程。

5.4.1 系统管理功能菜单

(1) 企业资料：该功能菜单用于角色修改企业资料信息，零售商在修改企业资料时，不能对公司编号、公司名称及注册类型进行修改，如图 5-67 所示。

(2) 修改密码：对登录密码进行修改，如图 5-68 所示。

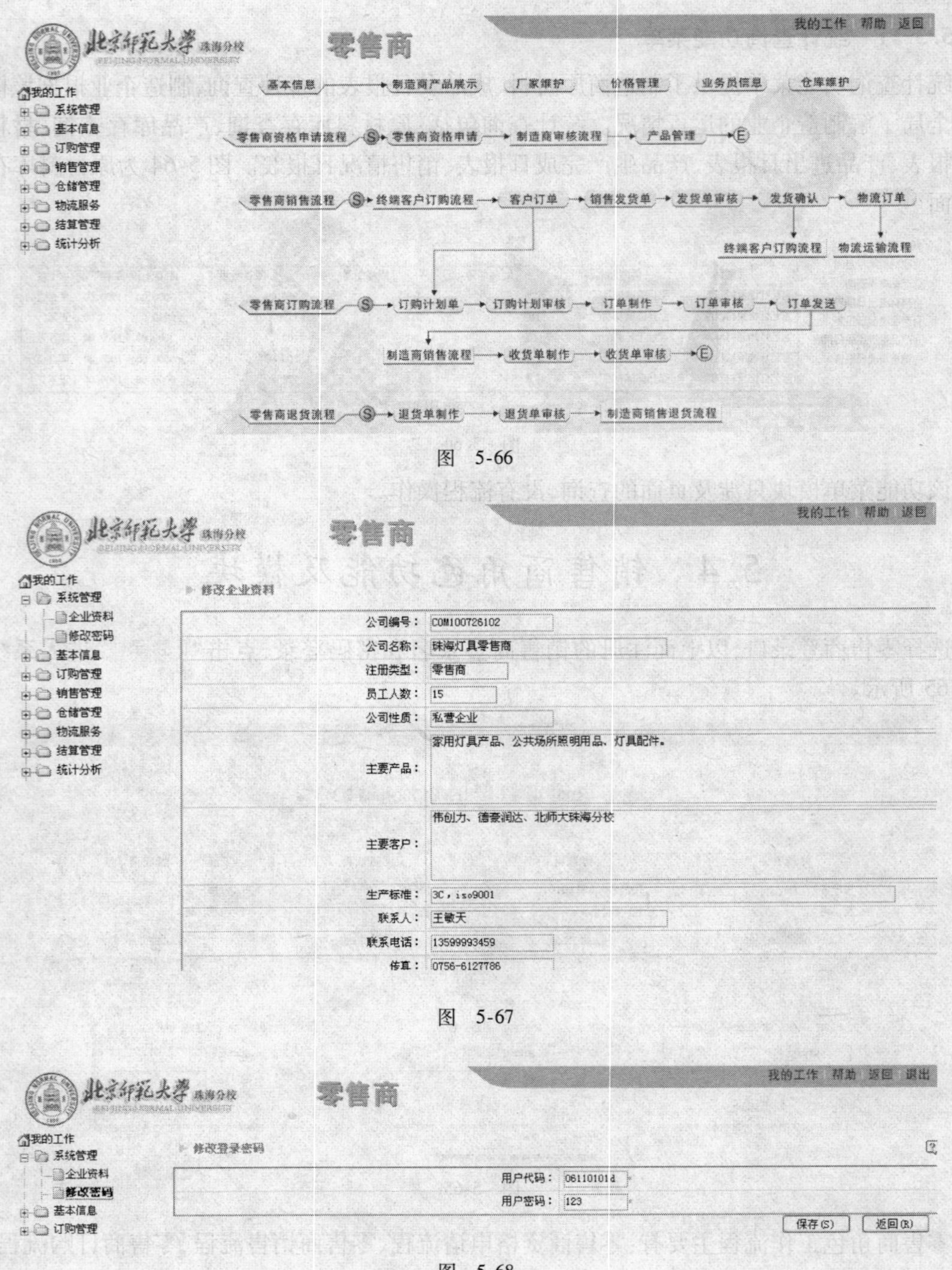

图 5-66

图 5-67

图 5-68

5.4.2 基本信息功能菜单

基本信息包括:制造商产品展示、零售商资格申请、厂家维护、价格管理、业务员信息、仓库维护。

新注册的制造商是没有产品可以销售的,必须要与某一家或多家制造商建立关系才能进行销售。基本信息维护功能菜单中只涉及零售商资格申请流程。该流程由零售商发起资格申请,待制造商审核通过后,零售商则可以对产品进行销售,并进行产品的管理工作。基本信息功能菜单对应的流程如图 5-69 所示。

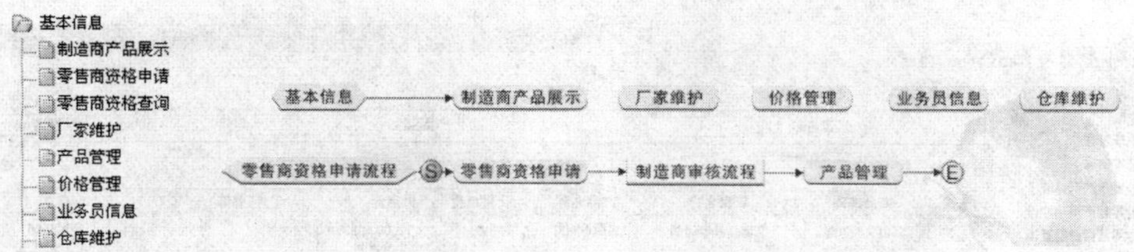

图 5-69

在制造商产品展示菜单下，零售商可以看到注册在同一个班级中所有制造商生产制造的产品，如图 5-70 所示。

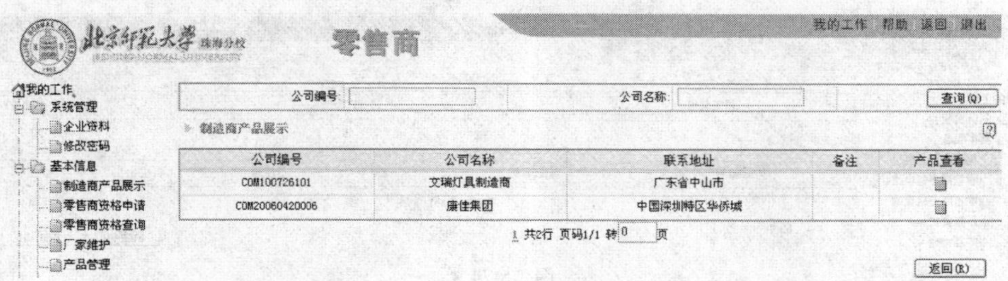

图 5-70

在完成“零售商资格申请流程”后，零售商才可以点击“**产品管理**”模块，对制造商提供的产品进行维护，如图 5-71 所示。

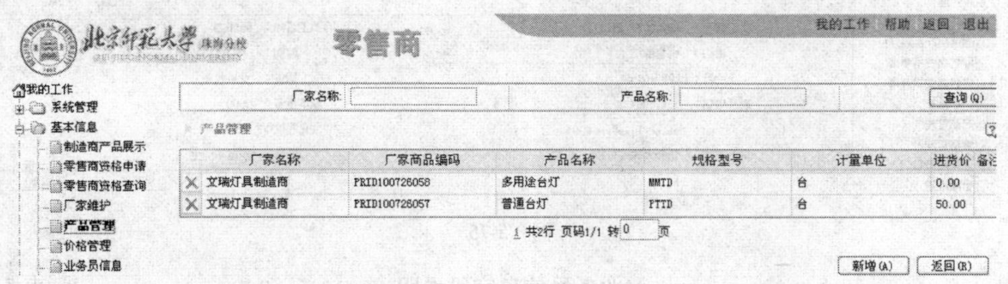

图 5-71

在产品管理中选择要维护的产品名称，点击进入维护界面，如图 5-72 所示。

产品管理

商品编码：	SID100727002	厂家编号：	COM100726101
厂家名称：	文瑞灯具制造商	厂家商品编码：	PRID100726058
产品名称：	多用途台灯	规格型号：	MMTD
计量单位：	台	进货价：	72
销售价：	98	单位2：	
系数2：	0	单位3：	
系数3：	0	产品描述：	优质品
备注：	家用灯饰		

保存(S) 返回(R)

图 5-72

价格管理菜单项：进入“**价格管理**”模块，该模块可以对销售产品的销售价格进行设置。设置销售价格应大于进货价，如图 5-73 所示。

业务员信息菜单项：应至少对采购员和销售员进行信息维护，基本页面如图 5-74 所示。

点击 新增(A) 按钮，新增采购部门人员和销售部门人员，页面如图 5-75 所示。

以上业务员信息字段说明如表 5-16 所示。

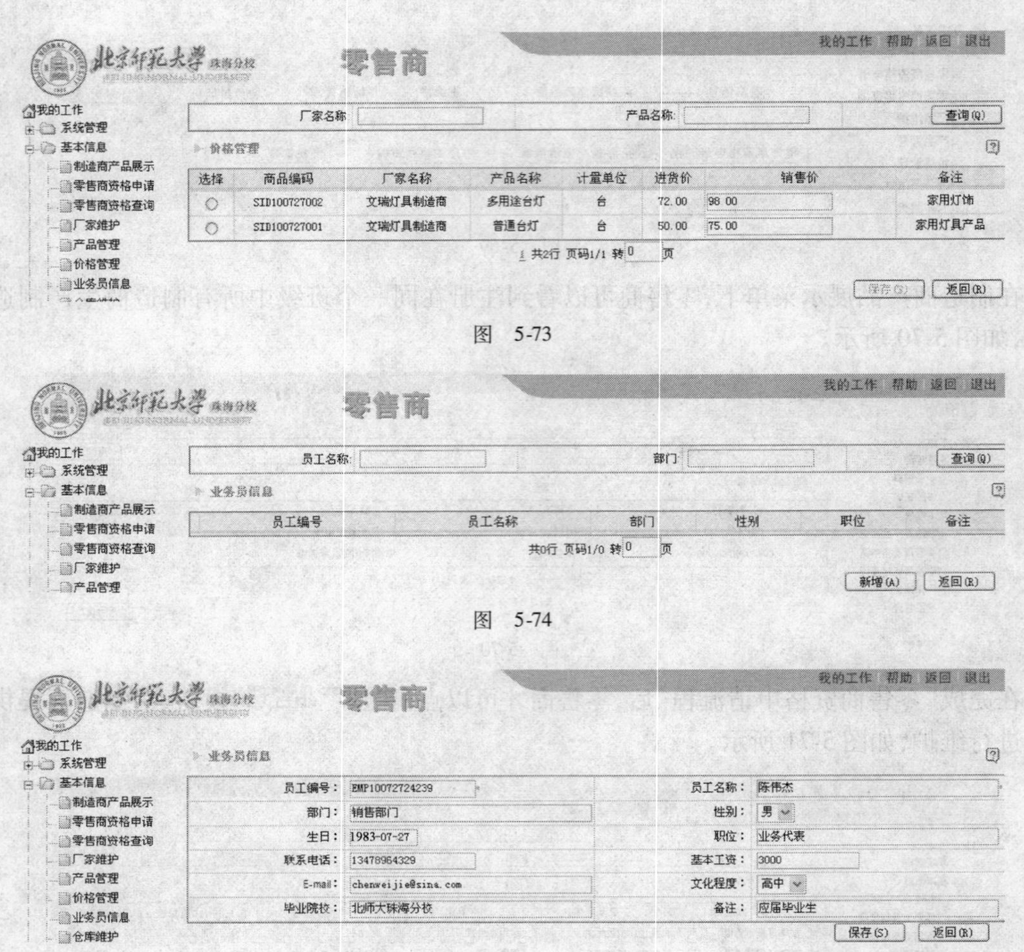

图 5-73

图 5-74

图 5-75

业务员信息字段说明 表 5-16

字 段 名	说 明
员工编号	编号系统自动生成,不能修改
员工名称	员工真实姓名,该字段不能为空
部门	输入员工所属部门
性别	下拉选项,"男"或"女"
生日	非必填项
职位	非必填项,正确设置员工职位即可
联系电话	非必填项,输入数字型字符
基本工资	非必填项,输入数字型字符
文化程度	非必填项,输入"本科"、"高职"、"初中"等字段

仓库维护菜单项:创建零售商仓库信息,基本页面如图 5-76 所示。

点击 [新增(A)] 按钮,可以对零售商仓库进行新增,如图 5-77 所示。

以上仓库维护字段说明如表 5-17 所示。

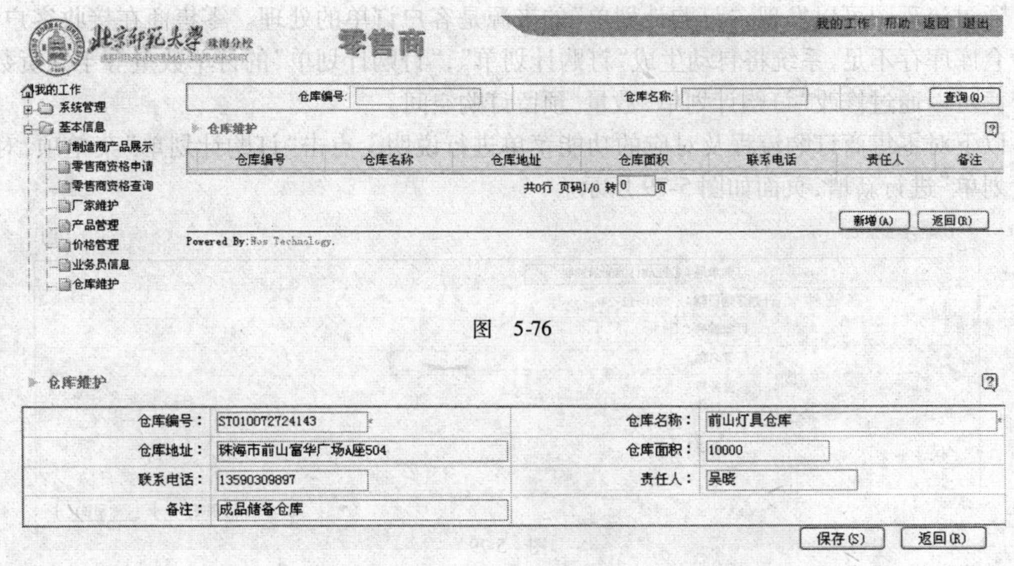

图 5-76

图 5-77

仓库维护字段说明 表 5-17

字 段 名	说 明
仓库编号	编号系统自动生成，不能修改
仓库名称	必填项，建议以地理位置进行命名
仓库地址	新增仓库所在位置
仓库面积	单位平方米，在实际添加时应考虑存放货物的堆垛面积
联系电话	非必填项，输入数字型字符
负责人	非必填项，仓库负责人名字
备注	对新增的仓库进行备注说明

5.4.3 销售管理与订购管理功能菜单

零售商的主业务流程是销售流程和订购流程，该流程由终端客户订购开始，零售商在接收订单时根据库存情况进行销售发货，或生成订购计划单向制造商进行商品订购。具体流程如图 5-78 所示。

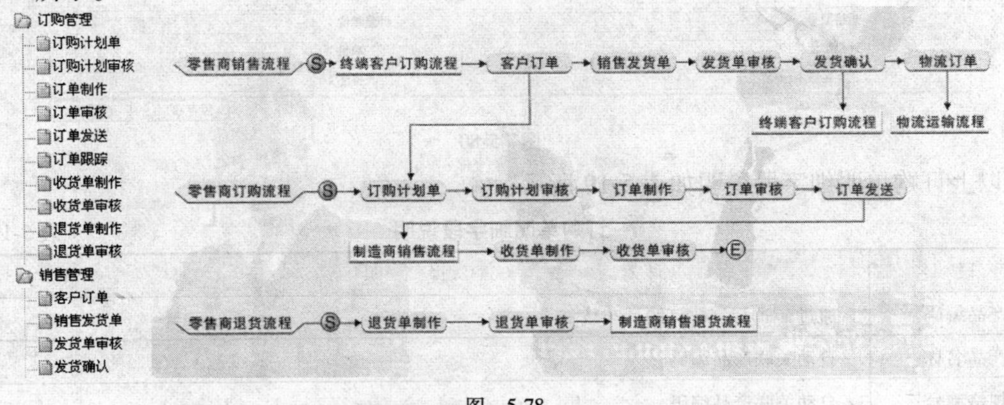

图 5-78

通过流程图可以发现，“订购计划单”的来源是客户订单的处理。零售商在接收客户订单时若仓库库存不足，系统将自动生成“订购计划单”，“订购计划单”的订单数量等于缺货数量，零售商可以通过修改“订购计划单”数量，预留订购空间。

以下对零售商订购流程及对应的功能菜单进行说明。点击“订购计划单”菜单项，对“订购计划单”进行新增，页面如图 5-79 所示。

订购计划单制作

订购单号：PLAN11040824384

计划订购日期：2010-12-24

厂家编号：

厂家名称：

业务员：

备注：

保存(S) 返回(R)

图 5-79

订购计划单字段说明如表 5-18 所示。

订购计划单字段说明 表 5-18

字　段　名	说　　明
订购单号	编号系统自动生成，不能修改
计划订购日期	选择计划订购产品的日期
厂家编号	通过🔍选择需要订购产品的厂家
厂家名称	自动关联厂家编号
业务员	通过🔍选择进行产品订购的业务员
备注	对此次订购进行备注说明

此处的订购计划单只是订购单的表头信息，数量及产品信息需要在保存表头后进行添加，如图 5-80 对保存后的订购单明细进行新增。

订购单号：PLAN11040824384 计划订购日期：2010-12-24

厂家编号：COM101101106 厂家名称：宫艺灯饰厂

业务员：EMP10111724242

订购单明细

产品编码： 产品名称：

规格型号： 计量单位：

计划数量：0 单价：0

金额：0 备注：

保存(S) 返回(R)

图 5-80

以上订购单明细字段说明如表 5-19 所示。

订购单明细字段说明 表 5-19

字　段　名	说　　明
产品编码	通过🔍选择需要订购的产品
产品名称	自动关联产品编码
规格型号	自动关联产品编码

续上表

字 段 名	说 明
计量单位	自动关联产品编码
计划数量	输入计划订购的产品数量,必填项
单价	自动关联产品编码
金额	自动根据单价及订购数量得出订货金额,必填项
备注	产品订购备注信息

订单跟踪菜单项:在零售商根据需要进行产品订购时,零售商可以通过“订单跟踪”菜单对发出的订购单进行跟踪,如图 5-81 所示。

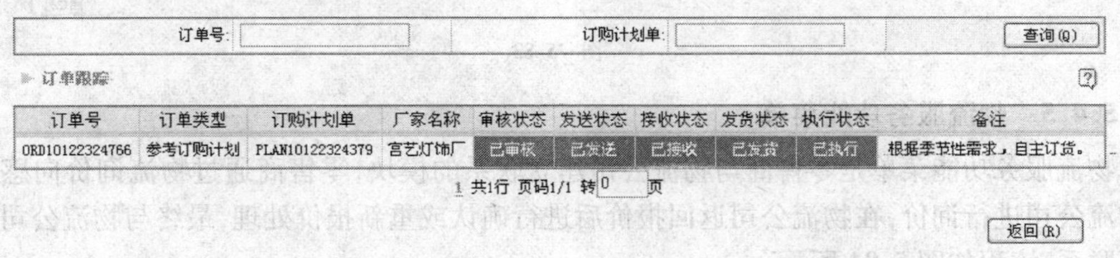

图 5-81

零售商退货单制作及退货审核菜单项:根据订购可能产生的错发、错送及其他特殊情况,系统提供了零售商退货流程,便于零售商进行商品的退购。图 5-82 是退货单制作页面。

退货单制作

退货单号: BACK11040824588
退货日期: 2010-12-30
订货单号: ORD10122324766
制造商编号: COM101101106
制造商名称: 宫艺灯饰厂
业务员: EMP10111724243
仓库编号: ST010111724145
仓库名称: 千叶商品库
备注:

保存(S) 返回(R)

图 5-82

以上退货单制作页面字段说明如表 5-20 所示。

退货单制作页面字段说明 表 5-20

字 段 名	说 明
退货单号	编号系统自动生成,不能修改
退货日期	选择进行退货的日期
订货单号	选择需要进行退货的订货单号
制造商编号	自动关联订货单号
制造商名称	自动关联订货单号
业务员	通过🔍选择进行退货操作的业务员
仓库编号	通过🔍选择进行退货的产品之前存放的仓库
仓库名称	自动关联仓库编号
备注	退货单备注信息

5.4.4 仓储管理功能菜单

零售商“仓储管理”功能菜单包括：“仓储库存”、“进库明细”、“出库明细”三个菜单项，零售商可以通过对应的菜单项查询到目前的商品库存、订购进库的商品和销售出库的商品情况。该功能菜单的功能主要是查询，不涉及业务流程操作，“仓储库存”查看页面如图 5-83 所示。

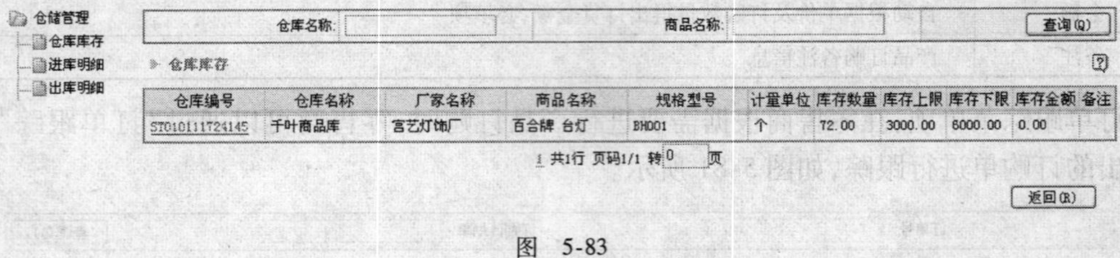

图 5-83

5.4.5 物流服务功能菜单

物流服务功能菜单是零售商与物流公司建立联系的模块，零售商通过物流询价向感兴趣的物流公司进行询价，在物流公司返回报价后进行确认或重新报价处理，最终与物流公司建立业务联系，流程如图 5-84 所示。

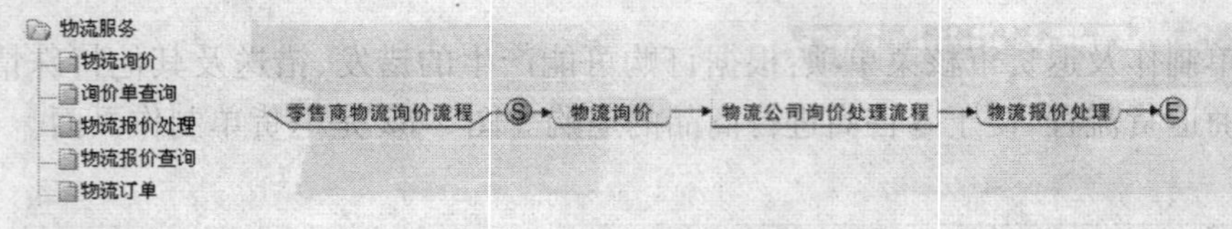

图 5-84

该流程由零售商通过新增物流询价单发起，新增页面如图 5-85 所示。

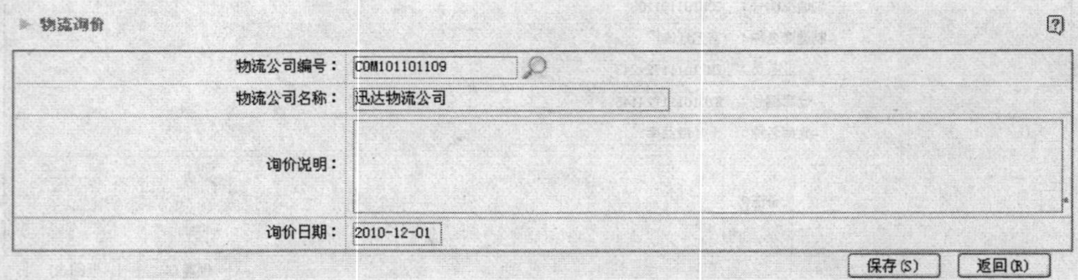

图 5-85

以上物流询价单新增页面字段说明如表 5-21 所示。

物流询价单新增页面字段说明　　表 5-21

字 段 名	说 明
物流公司编号	通过🔍选择需要询价的物流公司
物流公司名称	自动关联选择的物流公司编号
询价说明	说明需要进行报价的运输模块
询价日期	选择新增物流询价单的日期

物流询价流程的意义是零售商与物流公司建立业务联系，并约定运输价格。建立了业务联系的物流公司，在进行“物流订单”新增时可以被零售商角色选择。

零售商物流订单是零售商发送给物流公司的业务往来单据，其中包括如下必填信息，如图 5-86 所示。

物流服务
物流询价
询价单查询
物流报价处理
物流报价查询
物流订单
结算管理
统计分析

物流订单

订单号：OTN1103250001
物流公司编号：请选择
物流公司名称：
收货地联系人：
收货地联系电话：
收货地点：
销售发货单号：请选择
预计运输时间：
送达地联系人：
送达地联系电话：
送达地点：
运输里程：0
计费数量：0
保存(S)
返回(R)

图 5-86

以上物流订单新增页面字段说明如表 5-22 所示。

物流订单新增页面字段说明 表 5-22

字 段 名	说 明
订单号	系统自动生成,不能更改
物流公司编号	通过下拉菜单选择进行物流运输的物流公司
物流公司名称	自动关联物流公司编号信息
收货地联系人	输入物流公司到零售商收货时的联系人姓名
收货地联系电话	输入联系人电话
收货地点	输入物流公司前往收货的地点
销售发货单号	通过下拉菜单选择此次进行运输的销售发货单号
预计运输时间	输入进行货物运输的具体日期
送达地联系人	输入终端客户姓名
送达地联系电话	输入终端客户联系电话
送达地点	输入终端客户取货地址
运输里程	输入大概运输里程信息
计费数量	根据单公里价格,计算运输费用

在零售商发送该订单后,物流公司将在物流订单模块中的运输订单中看到该订单,根据要求物流公司将完成该订单。

5.4.6 结算管理功能菜单

结算管理功能菜单涉及零售商的商品采购付款及其销售收款两部分。以图 5-87 对付款单的新增页面进行字段说明。

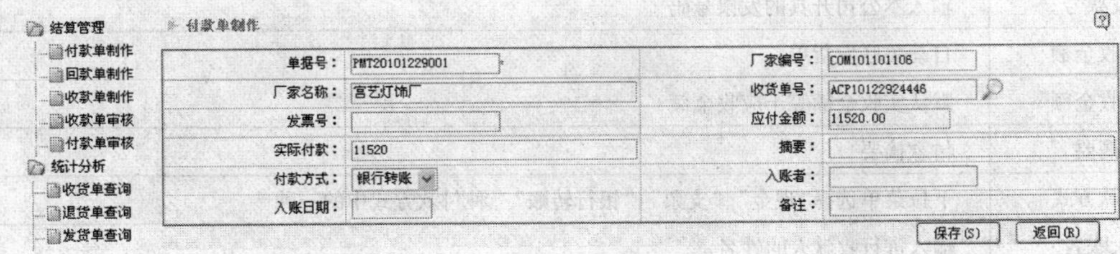

图 5-87

以上商品采购付款单新增页面字段说明如表 5-23 所示。

付款单新增页面字段说明　　　　表 5-23

字 段 名	说 明
单据号	系统自动生成,不能更改
厂家编号	自动关联下方收货单号
厂家名称	自动关联下方收货单号
收货单号	通过🔍选择需要进行付款的收货单号
发票号	输入对方开具的发票号码
应付金额	自动关联收货单
实际付款	默认实际付款金额等于应付金额
摘要	付款摘要
付款方式	下拉菜单选择“现金”、“支票”、“银行转账”三种付款方式中的一种
入账者	输入进行付款人的姓名
入账日期	输入进行入账管理的具体日期
备注	对该付款信息的备注

完成付款单的基本信息后,该付款单需要财务负责人进行审批操作,功能菜单项为“付款单审核”,财务负责人在审核单据无误的情况下,点击“审核”即可。

结算管理中的收款单制作的单据内容与付款单基本相同,操作页面如图 5-88 所示。

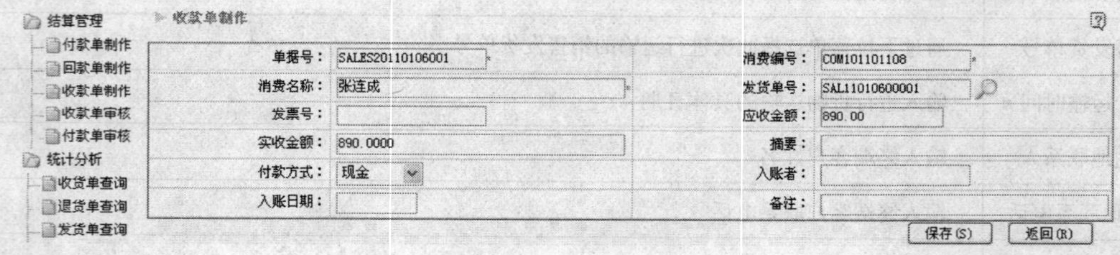

图 5-88

以上商品销售收款单新增页面字段说明如表 5-24 所示。

收款单新增页面字段说明　　　　表 5-24

字 段 名	说 明
单据号	系统自动生成,不能更改
消费编号	自动关联下方发货单号
消费名称	自动关联下方发货单号
发货单号	通过🔍选择需要进行收款的发货单号
发票号	输入本公司开具的发票号码
应收金额	自动关联发货单
实收金额	默认实收金额等于应收金额
摘要	付款摘要
付款方式	下拉菜单选择“现金”、“支票”、“银行转账”三种付款方式中的一种
入账者	输入进行收款人的姓名
入账日期	输入进行入账管理的具体日期
备注	对该收款信息的备注

完成收款单的基本信息后，该收款单需要财务负责人进行审批操作，功能菜单项为“收款单审核”，财务负责人在确认货款已经收到的情况下，点击“审核”即可。

5.4.7　统计分析功能菜单

零售商统计分析功能菜单包含如下几个菜单项：“收货单查询”、“退货单查询”、“发货单查询”、“订货单查询”，图 5-89 为“订货单查询”基本页面。

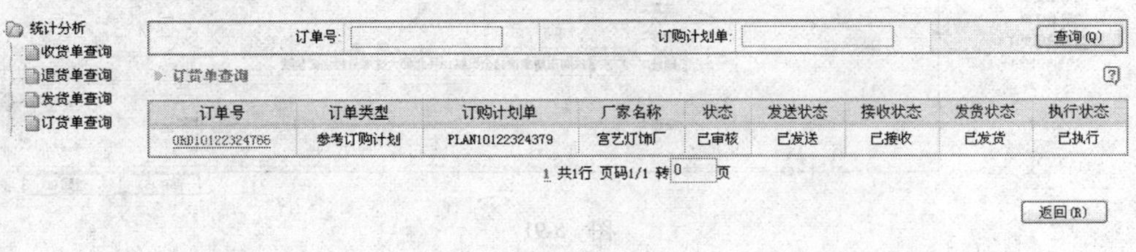

图　5-89

5.5　终端客户角色功能及模块

选择终端客户登录口，以上面注册的制造商登录名和密码登录，点击“登录”进入系统如图 5-90 所示。

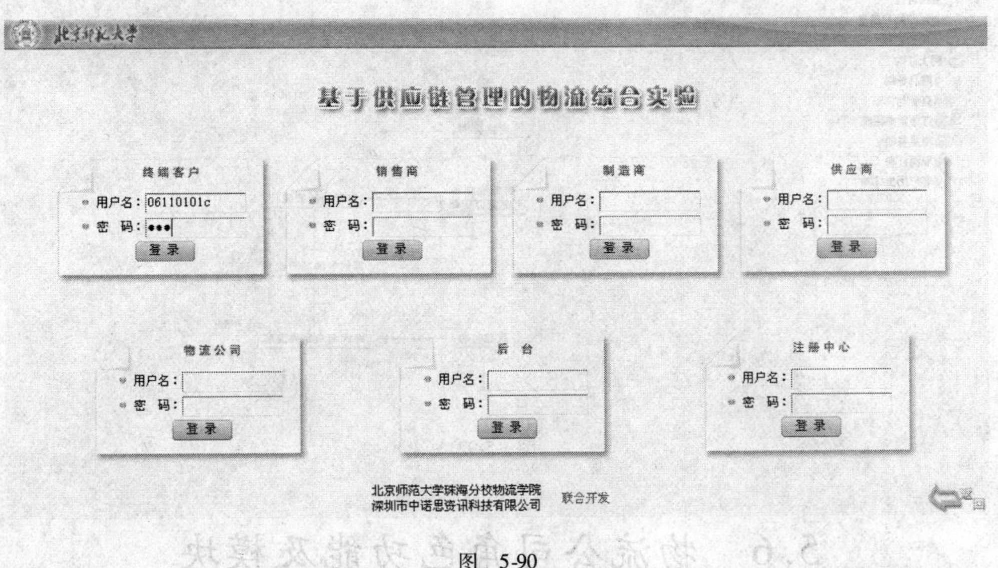

图　5-90

终端客户只有唯一的商品订购流程，该流程的商品导购和商品签收由终端客户完成。点击流程中的对应环节可以进入该流程的详细处理操作。终端客户注册完成后，不需要进行基础数据的准备，在上游的零售商相应的信息维护完成后，即可进行网上订购操作。为了保证物流配送的准确，每一个终端客户必须准确、完整地维护相关的资料，否则无法将终端客户选购的商品送到准确的目的地。除了注册要求的必输项目外，还必须要维护终端客户的联系地址、联系电话、联系人。

5.5.1　系统管理功能菜单

点击“修改用户信息”模块，对终端客户的基本信息进行必要的维护，如图 5-91 所示。

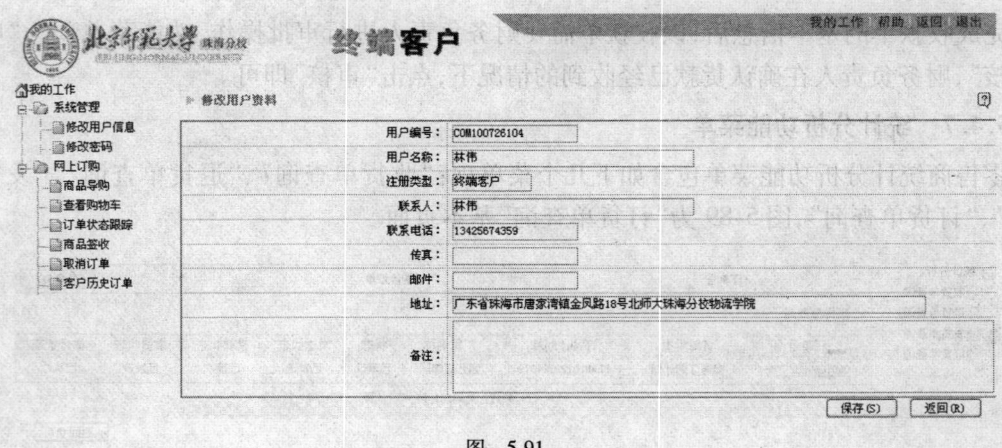

图 5-91

5.5.2 网上订购功能菜单

网上订购模块下有："商品导购"、"查看购物车"等 B2C 电子购物网站的基本菜单，终端客户可以通过"商品导购"进行所需产品的选购，并发送采购单，其功能菜单对应流程如图 5-92 所示。

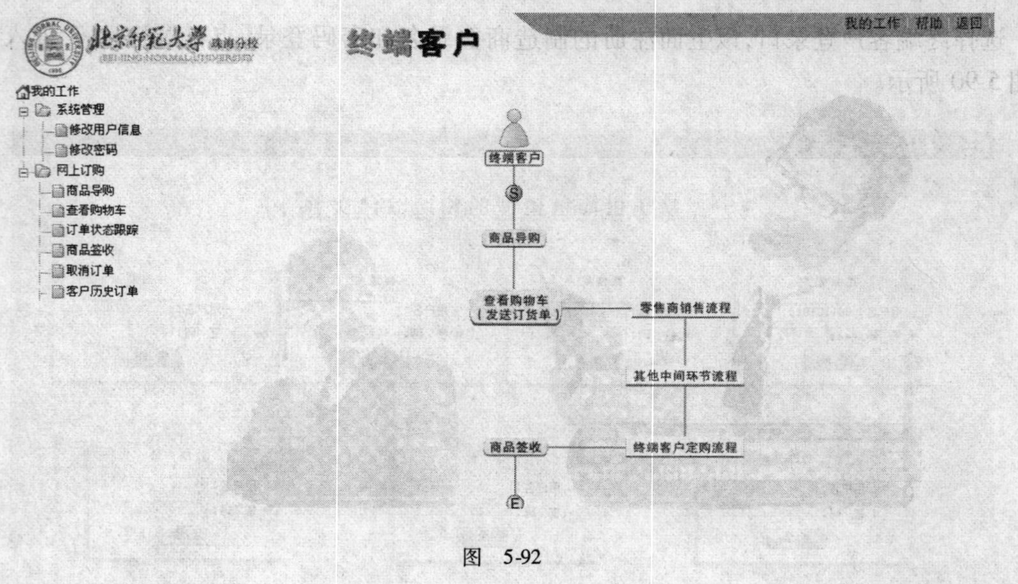

图 5-92

5.6 物流公司角色功能及模块

选择物流公司角色登录口，以上面注册的物流公司登录名和密码登录，点击"登 录"进入系统如图 5-93 所示。

物流公司的基本功能模块包括配送管理、仓储管理、运输管理、报关管理等多个业务模块，这些模块在物流公司接收订单后，根据客户订单的要求，对应地完成相关的物流操作。物流公司角色的业务流程主要由配送入库流程、配送出库流程、报关流程、运输流程等组成，其流程图如图 5-94 所示。

物流公司涉及的基础信息非常多，有仓储、运输、配送等各个模块的基础信息需要进行维护，每个模块的基础信息的配置都会影响流程操作是否顺利进行，因此需要仔细完成。根据信息维护的要求，物流公司角色需要从运输模块开始进行基本信息的维护，本章也从运输模块进行模块功能讲解。

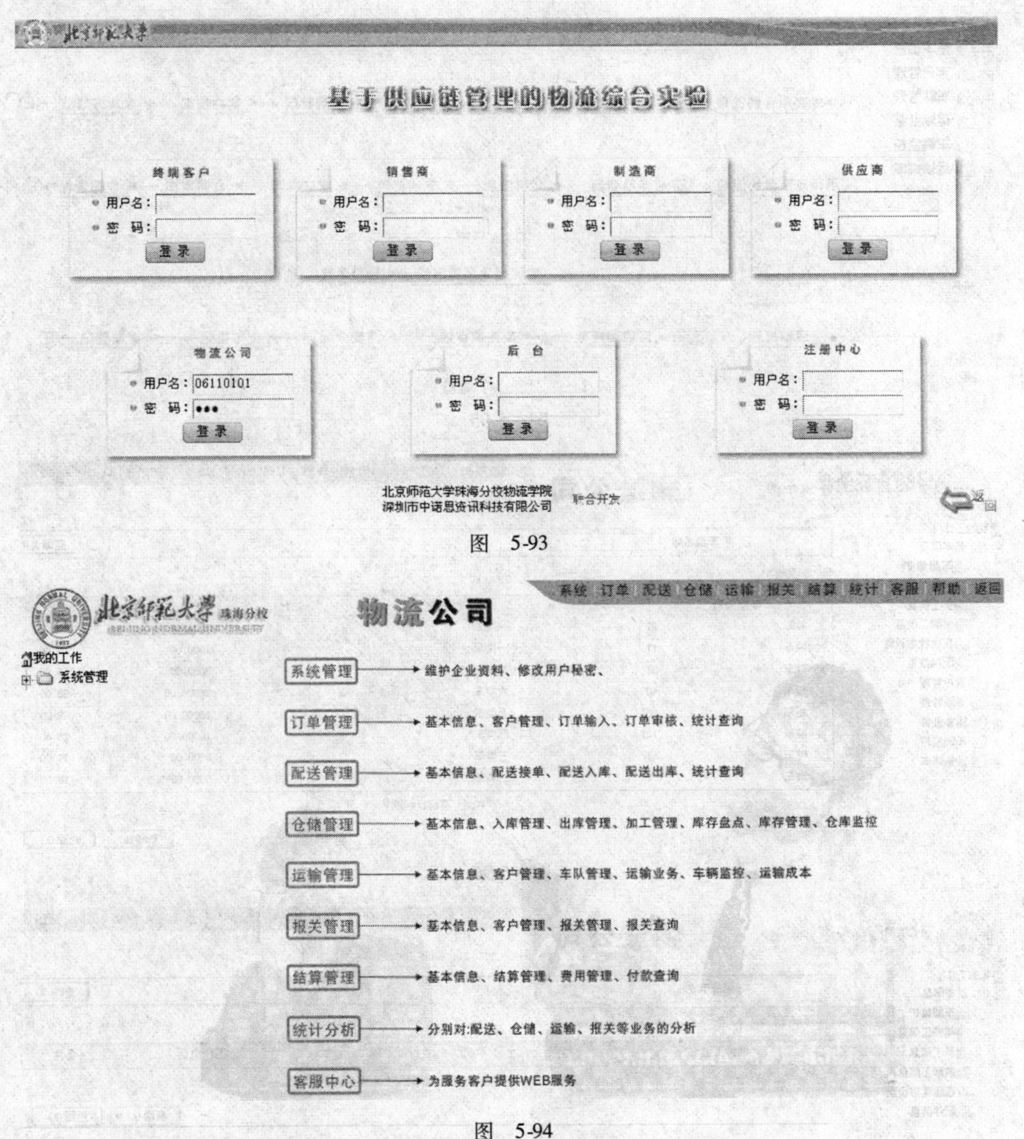

图　5-93

图　5-94

5.6.1　运输模块功能菜单

运输模块主要涉及以下几个流程："运输客户合约流程"、"承运车队合约流程"、"运输流程"，流程图如图 5-95 所示。

(1)基本信息功能菜单

该功能菜单包括"车型维护"、"员工信息"、"车辆在途状态"等菜单项。

①车型维护菜单项：该菜单项允许角色新增车型信息和删除车型信息，系统初始数据中维护有一部分车型数据，根据需要物流公司角色可以通过"新增"按钮和"删除"按钮对车型信息进行新增和删除，基本页面如图 5-96 所示。

②维修工信息菜单项：维修工基本页面如图 5-97 所示。

维修工主要作为设备维修的工人，在本实验流程中维修工不参与物流公司流程，物流公司

角色在此可以点击 新增(A) 按钮对维修工进行添加。页面如图 5-98 所示，在此不对新增页面的字段进行说明。

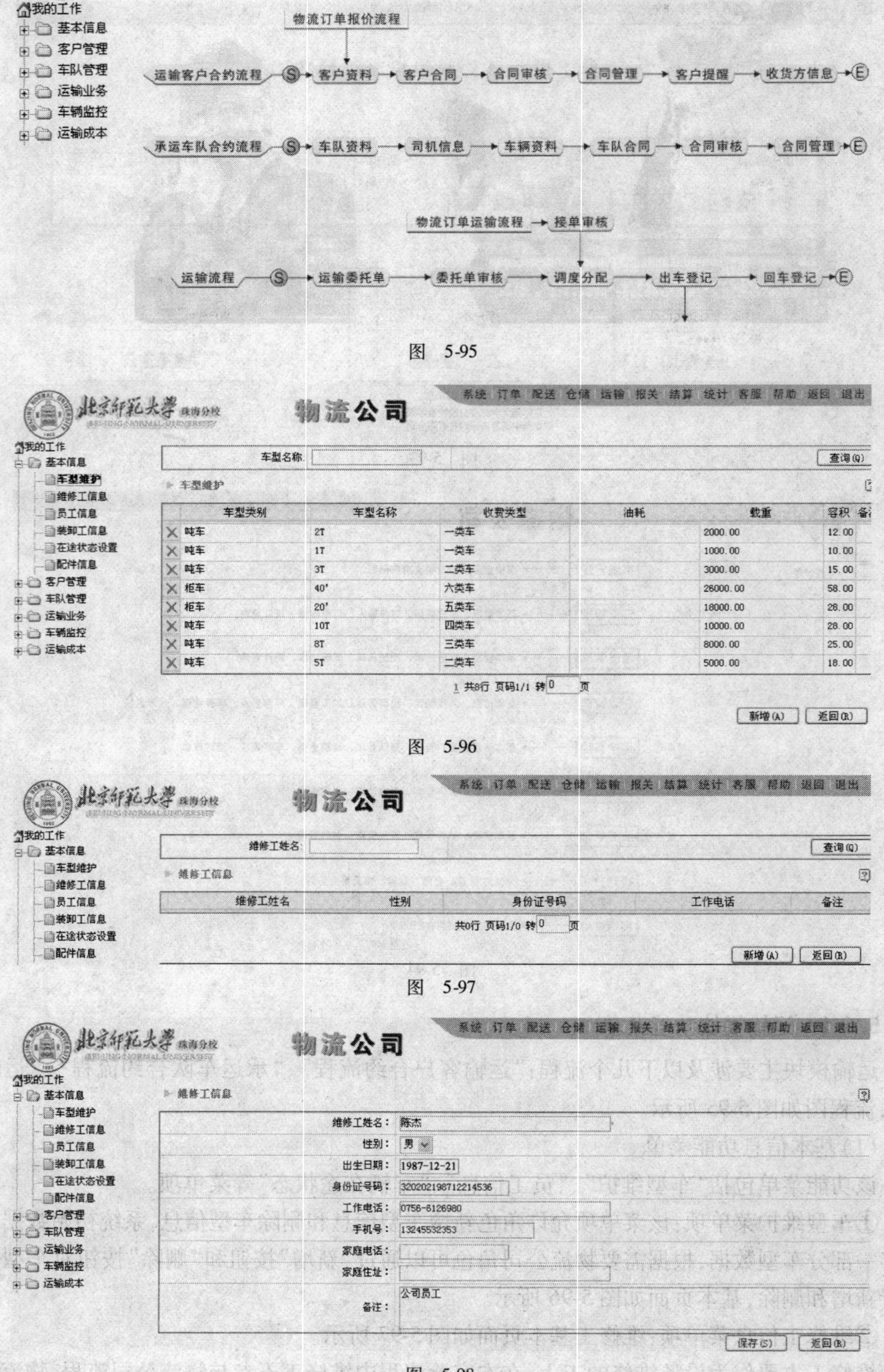

图 5-95

图 5-96

图 5-97

图 5-98

③员工信息维护菜单项：基本页面如图 5-99 所示。

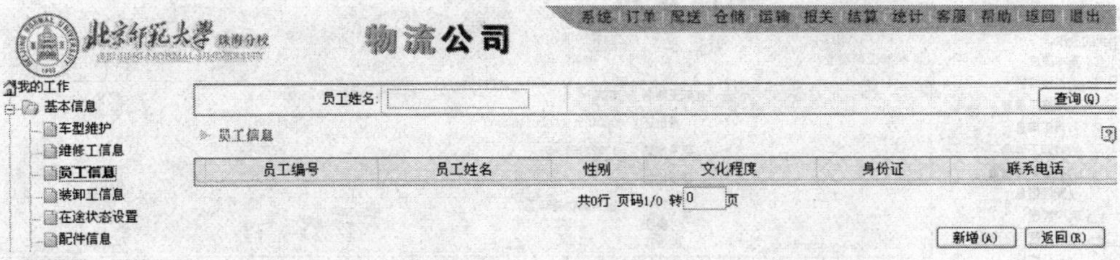

图 5-99

点击 新增(A) 按钮新增物流公司员工，如图 5-100 所示。

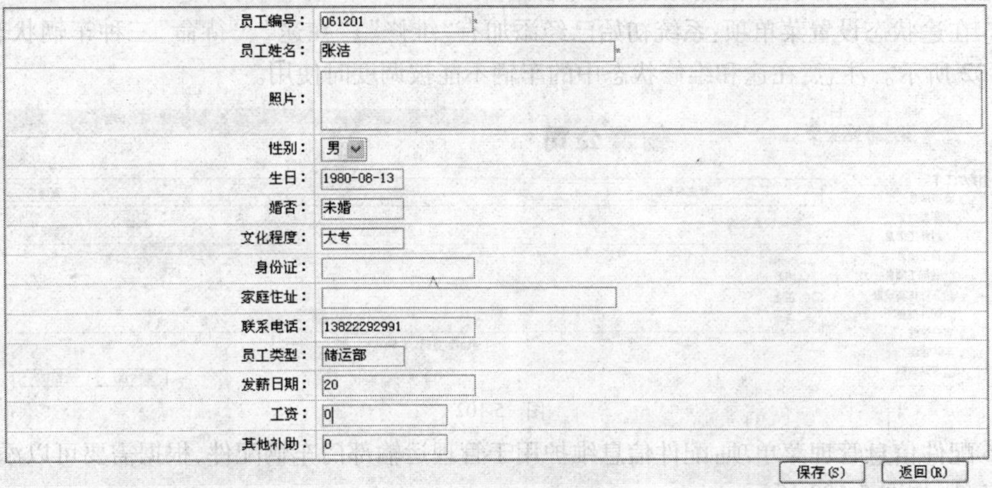

图 5-100

以上员工新增页面字段说明如表 5-25 所示。

员工新增页面字段说明 表 5-25

字 段 名	说 明
员工编号	必填项，根据物流公司员工编号要求输入员工编号
员工姓名	必填项，输入员工姓名
照片	不填项，本实验软件不对员工照片文件进行对应
性别	下拉菜单选择员工"男"、"女"
生日	输入员工生日日期
婚否	非必填项，选择输入员工基本信息
文化程度	非必填项，选择输入员工基本信息
身份证	非必填项，选择输入员工基本信息
家庭住址	非必填项，选择输入员工基本信息
联系电话	非必填项，选择输入员工基本信息
员工类型	非必填项，选择输入员工基本信息
发薪日期	非必填项，根据自主设定输入
工资	非必填项，根据自主设定输入
其他补助	非必填项，根据自主设定输入

④装卸工信息维护菜单项：装卸工是物流公司负责货物搬运的员工，必须进行添加，新增物流公司员工，如图 5-101 所示。

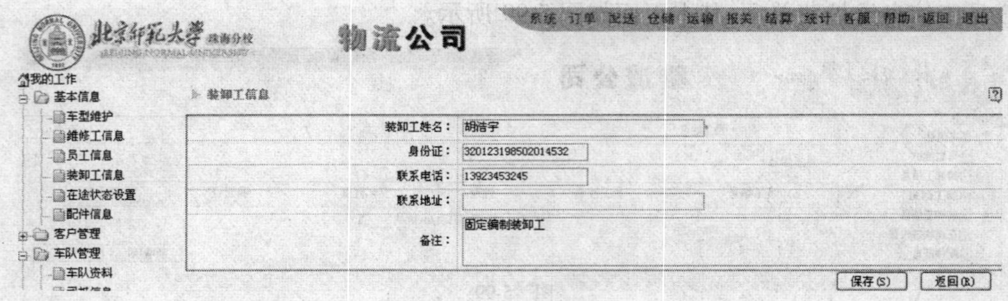

图 5-101

姓名为必填项，其他信息根据自主设定输入。

⑤在途状态设置菜单项：系统初始已经添加有“维修”、“在途”、“待命”三种车辆状态，如图 5-102 所示。注意：在途和维修状态中的车辆不能被调度时使用。

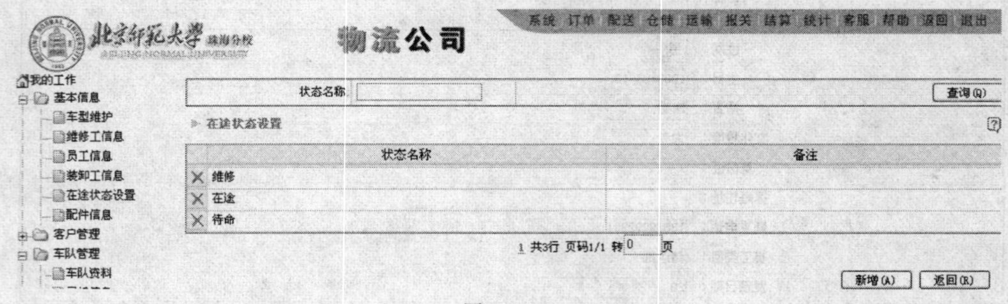

图 5-102

⑥配件信息管理菜单项：配件信息维护用于管理运输部门车辆配件，根据需要可以添加常用的备件，如图 5-103 所示。

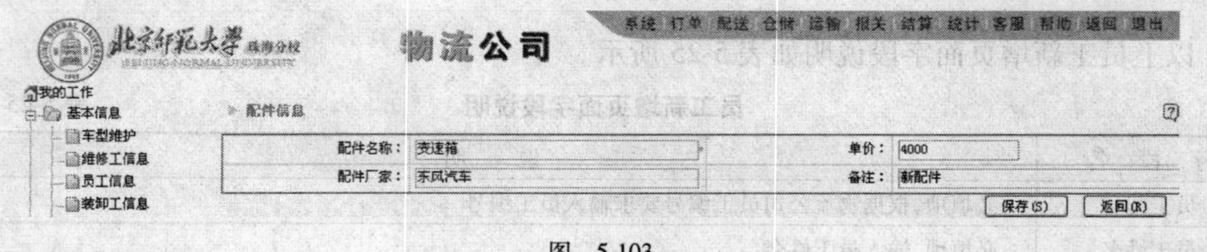

图 5-103

(2) 车队管理功能菜单

①车队资料菜单项：物流公司的车队通过本菜单项进行添加，新增物流公司车队资料如图 5-104 所示。

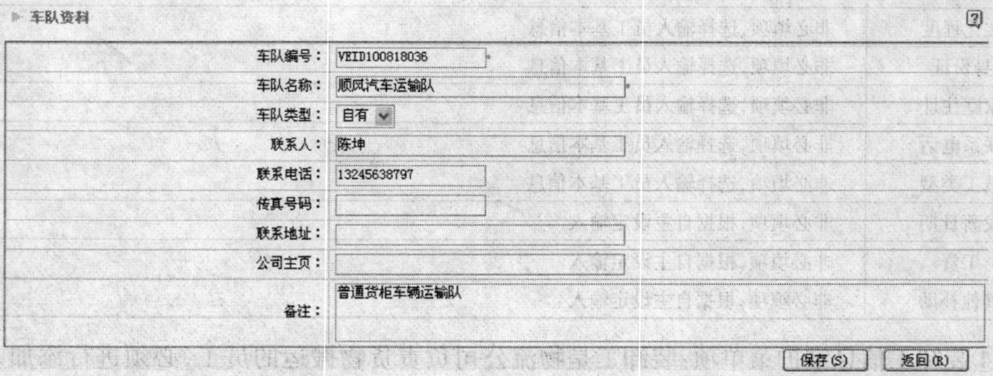

车队资料

车队编号： VEID100818036
车队名称： 顺风汽车运输队
车队类型： 自有
联系人： 陈坤
联系电话： 13245638797
传真号码：
联系地址：
公司主页：
备注： 普通货柜车辆运输队

保存(S)　返回(R)

图 5-104

以上车队新增页面字段说明如表5-26所示。

车队新增页面字段说明 表5-26

字 段 名	说 明
车队编号	必填项，系统自动生成
车队名称	输入添加的车队名称
车队类型	车队类型为“自有”或“外部”
联系人	车队调度联系人名字
联系电话	联系人电话
传真号码	非必填项，选择性输入
联系地址	非必填项，选择性输入
公司主页	非必填项，选择性输入
备注	非必填项，选择性输入

②司机信息菜单项：本菜单项用于新增车队服务的司机信息，新增车队司机信息，用于车辆及司机的调度管理，新增页面如图5-105所示。

▶ 司机信息

司机姓名：	吴玉明	车队编号：	VEID100818036
车队名称：	顺风汽车运输队	性别：	男
出生日期：	1985-11-02	身份证号码：	349231198511024352
工作电话：	0760-3582643	驾驶证号：	349231198511024352
上照日期：	2010-08-18	技术等级：	中
上岗证号：		手机号：	13427658976
家庭电话：		家庭住址：	
安全行驶里程：	80000	备注：	

保存(S) 返回(R)

图 5-105

以上司机信息新增页面字段说明如表5-27所示。

司机信息新增页面字段说明 表5-27

字 段 名	说 明
司机姓名	必填项，司机姓名
车队编号	通过选择司机所在的车队编号
车队名称	自动关联车队编号
性别	选择司机性别“男”、“女”
出生日期	非必填项，选择性输入
身份证号码	输入司机身份证号
工作电话	非必填项，选择性输入
驾驶证号	司机驾驶证基本信息
上照日期	司机驾驶证基本信息
技术等级	公司认定技术等级输入“高”、“中”、“初”
上岗证号	非必填项，选择性输入
手机号	非必填项，选择性输入
家庭电话	非必填项，选择性输入
家庭地址	非必填项，选择性输入
安全驾驶里程	非必填项，选择性输入
备注	非必填项，选择性输入

③车辆资料菜单项:车辆是物流公司进行调度和配置的资源,因此需要详细、正确维护其基本信息,新增车辆资料信息,如图 5-106 所示

▶ 车辆资料

车牌号:	粤C45370	车辆类型:	10T
额定油耗:	14	额定载重:	10000.00
额定容量:	28.00	车队编号:	VEID100818036
车队名称:	顺风汽车运输队	车辆所有权:	合约车队
车体颜色:	蓝色	车辆状态:	待命
购置日期:	2010-08-18	司机姓名:	吴玉明
总价值:	160000	厂牌型号:	无
出厂日期:	2010-04-18	制造厂家:	东风汽车
发动机号:	未登记	当前车架:	未登记
车身装置:	未登记	底盘型号:	未登记
营运证号:	未登记	危险品准运证号:	未登记
上照时间:	2010-08-28	燃油类别:	柴油
一般速度:	100	最大速度:	140
备注:			

保存(S) 返回(R)

图 5-106

对车辆资料信息新增的部分字段说明如表 5-28 所示。

车辆资料信息新增的部分字段说明 表 5-28

字 段 名	说 明
车牌号	必填项,车辆上牌号
车辆类型	通过🔍选择车辆类型
额定油耗	自动关联车辆类型
额定载重	自动关联车辆类型
额定容量	自动关联车辆类型
车队编号	通过🔍选择车辆所在车队编号
车队名称	自动关联车队编号
车辆所有权	车队自有或私人车辆
车体颜色	车辆的外漆颜色
车辆状态	选择车辆的状态"待命"、"维修",只有"待命"状态的车辆能进行调度
其他基本信息	非必填项,选择性输入车辆的其他基本信息

④车队合同菜单项:物流公司角色通过本菜单项与车队建立合约关系,新增车队合同页面如图 5-107 所示。

▶ 车队合约

合同编号:	COID100818052
车队编号:	VEID100818036
车队名称:	顺风汽车运输队
开始日期:	2010-08-18
结束日期:	2010-08-18
合同提醒天数:	0
备注:	公司下属合约车队

保存(S) 返回(R)

图 5-107

以上车队合约新增页面字段说明如表 5-29 所示。

车队合约新增页面字段说明　　表 5-29

字 段 名	说　明
合同编号	必填项,系统自动生产
车队编号	通过🔍选择,建立合约的车队编号
车队名称	自动关联车队编号
开始日期	输入合约开始日期
结束日期	输入合约结束日期
合同提醒天数	输入合同结束进行提前提醒的天数
备注	备注信息

车队合约进行保存后,只是保存了合约的表头信息,合约明细需要通过修改费用科目明细进行完善。

⑤车队合同审核菜单项:车队合同管理页面如图 5-108 所示。

北京师范大学 珠海分校　物流公司

系统 订单 配送 仓储 运输 报关 结算 统计 客服 帮助 返回 退出

我的工作：基本信息；客户管理；车队管理（车队资料、司机信息、车辆资料、车队合同、合同审核、合同管理）；运输业务；车辆监控；运输成本

车队合约

合同编号：COID100818052
车队编号：VEID100818036
车队名称：顺风汽车运输队
开始日期：2010-08-18
结束日期：2010-08-18
合同提醒天数：0
备注：公司下属合约车队

保存(S)　明细(M)　返回(R)

图　5-108

点击车队合约 明细(M) 按钮,对合同明细进行维护,如图 5-109 所示。

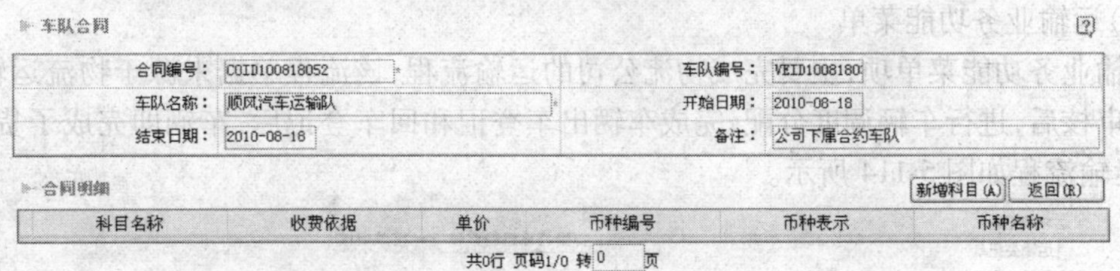

图　5-109

点击 新增科目(A) 按钮,新增收费条目、价格等合同明细,如图 5-110 所示。

车队合同

合同编号：COID100818052　车队编号：VEID1008180
车队名称：顺风汽车运输队　开始日期：2010-08-18
结束日期：2010-08-18　备注：公司下属合约车队

增加费用科目明细　全选(A)　取消全选(C)　保存(S)　返回(R)

科目名称	收费依据	单价	币种编号	币种表示	币种名称
☑ 运输费	吨公里运费	5.00	0142	CNY	人民币
☑ 空返	燃油费	1.00	0142	CNY	人民币
☑ 压车		0.00	0142	CNY	人民币
☑ 查车		0.00	0142	CNY	人民币
☑ 高速	每公里路桥费	1.00	0142	CNY	人民币
☑ 停车		0.00	0142	CNY	人民币
☑ 隧道		0.00	0142	CNY	人民币
☑ 其他		0.00	0142	CNY	人民币

图　5-110

点击[保存(S)]按钮进行保存。完成保存后点击合同审核条目按钮，显示合同审核界面，如图 5-111 所示。

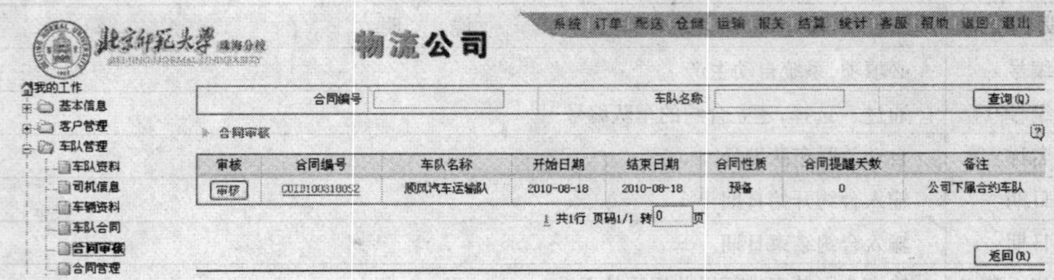

图 5-111

点击[审核]按钮，修改合同开始及结束日期，完成车队合同的审核，如图 5-112 所示。

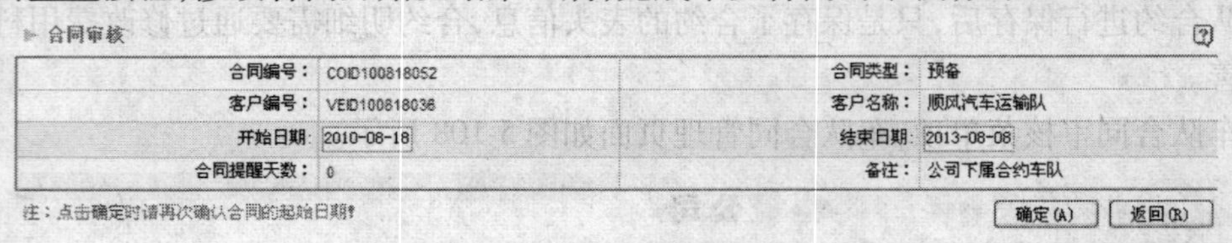

图 5-112

⑥合同管理菜单项：物流公司角色，通过本菜单项可以查看到期及执行期的合同情况，如图 5-113 所示。

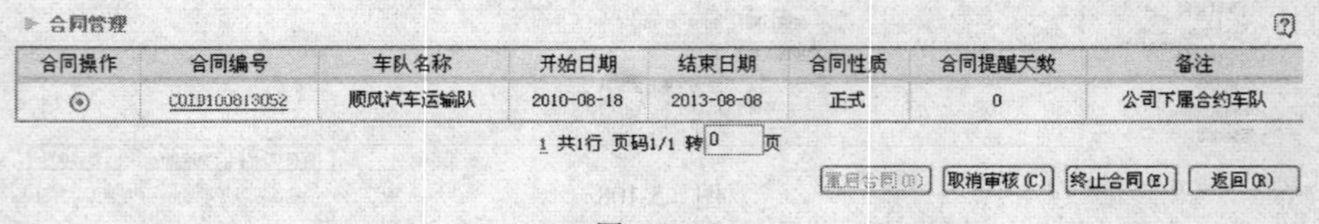

图 5-113

(3)运输业务功能菜单

运输业务功能菜单项，主要完成物流公司的运输流程，该流程单据来源于物流运输订单，在接单审核后，进行车辆调度分配，完成车辆出车登记和回车登记后，车辆即完成了货物的运输，其运输流程如图 5-114 所示。

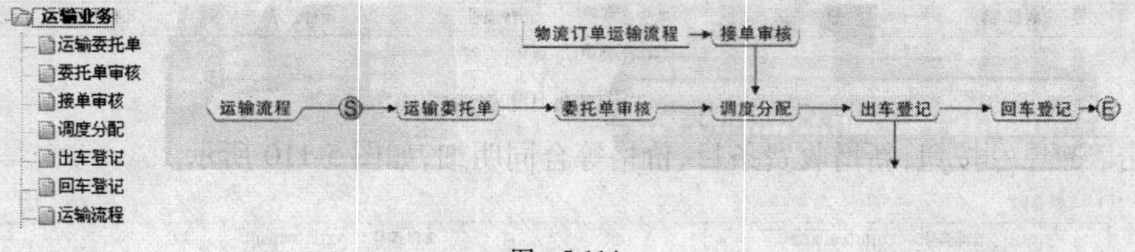

图 5-114

除此之外，运输模块也可通过新增“运输委托单”完成客户委托的运输业务，“运输委托单”的新增页面如图 5-115 所示。

以上运输委托单的字段说明如表 5-30 所示。

该运输委托单中包括了货物托运方和收货方的基本信息，物流公司根据本物流运输委托单完成运输流程。

(4)车辆监控功能菜单

该功能菜单下有“车辆监控”和“车辆状态”两个菜单项，车辆监控和车辆状态页面可以查看目前车辆出车情况和基本状态，如图 5-116 所示。

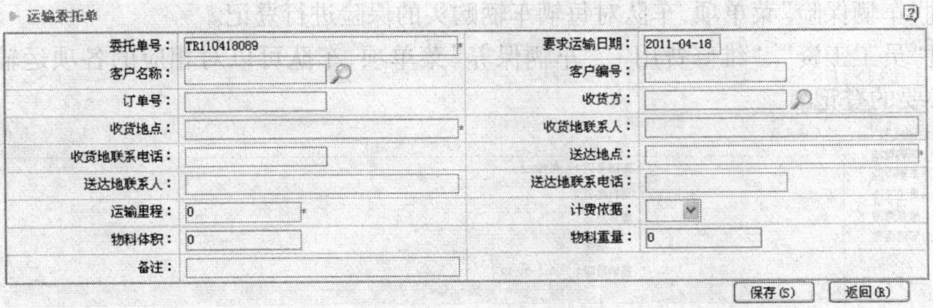

图　5-115

运输委托单的字段说明　　　表 5-30

字段名	说明
委托单号	必填项，系统自动生产
要求运输日期	托运单客户运输日期
客户名称	通过🔍选择运输单委托客户的名称
客户编号	自动关联客户名称
订单号	输入运输委托单号
收货方	输入委托单收货方的名称
收货地点	取货地点
收货地联系人	取货点联系人名称
收货地联系电话	取货地联系人电话
送达地点	必填项，物流运输单的运输目的地
送达地联系人	送达目的地联系人名称
送达地联系电话	送达目的地联系人电话
运输里程	运输的大概里程数
计费依据	选择运输计费的标准“重量”或“体积”
物料体积	体积数量
物料重量	货物重量
备注	备注信息

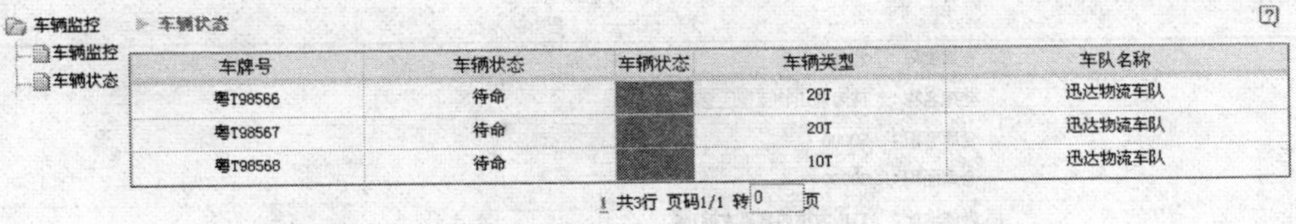

图　5-116

(5)运输成本功能菜单

运输成本功能菜单包括“车辆耗油”、“车辆保险”、“员工工资”、“维修费用”、“车辆保养”五个成本菜单项。

通过“车辆耗油”菜单项，车队对车辆在运输委托单货物时产生的油费进行登记，如图5-117所示。

通过“车辆保险”菜单项，车队对每辆车辆购买的保险进行登记。

通过“员工工资”、“维修费用”、“车辆保养”菜单项，车队可以对相应的各项运输成本支出进行必要的登记。

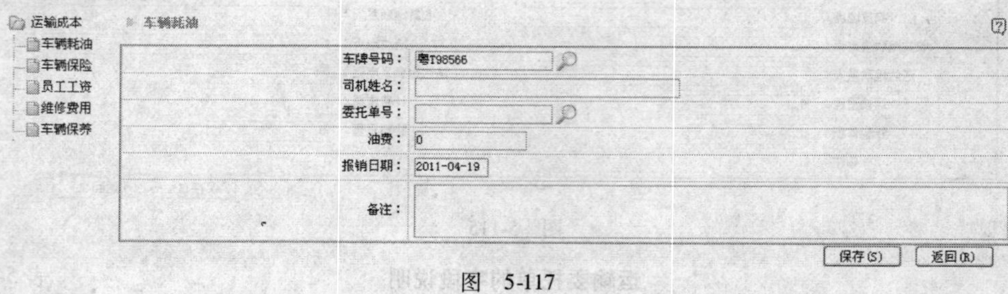

图 5-117

5.6.2 仓储模块功能菜单项及流程

(1)仓储基本信息功能菜单

仓储模块基本信息功能菜单包括“仓库信息”、“区域信息”、“仓库资源”、“库位信息”、“装卸工”等功能菜单项。仓储模块涉及两个主要流程：“仓库入库流程”和“仓库出库流程”，模块流程图如图 5-118 所示。

图 5-118

①仓库信息菜单项：通过该功能菜单项，物流公司角色可以对现有仓库进行添加维护，新增仓库信息页面如图 5-119 所示。

仓库信息

仓库编号：	ZH001
仓库名称：	珠海前山物流园区仓库
仓库容积：	50000
仓库面积：	50000
详细地址：	前山大桥西嘉惠大厦1楼
负责人：	文瑞
联系电话：	13422988745
传真：	0756-2338473
是否启用：	是
备注：	租赁

保存(S) 返回(R)

图 5-119

以上仓库信息字段说明如表 5-31 所示。

仓库信息字段说明 表 5-31

字 段 名	说 明
仓库编号	必填项,请自己定义仓库编号规则
仓库名称	必填项,新增仓库的名称
仓库容积	输入仓库可用容积,面积＊仓高
仓库面积	输入仓库可用面积
详细地址	仓库所在地详细地址
负责人	仓库负责人姓名
联系电话	仓库负责人联系电话
传真	仓库传真电话
是否启用	选择仓库状态,选择"是"或"否"
备注	必填项,对仓库的简要说明

②区域信息菜单项:通过区域信息菜单项,仓管员对现有仓库进行库区的划分,便于货物分类、分区存放。图 5-120 为仓库区域新增页面,物流公司角色通过此页面新增仓库区域,对仓库库区进行设置。

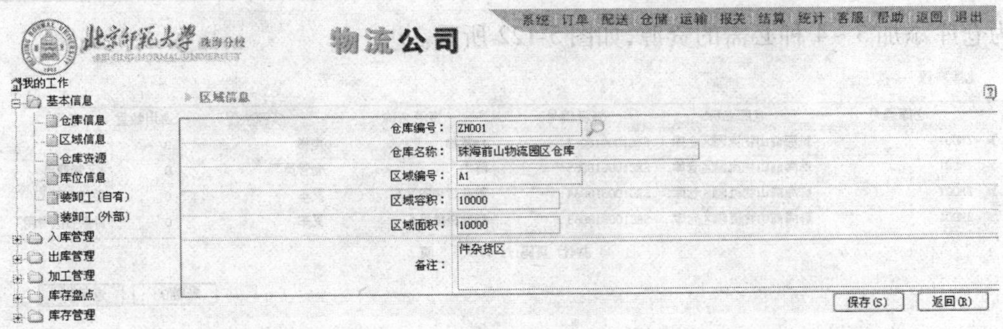

图 5-120

以上区域信息新增页面字段说明如表 5-32 所示。

区域信息新增页面字段说明 表 5-32

字 段 名	说 明
仓库编号	通过🔍选择需要进行划区管理的仓库编号
仓库名称	自动关联仓库编号
区域编号	必填项,自行设定区域编号规则
区域容积	输入该仓库区域的容积大小
区域面积	输入该仓库区域的面积大小
备注	说明本仓库区域存放物品的设置或其他

③仓库资源菜单项:通过仓库资源菜单项,仓管员可以添加本仓库所使用的所有仓库管理设备,并进行管理。新增仓库可供调配的设备及人力资源,如图 5-121 所示。

以上仓库资源新增页面字段说明如表 5-33 所示。

图 5-121

仓库资源新增页面字段说明 表 5-33

字 段 名	说 明
仓库编号	通过🔍选择需要进行划区管理的仓库编号
仓库名称	自动关联仓库编号
资源编号	必填项，系统自动生成
资源名称	输入该资源的名称
资源类型	通过下拉菜单选择仓库资源的类型，"仓管员"、"叉车"、"电梯"、"堆垛机"等
备注	说明本仓库资源存放地等信息

为仓库添加 3 ~ 4 种必需的资源，如图 5-122 所示。

图 5-122

④库位信息菜单项：通过"库位信息"菜单项，仓管员可以对已分区的仓库区域进行仓位的详细划分，对每个仓位的正确管理可以保证出入库的准确、高效。图 5-123 为新增库区仓位信息页面。

库位信息

仓位编号：A10001

仓库区域编号：A1

仓库编号：ZH001

仓库名称：珠海前山物流园区仓库

仓位容积：10

仓位面积：10

备注：件杂货标准仓位

保存(S) 返回(R)

图 5-123

以上库位新增页面字段说明如表 5-34 所示。

库位新增页面字段说明　　　　表 5-34

字　段　名	说　　明
仓位编号	必填项，请自己定义仓位编号规则
仓库区域编号	通过选择需要进行细分管理的仓库区域
仓库编号	自动关联仓库区域编号
仓库名称	自动关联仓库区域编号
仓位容积	详细划分该仓位容积
仓位面积	详细划分该仓位面积
备注	说明该仓位的大概位置等信息

完成多个仓位的添加维护，如图 5-124 所示。

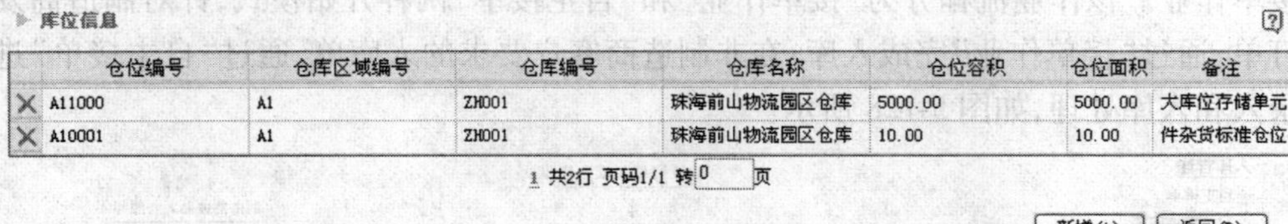
▶ 库位信息

	仓位编号	仓库区域编号	仓库编号	仓库名称	仓位容积	仓位面积	备注
✕	A11000	A1	ZH001	珠海前山物流园区仓库	5000.00	5000.00	大库位存储单元
✕	A10001	A1	ZH001	珠海前山物流园区仓库	10.00	10.00	件杂货标准仓位

1 共2行 页码1/1 转 0 页

新增(A)　返回(R)

图　5-124

⑤装卸工菜单项：该菜单项基本页面如图 5-125 所示。

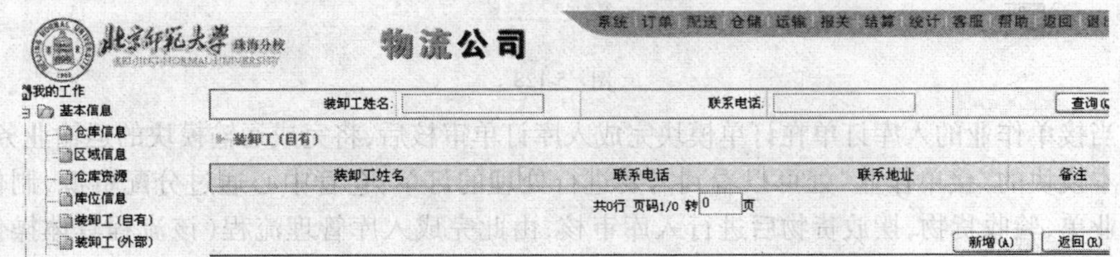

图　5-125

物流公司装卸工菜单项有“自有”、“外部”两种，根据需要对装卸工进行信息维护，便于装卸作业时，顺利指派装卸人员。通过“新增”按钮，添加公司自有或外部借调装卸员工，如图 5-126所示。

图　5-126

以上新增装卸工页面字段说明如表 5-35 所示。

新增装卸工页面字段说明　　　　表 5-35

字　段　名	说　　明
装卸工姓名	必填项，输入装卸工姓名
联系电话	输入装卸工联系电话
联系地址	装卸工联系地址
备注	对人员性质等进行备注说明

为仓储管理中心增加几名必要的装卸工，如图 5-127 所示。

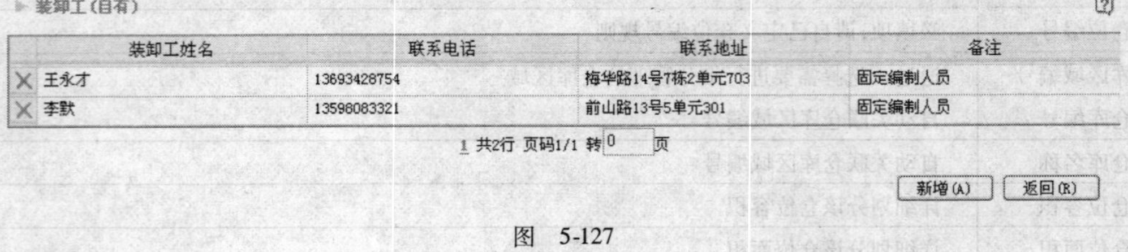

图 5-127

(2)入库管理功能菜单

入库管理功能菜单包含仓储入库流程的主要菜单项，仓储中心根据物流入库订单的要求，进行接单作业。该作业流程分为“接单作业”和“自主接单”两种开始模式，针对制造商发来的入库订单，通过“接单作业”完成入库；在非制造商客户要求的入库单，通过“自主接单”进行单据的录入和入库处理，如图 5-128 所示。

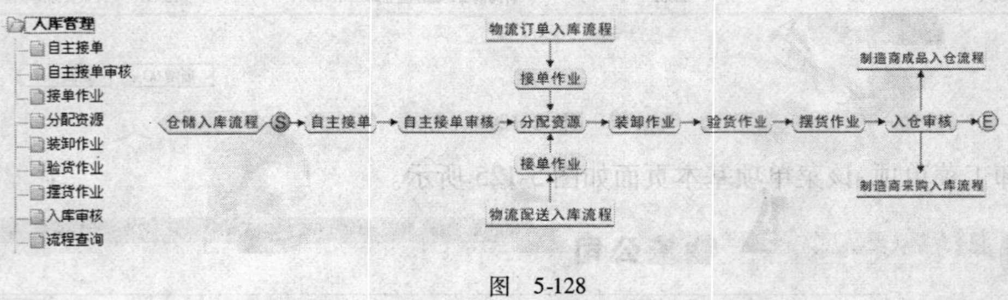

图 5-128

当接单作业的入库订单在订单模块完成入库订单审核后，将完成运输模块的运输业务，之后在本模块的“接单作业”处可以看到需要进行处理的订单，仓管中心通过分配资源，制作装卸作业单，验收货物，摆放货物后进行入库审核，由此完成入库管理流程（该流程具体操作请参照本书第 3 部分实验指导）。

在“自主接单”菜单项中新增入库自主接单，页面如图 5-129 所示。

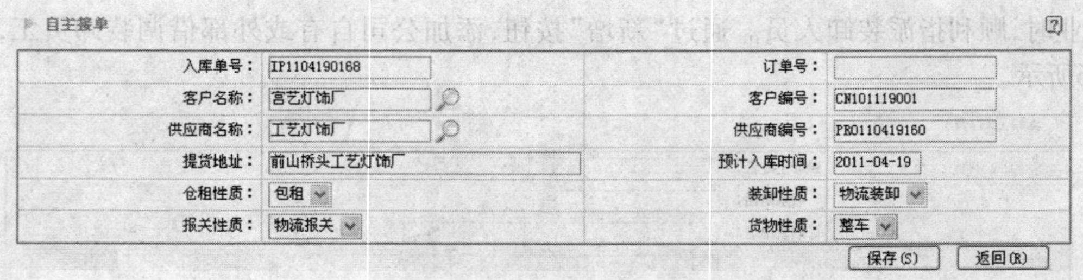

图 5-129

以上“自主接单”物流订单新增页面字段说明如表 5-36 所示。

“自主接单”物流订单新增页面字段说明 表 5-36

字 段 名	说 明
入库单号	必填项，系统根据入库单编号规则自动生成
订单号	根据收到的纸质订单输入，没有则不填写
客户名称	通过选择本次进行入库的客户名称
客户编号	自动关联本次选择的客户名称
供应商名称	通过选择此次进行入库的原材料供应商名称

续上表

字段名	说明
供应商编号	自动关联供应商名称
提货地址	入库货物取货地址
预计入库时间	选择预计入库的时间
仓租性质	仓租性质包括:包租或散租
装卸性质	装卸性质包括:物流装卸或客户装卸
报关性质	报关性质包括:物流报关或客户报关
货物性质	货物性质包括:整车或散车

完成以上信息的输入,保存后按"新增"按钮增加入库单物料的明细,如图 5-130 所示。

物料明细　　保存(S)　返回(R)

物料编码:	条形码:
物料名称:	物料规格:
数量: 0	单位编号:
单位名称:	数量2: 0
单位编号2:	单位名称2:
毛重: 0	净重: 0
体积: 0	价值: 0
生产批次:	po:
so:	do:
币种编号:	币种表示:
国家编号:	国家名称:
生产日期: 2011-04-19	保质天数: 0
备注:	

图　5-130

以上物料明细单中物料通过🔍查询到需要添加的物料明细即可,完成后进行保存。其他字段无需进行填写。

(3)出库管理功能菜单

出库管理功能菜单包含"分配资源"、"拣货作业"、"装卸作业"等与出库流程相似的流程菜单项,但是在流程上出入库的某些操作顺序是正好相反的。

在模块工作完成上也存在这种现象,入库订单的顺序是:订单模块进行接单→配送模块进行配送入库→仓储模块进行入库管理。出库订单的处理顺序是:订单模块进行接单→仓储模块进行出库管理→配送模块进行配送出库,流程图如图 5-131 所示。

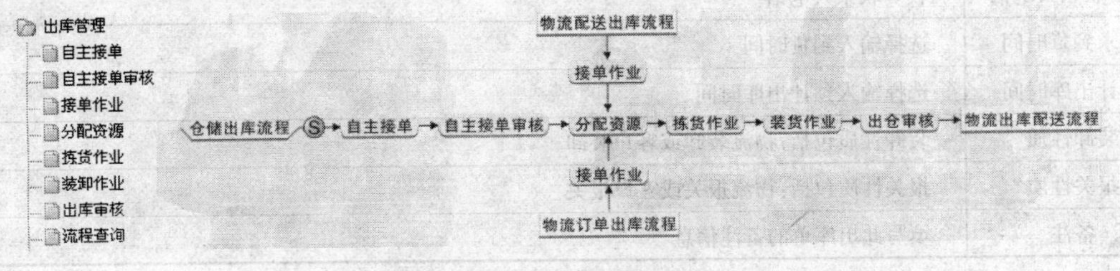

图　5-131

根据以上流程说明,当接单作业的出库订单在订单模块完成出库订单审核后,将在本模块的接单作业处可以看到需要进行处理的出库订单,仓管中心通过分配资源、货物拣选后制作装卸作业单，最后进行出库审核。由此完成入库管理流程（该流程说明请参照实验指导书）。

针对自主接单的处理流程，在“自主接单”菜单项中新增“出库自主接单”，页面如图 5-132 所示。

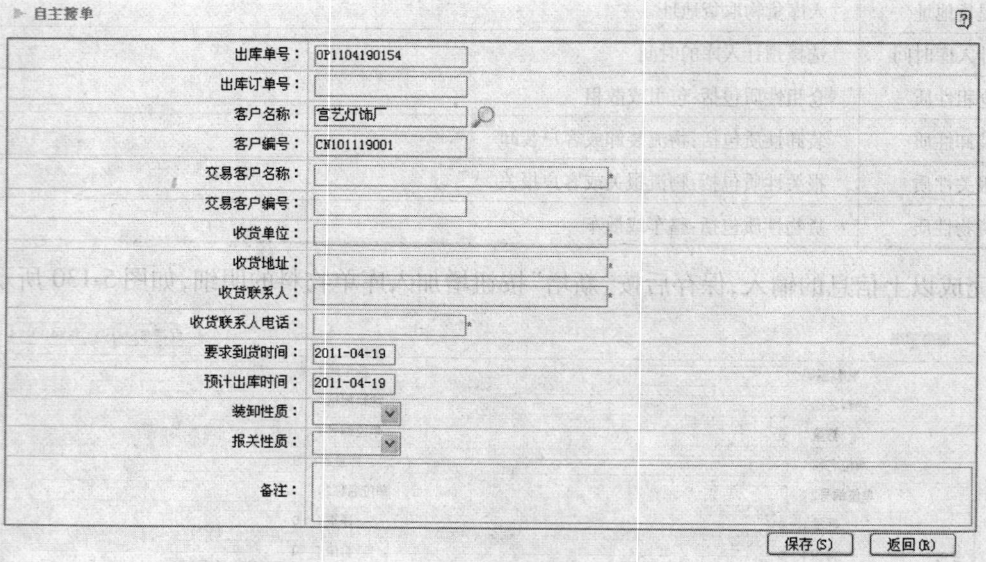

▶ 自主接单

出库单号：OP1104190154
出库订单号：
客户名称：宫艺灯饰厂
客户编号：CN101119001
交易客户名称：
交易客户编号：
收货单位：
收货地址：
收货联系人：
收货联系人电话：
要求到货时间：2011-04-19
预计出库时间：2011-04-19
装卸性质：
报关性质：
备注：

保存(S)　返回(R)

图 5-132

以上自主接单字段说明如表 5-37 所示。

自主接单字段说明　　表 5-37

字　段　名	说　　明
出库单号	必填项，系统根据出库单编号规则自动生成
出库订单号	根据收到的纸质订单输入，没有则不填写
客户名称	通过选择本次进行入库的客户名称
客户编号	自动关联本次选择的客户名称
交易客户名称	货物出库后应送达客户的名称
交易客户编号	货物出库送达客户编号
收货单位	收货单位名称
收货地址	收货地址
收货联系人	收货联系人名字
收货联系人电话	收货联系人电话
要求到货时间	选择输入到货时间
预计出库时间	选择输入预计出库时间
装卸性质	装卸性质包括：物流装卸或客户装卸
报关性质	报关性质包括：物流报关或客户报关
备注	填写此出库单的备注信息

完成以上信息的输入后进行保存，在“自主接单”明细中添加出库单据。

(4)加工管理功能菜单

加工管理功能菜单下有“加班单”、“加工作业”、“转库作业”三个菜单项，仓储中心可以通过这些菜单项制定加班单,或完成仓储加工作业和转库作业。该部分不涉及流程操作,在此对"加工作业单"新增页面进行字段说明,作业单新增页面如图 5-133 所示。

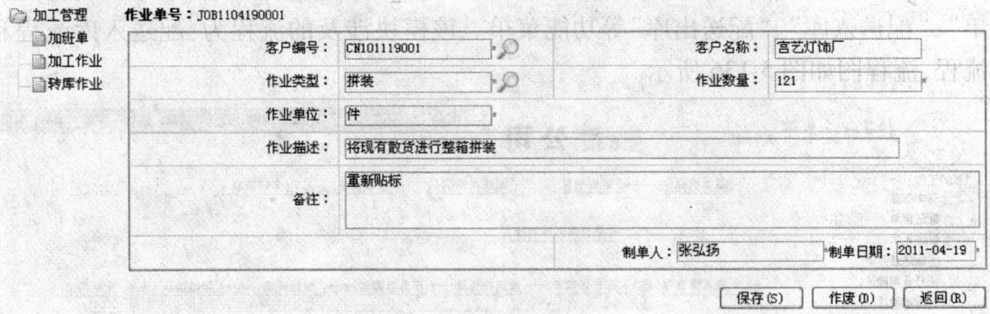

图 5-133

以上加工作业单页面字段说明如表 5-38 所示。

加工作业单页面字段说明 表 5-38

字 段 名	说 明
客户编号	通过🔍选择在本物流公司存放了货物的制造商或零售商客户编号
客户名称	自动关联客户编号
作业类型	通过🔍选择此次作业的作业类型"拼装"、"拆箱"、"组装"等
作业数量	此次作业货物数量
作业单位	作业计量单位
作业描述	对此次作业进行简要描述
备注	对作业单进行说明

(5)库存管理功能菜单

库存管理功能菜单下包含:"进出库查询"、"库存报警"、"库龄查询"、"实时统计"、"出库查询"、"入库查询"等功能菜单项。仓储管理中心可以通过这些菜单项对仓库业务进行查询,基本查询页面如图 5-134 所示。

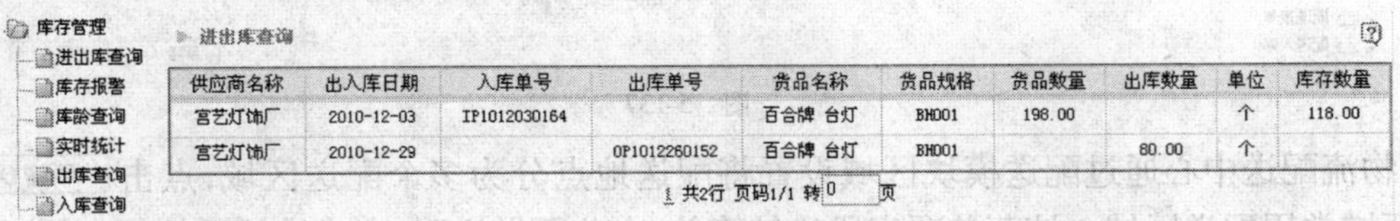

图 5-134

(6)仓库监控功能菜单

仓库监控功能菜单下包含:"仓库监控"、"库区监控"、"库位监控"三个功能菜单项。仓储中心通过这些菜单项实现对仓库的管理与监控,监控基本页面如图 5-135 所示。

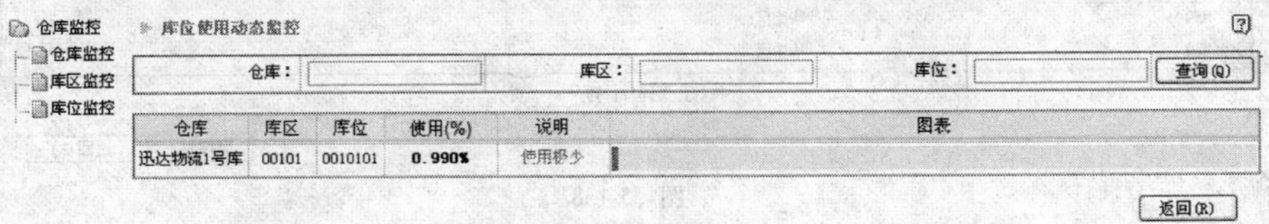

图 5-135

5.6.3 配送模块功能菜单及流程

配送模块是物流公司负责货物配送的模块，其主要的功能菜单模块包括“基本信息”、“配送接单”、“配送入库”、“配送出库”等功能菜单。该模块涉及的流程为：配送入库流程和配送出库流程，流程图如图 5-136 所示。

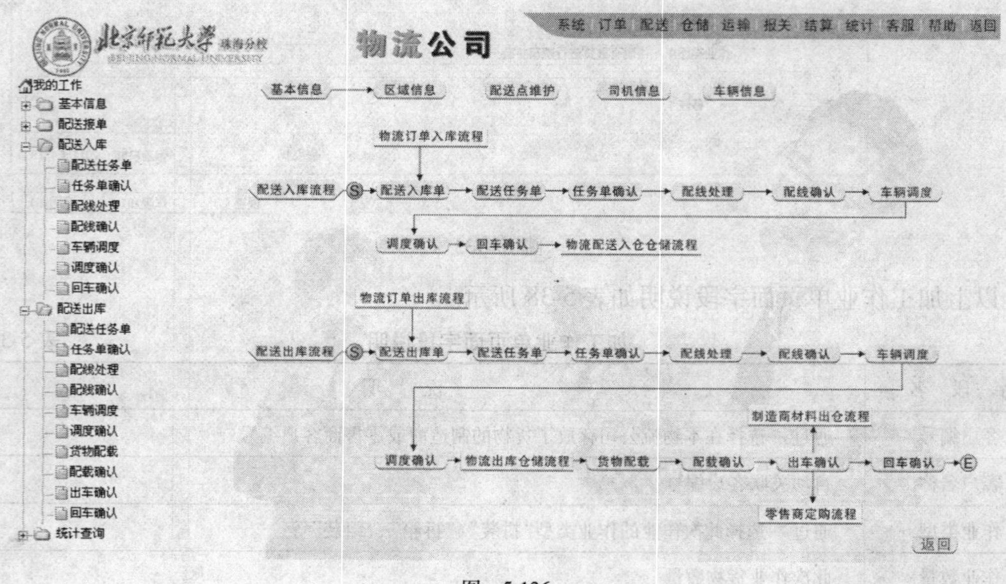

图 5-136

(1)基本信息功能菜单

配送模块信息菜单包括配送区域信息、配送地点维护、司机信息、车辆信息等功能菜单项。

①区域信息菜单项：新增的区域信息，如图 5-137 所示。

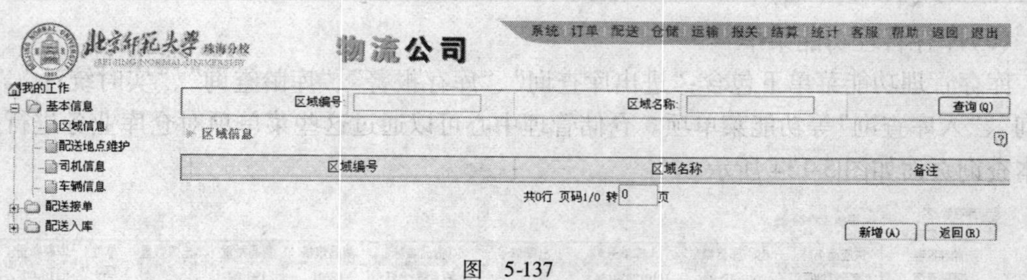

图 5-137

物流配送中心通过配送模块区域设置将配送地点分为多个配送区域，点击 新增(A) 按钮，新增常用配送区域。该菜单项字段比较简单，在此不做说明，完成维护后的页面如图 5-138 所示。

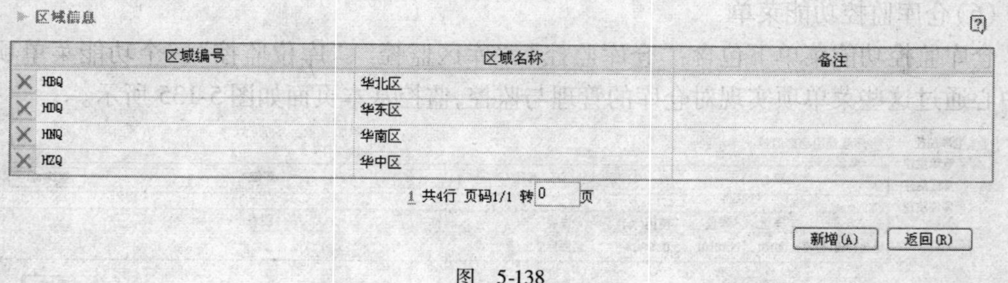

图 5-138

②配送地点维护菜单项：该菜单项基本页面如图 5-139 所示。

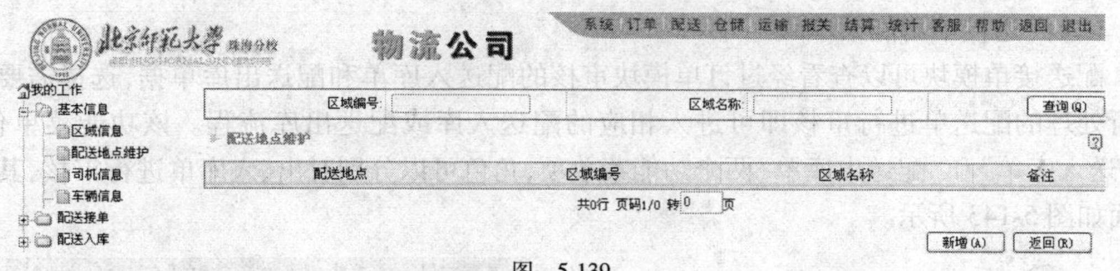

配送地点	区域编号	区域名称	备注

图 5-139

在划分的区域内将配送点进行对应。点击 新增(A) 按钮,新增常用配送地点信息,如图 5-140 所示。

配送地点维护

配送地点: 武汉

区域编号: HZQ

区域名称: 华中区

备注:

保存(S) 返回(R)

图 5-140

配送地点右边的🔍图标只有在已经完成过到目标城市的配送订单后才能选择到该城市,预先添加配送地点可以通过键盘直接输入配送地点名称。区域则在维护好区域信息后即可通过🔍图标进行选择。

③司机信息菜单项:在该功能菜单下,可以查看到在运输模块中已经建立合同的车队下属的司机信息。如果信息不全,需要通过运输模块的车队管理进行维护、添加。司机信息查看页面如图 5-141 所示。

司机姓名: 车队名称: 查询(Q)

司机信息

司机姓名	车队编号	车队名称	手机号	家庭住址
万坤	VEID100818036	顺风汽车运输队		
陈文杰	VEID100818036	顺风汽车运输队		
吴玉明	VEID100818036	顺风汽车运输队	13427658976	

1 共3行 页码1/1 转 0 页

返回(R)

图 5-141

④车辆信息菜单项:在该功能菜单下,可以查看到在运输模块中已经建立合同的车队下属车辆的信息。如果信息不全,需要通过运输模块的车队管理进行维护、添加,其基本页面如图 5-142 所示。

车队名称	车牌号	车辆类型	车辆状态	车队编号	额定油耗	额定载重	额定容量	司机姓名
顺风汽车运输队	粤C56793	10T	待命	VEID100818036	13.00	10000	28	
顺风汽车运输队	粤T34298	8T	待命	VEID100818036	9.00	8000	25	
顺风汽车运输队	粤C45370	10T	待命	VEID100818036	11.00	10000	28	吴玉明

图 5-142

(2)配送接单功能菜单

配送接单模块可以查看经过订单模块审核的配送入库单和配送出库单据,选择需要马上进行处理的配送单进行审核即可进入相应的配送入库或配送出库流程。该功能菜单包括:"配送入库单"和"配送出库单"两个功能菜单项,角色可以分别对出、入库单进行审核,其基本页面如图 5-143 所示。

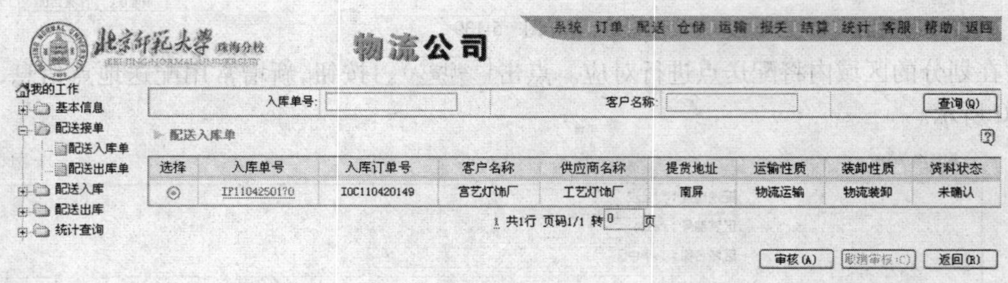

图 5-143

当进行审核时,需要选择配送的区域,按配送客户接货地选择配送区域即可。

(3)配送入库功能菜单

配送入库菜单组主要完成物流公司的配送入库流程,该功能菜单包括"配送任务单"、"配线处理"、"车辆调度"、"回车确认"等菜单项。在实际的配送中,物流公司会对每一个配线任务安排合理的入库单,以保证资源配置的最优化,基本流程如图 5-144 所示。

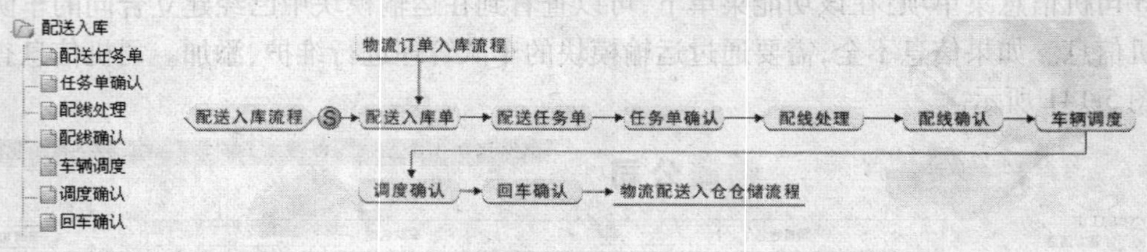

图 5-144

配送入库流程的实际操作从配送任务单的新增开始,配送任务单在新增时会根据配送地点的情况,可能会有多个入库单在同一个配送任务单中。在业务流程中通过新增明细进行添加,如图 5-145 所示。

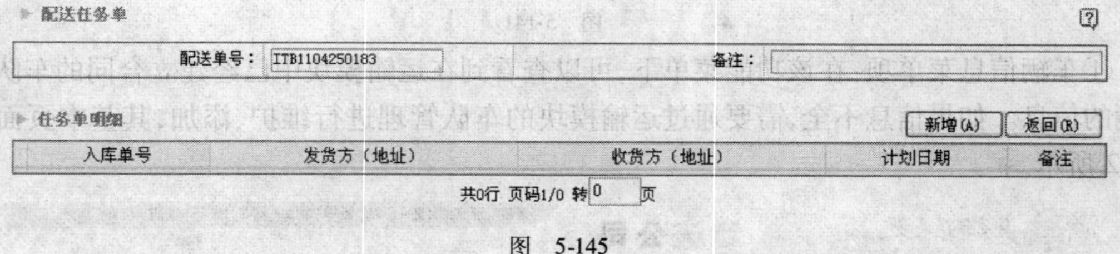

图 5-145

在点击"新增"后,将出现入库单选择页面,物流公司角色根据配送地进行选择,如图5-146所示。

在此,配送任务单的明细中可以有一个或多个入库单。

配线处理菜单项:配线处理菜单项是对配送单进行线路设定的登记操作,通过新增配线单将已经完成审核的配送任务单进行选择,并设置好里程及单价信息。如图 5-147 所示。

以上配线处理页面字段说明如表 5-39 所示。

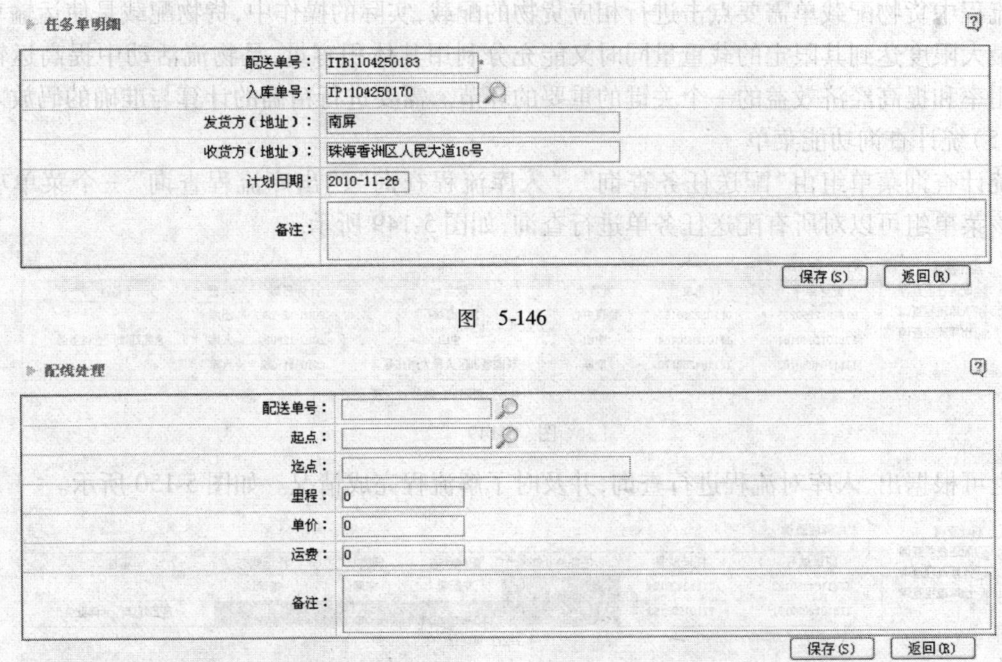

图 5-146

图 5-147

配线处理页面字段说明 表 5-39

字段名	说明
配送单号	通过🔍选择已经完成审核的配送任务单
起点	通过🔍选择给配送单的起至地点
迄点	自动关联起点信息
里程	输入起止配送地点的里程数
单价	查看报价单中运输单价
运费	系统自动计算运输费用
备注	对此次配线进行说明

完成配线处理后，根据流程的要求完成配送入库流程，详细操作可参考本书第 3 部分实验指导。

(4)配送出库功能菜单

配送出库菜单组主要完成物流公司的配送出库流程，该功能菜单包括"配送任务单"、"配线处理"、"车辆调度"、"货物配载"、"回车确认"等菜单项。配送出库流程与配送入库流程的操作模块基本相似，但是在配送出库中，多了一项"货物配载"，物流公司需要对每辆调度的车辆进行配载，以保证效率的最高、资源最节约，配送出库流程图如图 5-148 所示。

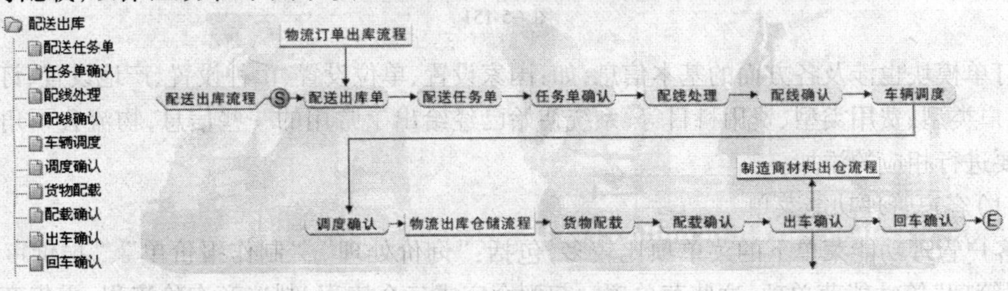

图 5-148

流程中货物配载单需要点击进行相应货物的配载，实际的操作中，货物配载是使运输车辆能够最大限度达到其限定的载重量同时又能充分利用其体积容量，是物流活动中提高运输工具利用率和提高经济效益的一个关键的重要的环节。需要进行精确的计算与准确的码放。

(5)统计查询功能菜单

统计查询菜单组由“配送任务查询”、“入库流程查询”、“出库流程查询”三个菜单项组成。该菜单组可以对所有配送任务单进行查询，如图 5-149 所示。

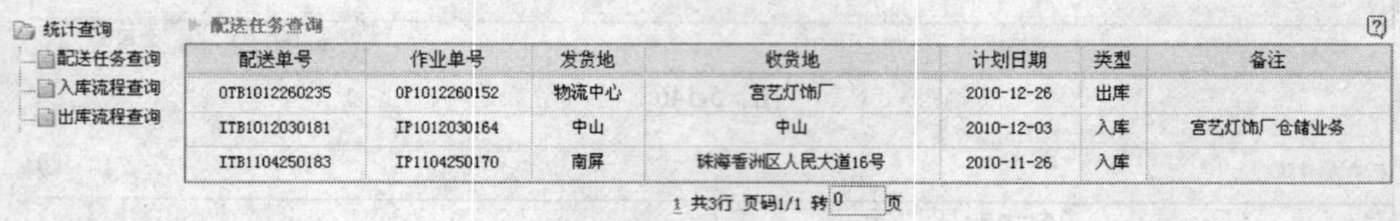

配送单号	作业单号	发货地	收货地	计划日期	类型	备注
OTB1012260235	OP1012260152	物流中心	宫艺灯饰厂	2010-12-26	出库	
ITB1012030181	IP1012030164	中山	中山	2010-12-03	入库	宫艺灯饰厂仓储业务
ITB1104250183	IP1104250170	南屏	珠海香洲区人民大道16号	2010-11-26	入库	

1 共3行 页码1/1 转 0 页

图 5-149

也可根据出、入库对流程进行查询，并及时了解流程完成情况。如图 5-150 所示。

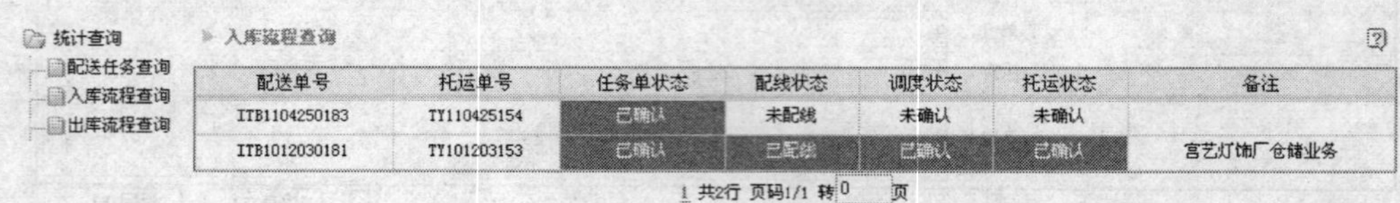

配送单号	托运单号	任务单状态	配线状态	调度状态	托运状态	备注
ITB1104250183	TY110425154	已确认	未配线	未确认	未确认	
ITB1012030181	TY101203153	已确认	已配线	已确认	已确认	宫艺灯饰厂仓储业务

1 共2行 页码1/1 转 0 页

图 5-150

5.6.4 订单模块功能菜单

物流公司订单模块包括：基本信息、客户管理、订单输入、订单审核、统计查询五个功能菜单。物流公司订单模块的主要功能是与制造商及零售商通过询价流程建立合约联系，在制造商和零售商的物流服务模块制定物流订单后，在物流公司的“订单审核”模块将能查询到。通过审核后对应的物流订单将交由配送和仓储中心进行完成，订单模块涉及的流程如图 5-151 所示。

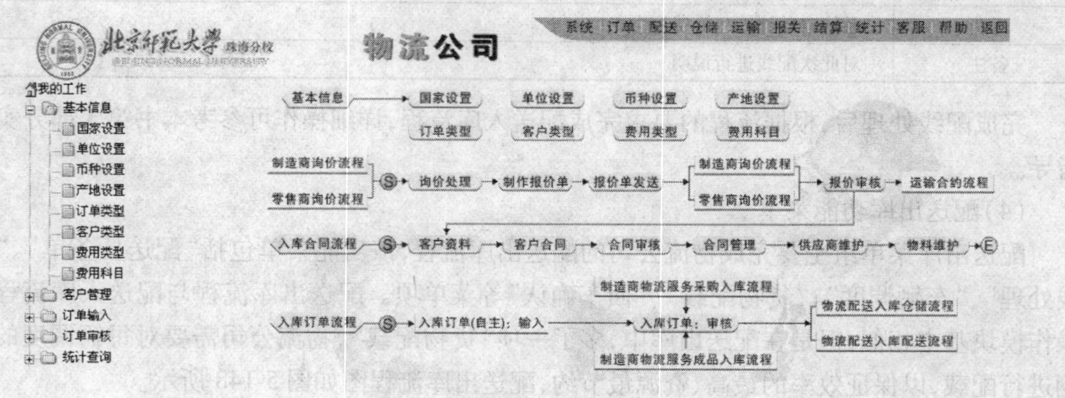

图 5-151

订单模块也涉及各方面的基本信息，如：国家设置、单位设置、币种设置、产地设置、订单类型、客户类型、费用类型、费用科目等，系统初始已经给出了常用的一些信息，物流公司角色根据需要进行相应的添加。

(1)客户管理功能菜单

客户管理功能菜单下的菜单项比较多，包括：“询价处理”、“制作报价单”、“报价审核”、“合同管理”等功能菜单项，这些菜单项一起配合完成三个流程：制造商询价流程、零售商询价流程、入库合同流程。流程的开始、结束如图 5-152 流程图所示。

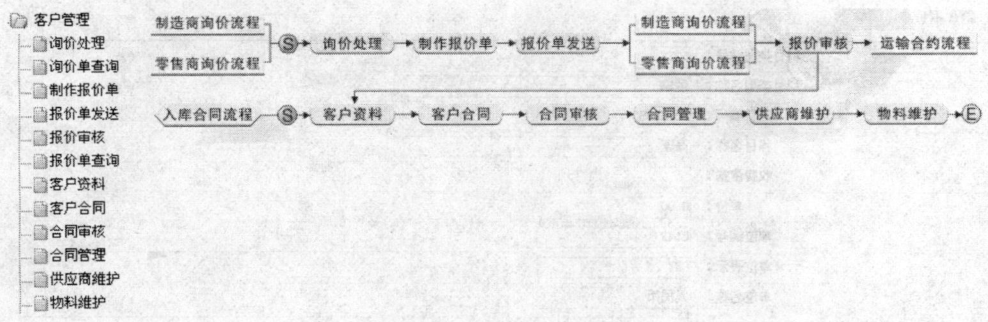

图　5-152

在物流公司制作报价单时需要根据各项科目的不同详细设置物流费用。报价单的制作的上一环节是“询价处理”，也即必须在完成“询价处理”后，才能为对应的询价单制作报价单。在此对物流询价流程中的“制作报价单”操作进行说明。

在制作报价单页面点击已经完成询价处理的报价单，如图 5-153 所示。

制作报价单

报价单号：	QUOTE110106001
客户编号：	COM101101107
客户名称：	千叶连锁
报价说明：	报价说明
报价日期：	2011-01-06
开始日期：	2011-01-06
结束日期：	2011-01-06

保存(S)　明细　返回(R)

图　5-153

进入明细页面可以查看到报价单的科目，如图 5-154 所示。

制作报价单

科目名称	科目类型名称	单价	备注
其他	运输	0.00	
隧道	运输	0.00	
停车	运输	0.00	
高速	运输	0.00	
查车	运输	0.00	
压车	运输	0.00	
空返	运输	0.00	
运输费	运输	20.00	

1 共8行 页码1/1 转 0 页

新增(A)　返回(R)

图　5-154

点击需要进行修改或设置费用的科目，进行修改或设置。选择运输科目进行修改，如图 5-155 所示。

以上字段是运输科目的默认输入，物流公司角色根据业务需求修改运输单价，并填写收费依据。

客户管理功能菜单模块下的菜单项比较多，需要根据具体的流程才能完成每个菜单项，请参考本书第 3 部分实验指导进行操作，在此只对部分菜单项进行简要说明。通过“报价单查询”菜单项，物流公司角色可以查询到所有的物流报价单和报价结果，如图 5-156 所示。

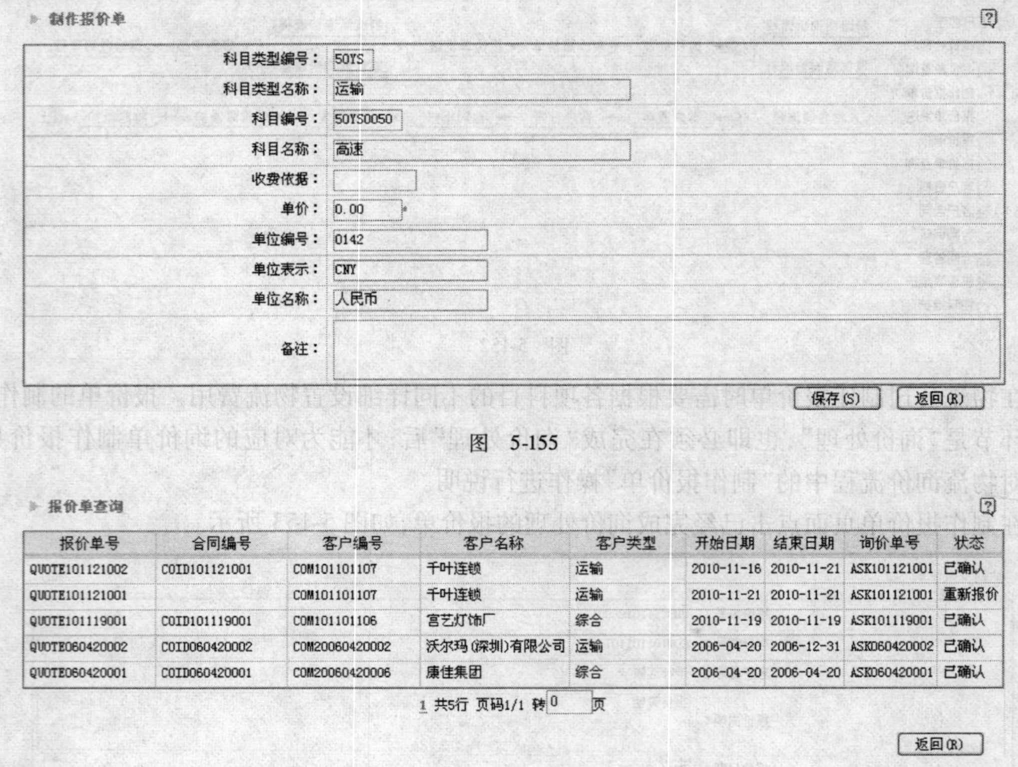

图 5-155

报价单号	合同编号	客户编号	客户名称	客户类型	开始日期	结束日期	询价单号	状态
QUOTE101121002	COID101121001	COM101101107	千叶连锁	运输	2010-11-16	2010-11-21	ASK101121001	已确认
QUOTE101121001		COM101101107	千叶连锁	运输	2010-11-21	2010-11-21	ASK101121001	重新报价
QUOTE101119001	COID101119001	COM101101106	宫艺灯饰厂	综合	2010-11-19	2010-11-19	ASK101119001	已确认
QUOTE060420002	COID060420002	COM20060420002	沃尔玛(深圳)有限公司	运输	2006-04-20	2006-12-31	ASK060420002	已确认
QUOTE060420001	COID060420001	COM20060420006	康佳集团	综合	2006-04-20	2006-04-20	ASK060420001	已确认

图 5-156

(2)订单输入功能菜单

订单输入功能菜单下有“入库订单”、“出库订单(无单)”、“出库订单”、“运输订单”四个功能菜单项。该功能菜单可以允许物流公司新增新的客户订单，也可以通过这些菜单项查询客户发送来的订单，如图 5-157 所示。

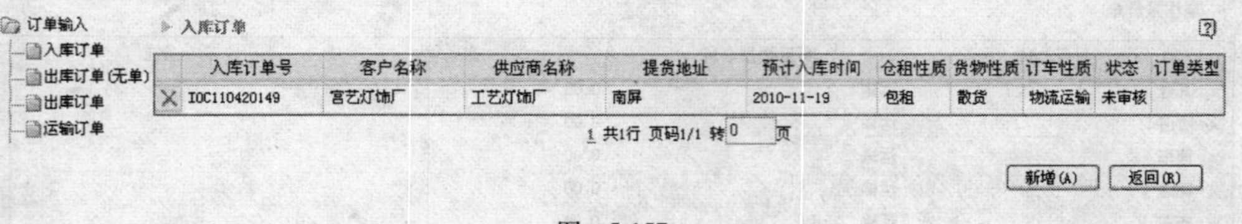

图 5-157

下面以新增制造商成品入库单为例，对订单输入进行说明。通过制造商物流服务发送来的成品入库物流订单也可在此进行查看，但不能在此对其进行修改否则会导致出错，入库订单查看页面如图 5-158 所示。

以上入库订单新增页面字段说明如表 5-40 所示。

入库订单新增页面字段说明　　表 5-40

字 段 名	说　明
入库订单号	必填项，系统自动生成
客户编号	通过🔍选择需要进行入库的客户编号
客户名称	自动关联客户编号
供应商名称	通过🔍选择入库货物的供应商名称

续上表

字 段 名	说 明
供应商编号	自动关联供应商名称
提货地址	输入入库货物提货地址
联系电话	提货人联系电话
预计入库时间	输入预计入库时间
仓租性质	下拉菜单选择仓租性质,“包租”或“散租”
货物性质	下拉菜单选择货物性质,“散货”或“整车”
订车性质	下拉菜单选择订车性质,“物流运输”或“客户运输”
装卸性质	下拉菜单选择装卸性质,“物流装卸”或“客户装卸”
报关性质	下拉菜单选择报关性质,“物流报关”或“客户报关”
备注	对新增入库单的说明

入库订单

入库订单号：IOC110420149
客户编号：CN101119001
客户名称：宫艺灯饰厂
供应商名称：工艺灯饰厂
供应商编号：PRO110419160
提货地址：南屏
提货联系人：张伟
联系电话：13426658765
预计入库时间：2010-11-19
仓租性质：包租
货物性质：散货
订车性质：物流运输
装卸性质：物流装卸
报关性质：物流报关
备注：自主添加入库订单

保存(S) 返回(R)

图 5-158

在完成以上订单的基本信息后,需要新增入库订单的货物。点击“保存”按钮对入库订单进行保存,完成保存后,进入明细页面,即可对货物进行新增。基本页面如图 5-159 所示,操作者只需要通过🔍选择需要入库的物料或产品即可。

入库订单

入库订单号：IOC110420149 客户名称：宫艺灯饰厂
客户编号：CN101119001 供应商名称：工艺灯饰厂
供应商编号：PRO110419160 提货地址：南屏
提货联系人：张伟 联系电话：13426658765

入库订单明细

物料编码：PRID101108060 物料条码：
物料名称：百合牌 台灯 物料规格：BH001
物料数量：250 单位编号：007
单位名称：个 物料数量2：0
单位编号2：007 单位名称2：个

图 5-159

出库订单和运输订单的新增与入库订单基本类似。在此不做详细解说。

(3)订单审核功能菜单

入库审核功能菜单包含如下三个子菜单项:“入库订单”、“出库订单”、“运输订单”审核。本功能菜单只提供订单的审核,操作比较简单,在此不做详细说明,基本页面如图 5-160 所示。

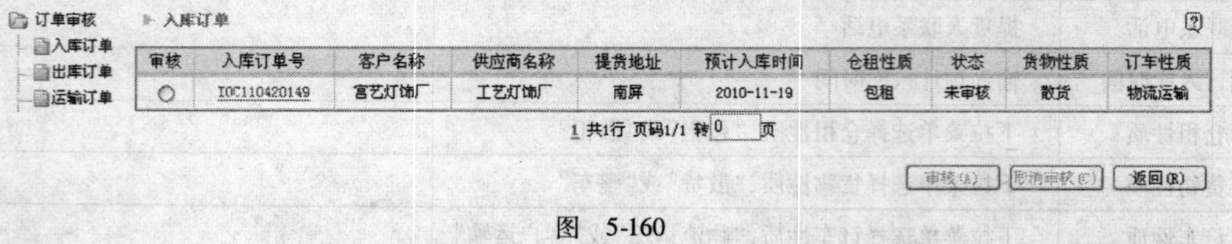

订单审核 ▶ 入库订单

入库订单 / 出库订单 / 运输订单

审核	入库订单号	客户名称	供应商名称	提货地址	预计入库时间	仓租性质	状态	货物性质	订车性质
○	IOC110420149	宫艺灯饰厂	工艺灯饰厂	南屏	2010-11-19	包租	未审核	散货	物流运输

1 共1行 页码1/1 转 0 页

审核(A) 取消审核(C) 返回(R)

图 5-160

(4)统计查询功能菜单

物流公司角色统计查询功能菜单包括“入库订单”、“出库订单”、“运输订单”三个订单查询项,该模块可以查询到物流公司接单作业的订单及在订单模块进行添加的物流订单。该功能菜单组只提供查询功能,操作简单,不做详细说明,基本页面如图 5-161 所示。

统计查询 ▶ 入库订单

入库订单 / 出库订单 / 运输订单

入库订单号	客户名称	供应商名称	提货地址	预计入库时间	仓租性质	货物性质	订车性质	订单标记
IOC110420149	宫艺灯饰厂	工艺灯饰厂	南屏	2010-11-19	包租	散货	物流运输	未审核
PWID101203001	宫艺灯饰厂	宫艺灯饰厂	中山	2010-12-02	散租	散货	物流运输	已完成

1 共2行 页码1/1 转 0 页

图 5-161

第3部分　实 验 指 导

第6章 软件使用及新用户注册（实验指导一）

6.1 实验软件的启动

实验软件启动分两种情况。

一种是实验软件安装在独立电脑上，启动的方法是：点击桌面上软件启动图标进入软件后台监控启动界面，如图6-1所示。

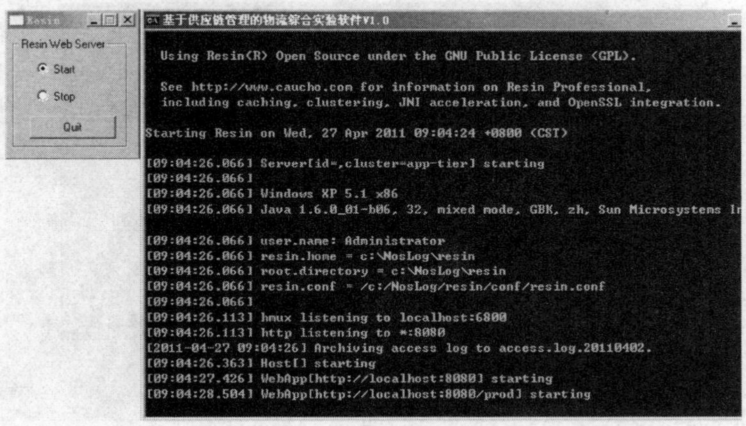

图 6-1

在实验软件正常启动后，点击程序最小化；再点击桌面上图标，出现如图6-2所示软件登录界面，表示实验软件启动成功。

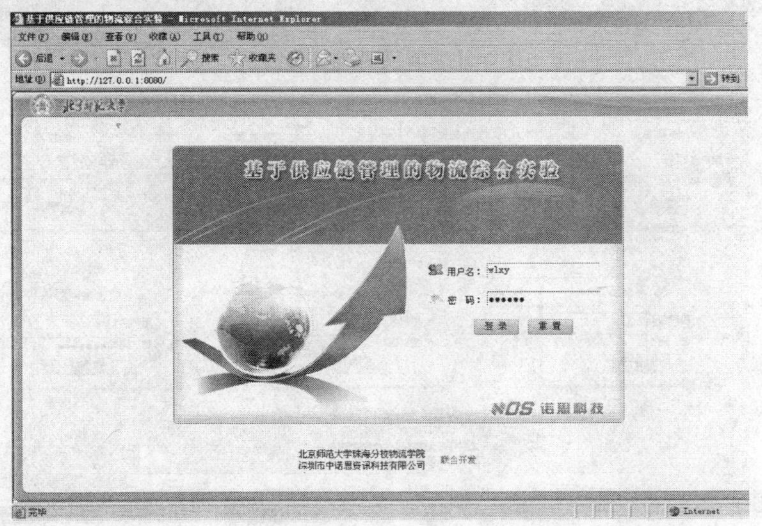

图 6-2

另一种是实验软件安装在服务器上，因为本实验软件是基于浏览器/服务器(B/S)模式的实验软件，因此，在装有服务器的实验环境下，只需要在服务器端开启后台程序，在同一局域网内的客户端通过浏览器 IE 输入服务器登录地址即可登录实验软件。

在服务器开启图 6-1 所示服务程序的情况下，客户端点击 IE 浏览器输入 http://172.20.7.242:8080(172.20.7.242 代表服务器地址，同学应根据具体的实验环境按老师要求操作)，登录实验软件。出现如图 6-2 所示的软件登录界面，表示实验软件启动成功。

6.2 供应链上各用户角色注册

在系统登录界面，直接点击“登录”按钮(用户名和密码按默认方式即可)，进入系统角色登录页面，如图 6-3 所示。

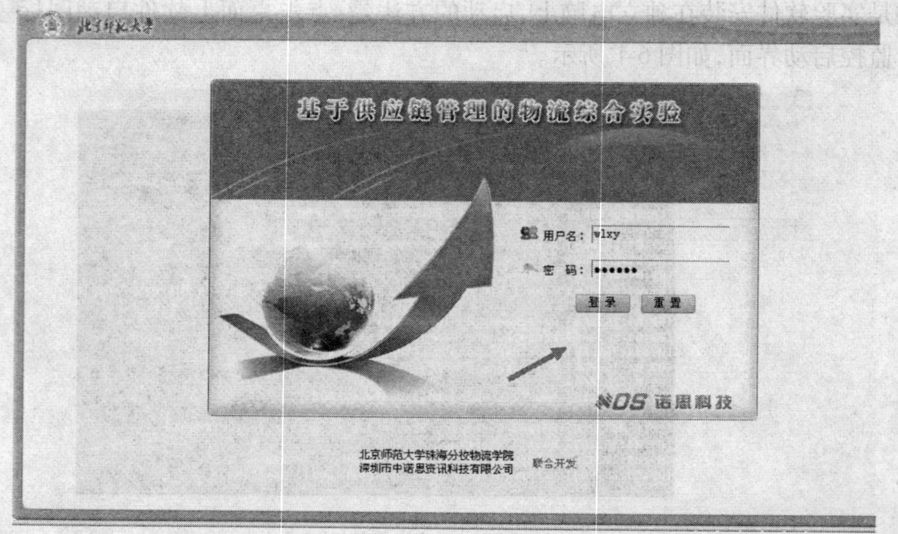

图 6-3

登录成功后，出现如图 6-4 所示界面。

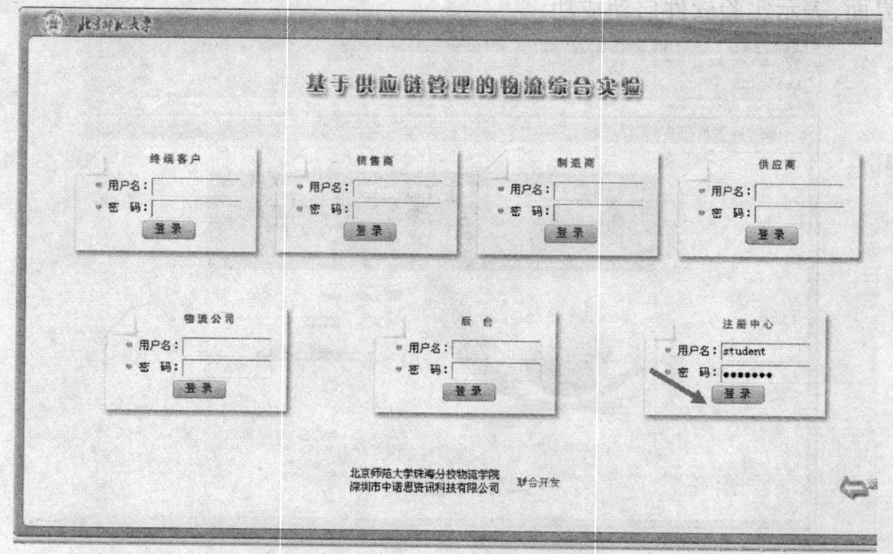

图 6-4

在“注册中心”对话框中输入用户名:student,密码:123456,点击“登录”,出现“注册用户信息”界面,如图 6-5 所示。

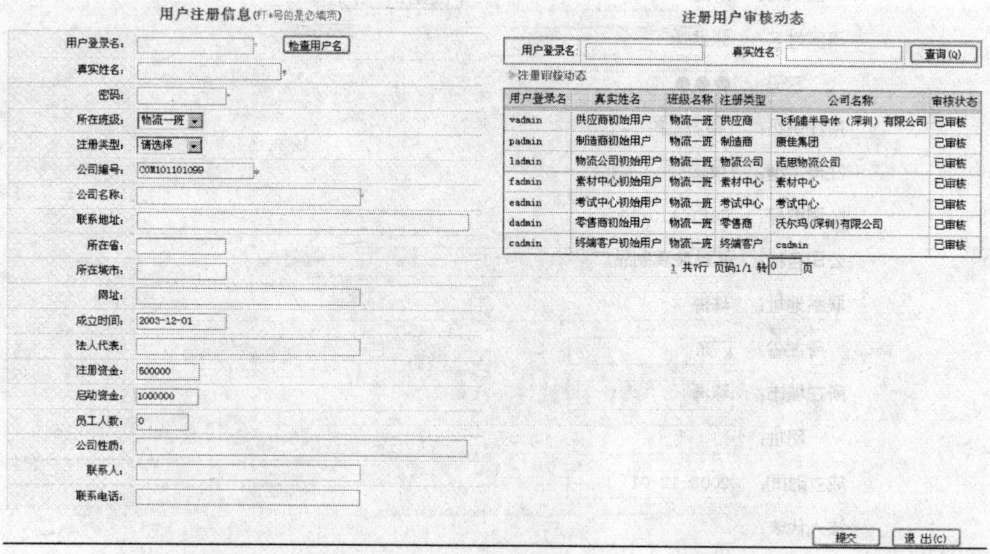

图 6-5

根据实验任务书中对供应链角色的规划,分别填写用户注册信息,并分别进行“提交”和“确定”。

供应商 1 注册:登录注册中心,如图 6-6 所示。

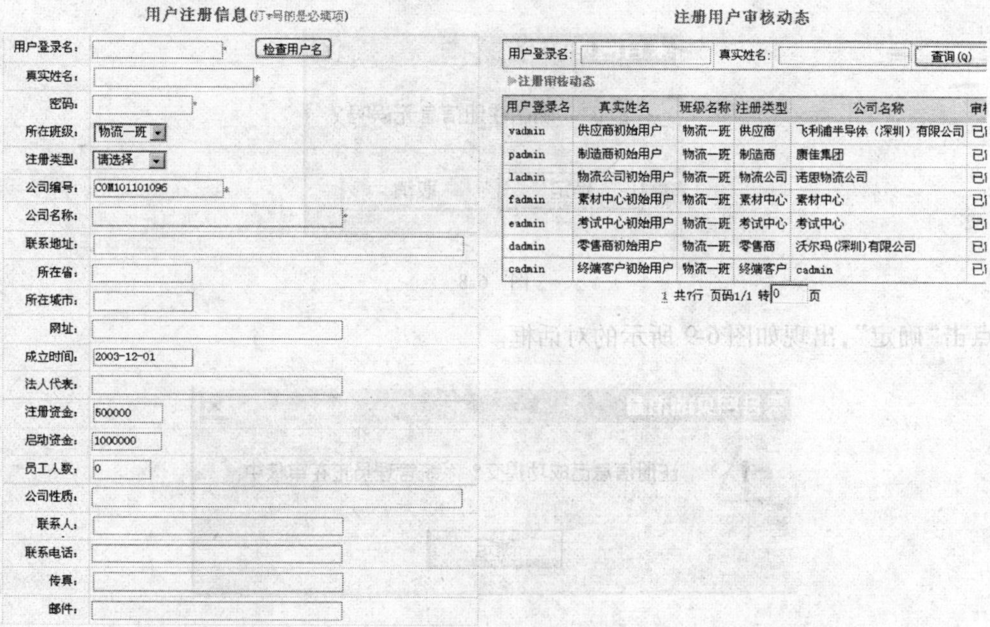

图 6-6

填写相应信息,如图 6-7 所示 。

注意:①“真实姓名”填写实验者姓名;②注意选择“所在班级”;③注意选择“注册类型”;④带 * 号为必填项,其余可以选择填写。

点击“提交”并“确定”,出现确认对话框,如图 6-8 所示。

用户注册信息(打*号的是必填项)

用户登录名：	hyb1 *	检查用户名
真实姓名：	张弘扬 *	
密码：	●●● *	
所在班级：	物流二班	
注册类型：	供应商	
公司编号：	COM101101099 *	
公司名称：	弘扬玻璃制品厂 *	
联系地址：	珠海	
所在省：	广东	
所在城市：	珠海	
网址：		
成立时间：	2003-12-01	
法人代表：		
注册资金：	500000	
启动资金：	1000000	
员工人数：	200	

图 6-7

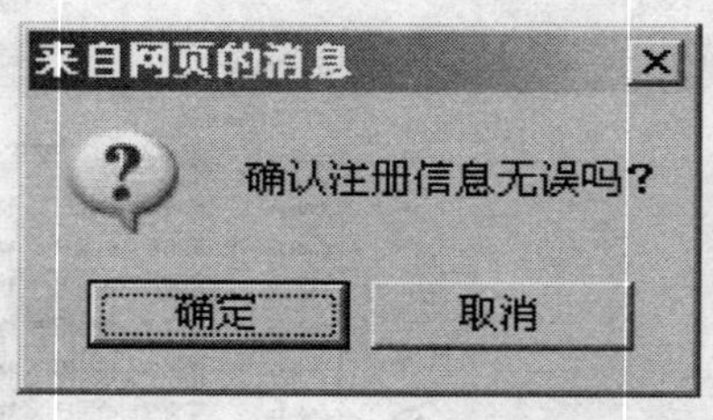

图 6-8

点击“确定”，出现如图 6-9 所示的对话框。

图 6-9

点击“确定”按钮，此时可以在“注册用户审核动态”列表中看到注册的信息(例如张弘扬)，但审核状态显示为“未审核”，如图 6-10 所示。

依上述操作指导，对实验任务一中规划设计的供应链系统各用户角色进行注册，完成后如图 6-11 所示。

注册用户审核动态

用户登录名		真实姓名		查询(Q)

▶注册审核动态

用户登录名	真实姓名	班级名称	注册类型	公司名称	审核状态
hyb1	张弘扬	物流二班	供应商	弘扬玻璃制品厂	未审核
vadmin	供应商初始用户	物流一班	供应商	飞利浦半导体（深圳）有限公司	已审核
padmin	制造商初始用户	物流一班	制造商	康佳集团	已审核
ladmin	物流公司初始用户	物流一班	物流公司	诺思物流公司	已审核
fadmin	素材中心初始用户	物流一班	素材中心	素材中心	已审核
eadmin	考试中心初始用户	物流一班	考试中心	考试中心	已审核
dadmin	零售商初始用户	物流一班	零售商	沃尔玛(深圳)有限公司	已审核
cadmin	终端客户初始用户	物流一班	终端客户	cadmin	已审核

1 共8行 页码1/1 转 0 页

图 6-10

注册用户审核动态

用户登录名		真实姓名		查询(Q)

▶注册审核动态

用户登录名	真实姓名	班级名称	注册类型	公司名称	审核状态
zlc	张弘扬	物流二班	终端客户	张连成	未审核
Xdwl	张弘扬	物流二班	物流公司	迅达物流公司	未审核
Qyls	张弘扬	物流二班	零售商	千叶连锁	未审核
Jxgy	张弘扬	物流二班	供应商	家炫工艺品公司	未审核
hyb1	张弘扬	物流二班	供应商	弘扬玻璃制品厂	未审核
Gyds	张弘扬	物流二班	制造商	宫艺灯饰厂	未审核
Bszm	张弘扬	物流二班	供应商	博视照明电子厂	未审核
vadmin	供应商初始用户	物流一班	供应商	飞利浦半导体（深圳）有限公司	已审核
padmin	制造商初始用户	物流一班	制造商	康佳集团	已审核
ladmin	物流公司初始用户	物流一班	物流公司	诺思物流公司	已审核
fadmin	素材中心初始用户	物流一班	素材中心	素材中心	已审核
eadmin	考试中心初始用户	物流一班	考试中心	考试中心	已审核
dadmin	零售商初始用户	物流一班	零售商	沃尔玛(深圳)有限公司	已审核
cadmin	终端客户初始用户	物流一班	终端客户	cadmin	已审核

1 共14行 页码1/1 转 0 页

图 6-11

供应链系统角色规划设计见表6-1。

供应链系统角色规划设计一览表 表 6-1

角　色	角色名称 （限 8 个汉字内）	地　址	用户登录名 （限 6 位英文字母）	密　码 （限 3 位数字）
供应商 1	弘扬玻璃制品厂	珠海	Hybl	123
供应商 2	博视照明电子厂	广州	Bszm	123
供应商 3	家炫工艺品公司	深圳	Jxgy	123
制造商	宫艺灯饰厂	中山	Gyds	123
零售商	千叶连锁	佛山	Qyls	123
消费者	张连成	佛山	Zlc	123
物流公司	迅达物流公司	中山	Xdwl	123

全部注册信息输入完成并分别提交、确定后，等待实验指导教师审核，如果指导教师允许，也可以自行审核。

审核后“审核状态”将变成“已审核”。

审核的操作：在用户角色登录界面，“后台”管理窗口，输入用户名：sadmin，密码：123。如图 6-12 所示。

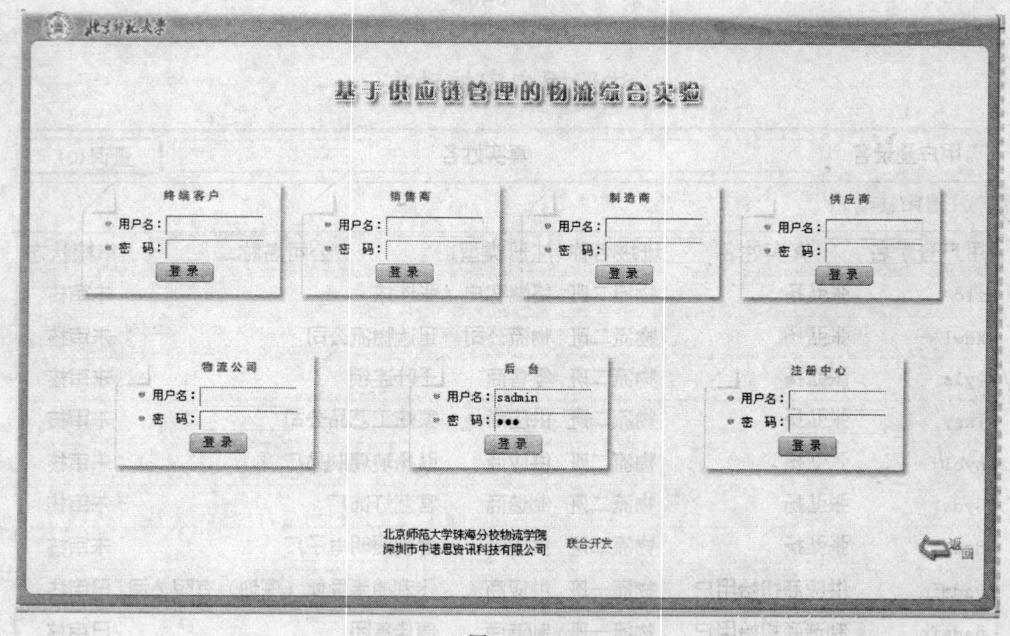

图　6-12

点击“登录”后出现如图 6-13 所示后台管理页面。

图　6-13

点击“注册管理”功能菜单下的“注册审核”菜单项，对注册用户进行审核，如图 6-14 所示。

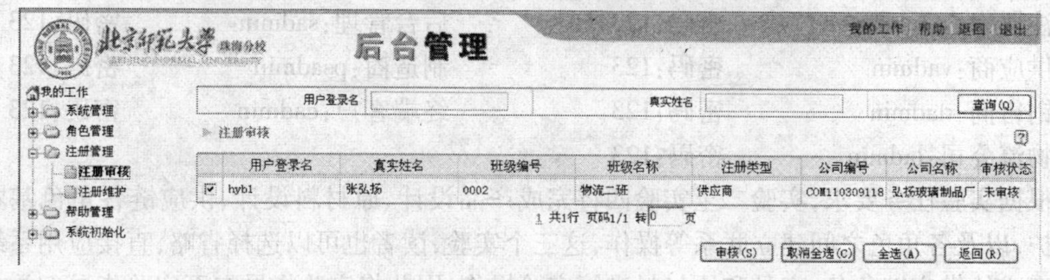

图 6-14

点击注册用户左端的单选按钮（打上√），点击“审核”按钮。出现注册信息审核成功对话框，如图 6-15 所示。

图 6-15

点击“确定”，则供应商——弘扬玻璃厂的注册审核完成。

同样的操作完成其他角色的审核。

6.3 用户登录

在如图 6-16 所示用户登录界面，输入注册的供应链角色的用户名和密码，分别登录实验设计的供应链各个角色。如果能够顺利登录并顺利退出，说明实验设计的供应链各角色已成功注册。

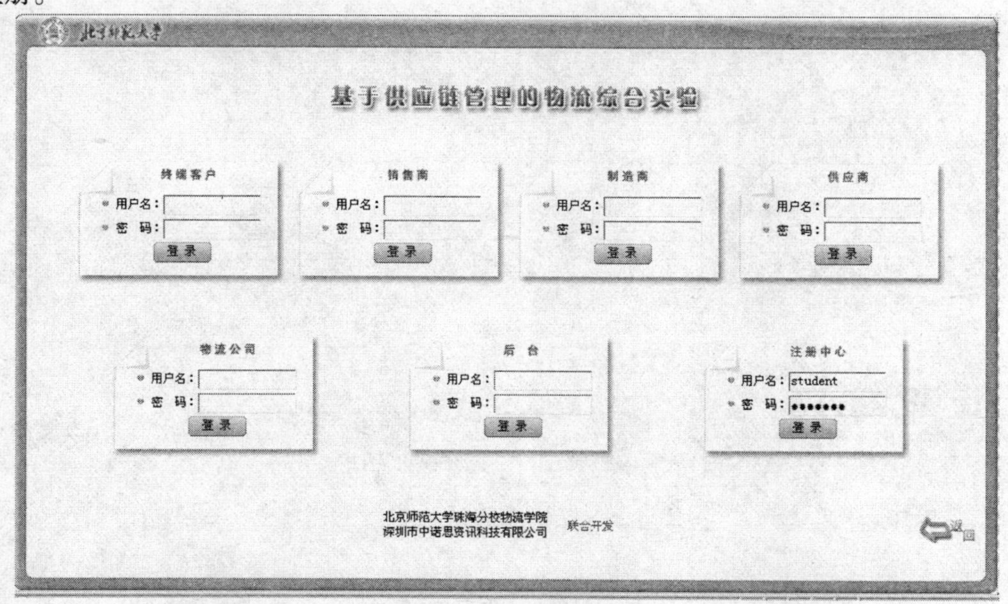

图 6-16

系统自设的供应链各角色登录的用户名和密码如下：

注册中心：student	密码：123456	后台管理：sadmin	密码：123
供应商：vadmin	密码：123	制造商：psadmin	密码：123
销售商：dadmin	密码：123	终端客户：cadmin	密码：123
物流公司：ladmin	密码：123		

根据实验任务要求，实验二至实验四将完成产品设计、原材料设计、供应链各角色基本信息维护，以及各角色之间建立联系等操作，这三个实验，读者也可以选择省略，直接应用系统已设计完成的供应链角色、产品和原材料进行实验操作，因此将实验指导二至实验指导四放在网上，有需求的读者可以按下列网址浏览或下载：

地址为 http://www. ns-china. net/down/sys-nos-scm. rar，用户名为 sys-nos-scm，密码为 sysnosscm。

从实验五至实验九是供应链各企业（角色）的基本操作流程，这也是我们实验的重点，下文将作详细的指导。

第7章 原材料采购及财务结算（实验指导五）

7.1 生产计划及物料需求

（1）生产计划单制作

登录制造商，点击“生产计划”功能菜单下的“生产计划单制作”，点击“新增”，制作生产计划单，如图7-1所示。

▶ 生产计划单制作

计划单号：	PLID110602191
原始凭证号：	
计划投产日期：	2010-11-22
计划类型：	
销售订单：	
生产部门编号：	
生产部门名称：	
产品编号：	
产品名称：	
产品规格：	
计量单位：	
计划数量：	0
备注：	

保存(S)　返回(R)

图 7-1

根据实验要求填写生产计划单的详细信息，完成后，点击“保存”，完成生产计划单的制作，如图7-2所示。

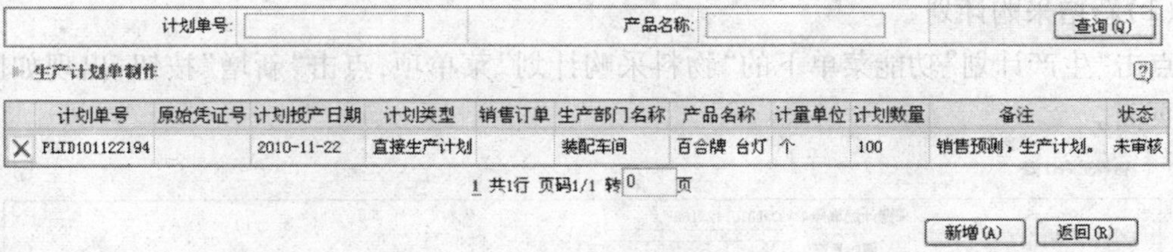

计划单号：　产品名称：　查询(Q)

▶ 生产计划单制作

	计划单号	原始凭证号	计划投产日期	计划类型	销售订单	生产部门名称	产品名称	计量单位	计划数量	备注	状态
X	PLID101122194		2010-11-22	直接生产计划		装配车间	百合牌 台灯	个	100	销售预测，生产计划。	未审核

1 共1行 页码1/1 转 0 页

新增(A)　返回(R)

图 7-2

点击“生产计划”功能菜单下的“生产计划单审核”菜单项，完成生产计划单的审核。

（2）生成物料需求计划

点击“生产计划”功能菜单下的“物料需求计划”菜单项，点击“新增”，添加物料需求计划的表头信息，填写原始凭证号，如图7-3所示。

保存需求计划表头后，出现“物料需求明细”页面，如图7-4所示。

点击“生成”，出现如图7-5所示页面。

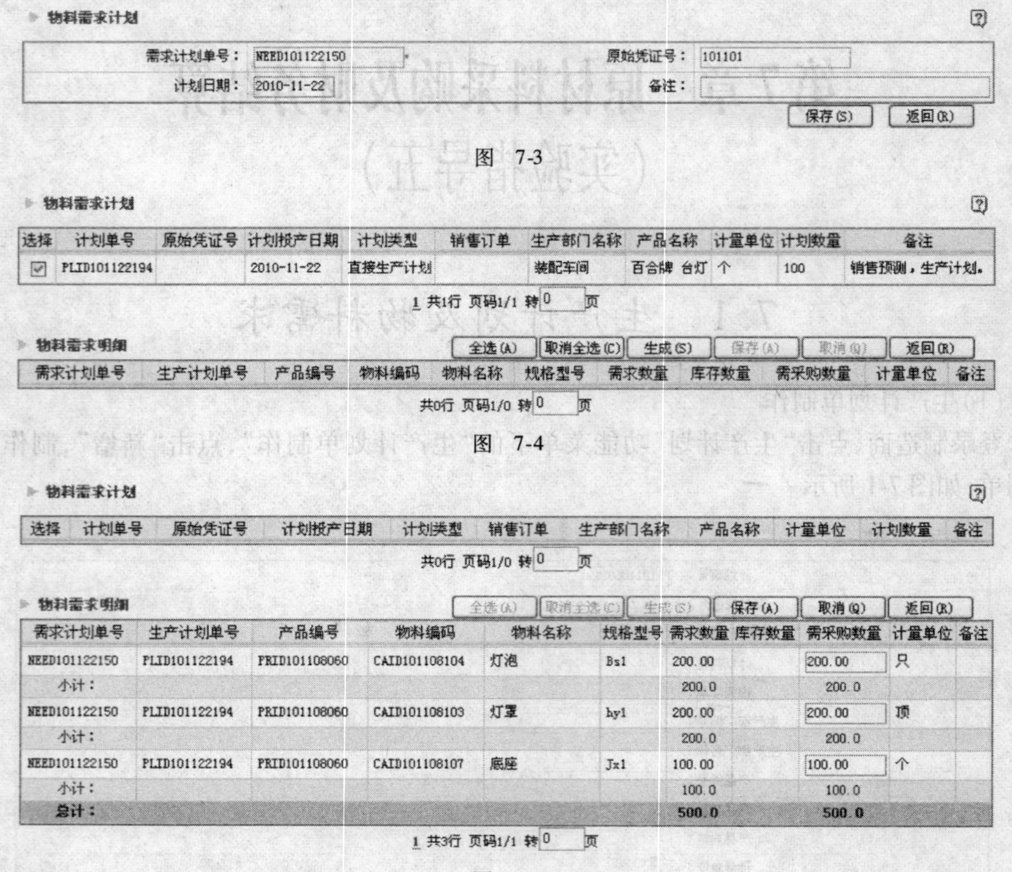
▶ 物料需求计划

需求计划单号：	NEED101122150	原始凭证号：	101101
计划日期：	2010-11-22	备注：	

保存(S) 返回(R)

图 7-3

▶ 物料需求计划

选择	计划单号	原始凭证号	计划投产日期	计划类型	销售订单	生产部门名称	产品名称	计量单位	计划数量	备注
☑	PLID101122194		2010-11-22	直接生产计划		装配车间	百合牌 台灯	个	100	销售预测，生产计划。

1 共1行 页码1/1 转 0 页

▶ 物料需求明细　全选(A) 取消全选(C) 生成(S) 保存(A) 取消(Q) 返回(R)

需求计划单号	生产计划单号	产品编号	物料编码	物料名称	规格型号	需求数量	库存数量	需采购数量	计量单位	备注

共0行 页码1/0 转 0 页

图 7-4

▶ 物料需求计划

选择	计划单号	原始凭证号	计划投产日期	计划类型	销售订单	生产部门名称	产品名称	计量单位	计划数量	备注

共0行 页码1/0 转 0 页

▶ 物料需求明细　全选(A) 取消全选(C) 生成(S) 保存(A) 取消(Q) 返回(R)

需求计划单号	生产计划单号	产品编号	物料编码	物料名称	规格型号	需求数量	库存数量	需采购数量	计量单位	备注
NEED101122150	PLID101122194	PRID101108060	CAID101108104	灯泡	Bs1	200.00		200.00	只	
小计：						200.0		200.0		
NEED101122150	PLID101122194	PRID101108060	CAID101108103	灯罩	hy1	200.00		200.00	顶	
小计：						200.0		200.0		
NEED101122150	PLID101122194	PRID101108060	CAID101108107	底座	Jx1	100.00		100.00	个	
小计：						100.0		100.0		
总计：						500.0		500.0		

1 共3行 页码1/1 转 0 页

图 7-5

如果需要对“需采购数量”进行修改，此时可重新输入数量，点击“保存”；不修改“需采购数量”直接点击“保存”即完成物料需求计划明细的生成。

点击“生产计划”功能菜单下的“物料需求审核”菜单项，点击“审核”。

7.2 物料电子采购

(1)新增采购计划

点击“生产计划”功能菜单下的“物料采购计划”菜单项，点击“新增”按钮，出现如图 7-6 所示页面。

▶ 物料采购计划

采购计划单号：	CGID101122168
原始凭证：	
计划日期：	2010-11-22
采购计划类型：	
需求计划单号：	
备注：	

保存(S) 返回(R)

图 7-6

填写原始凭证等相应信息，在采购计划类型中选择“参考需求计划”，并通过需求计划单号右边的🔍按钮，查找物料需求计划单，如图 7-7 所示。

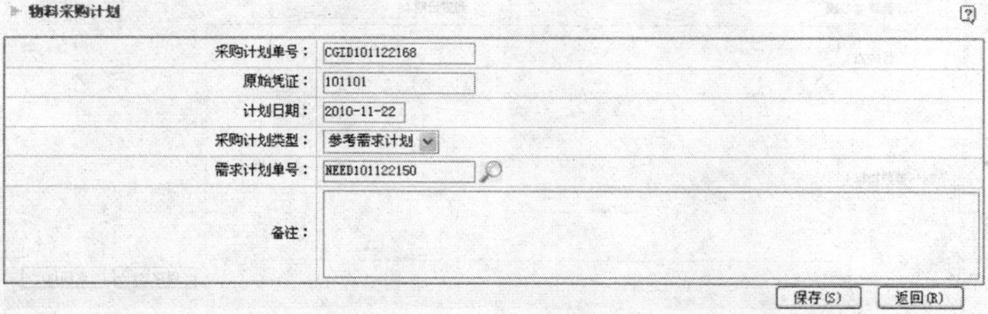

▶ 物料采购计划

采购计划单号：	CGID101122168
原始凭证：	101101
计划日期：	2010-11-22
采购计划类型：	参考需求计划
需求计划单号：	NEED101122150
备注：	

保存(S) 返回(R)

图 7-7

保存后，出现该需求计划单的“明细”，如图 7-8 所示。

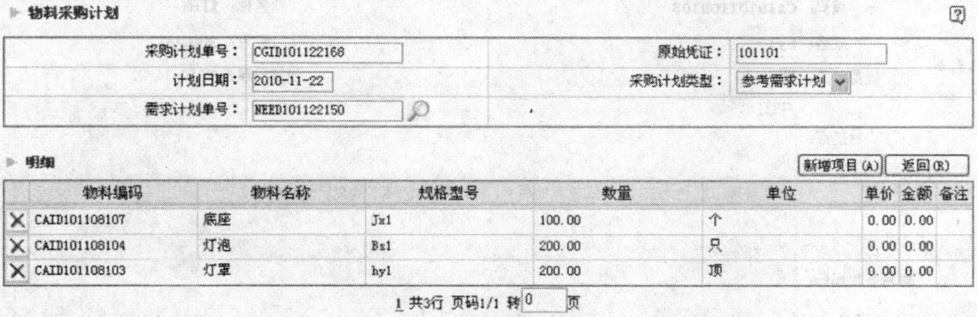

▶ 物料采购计划

采购计划单号：	CGID101122168	原始凭证：	101101
计划日期：	2010-11-22	采购计划类型：	参考需求计划
需求计划单号：	NEED101122150		

▶ 明细

新增项目(A) 返回(R)

	物料编码	物料名称	规格型号	数量	单位	单价	金额	备注
✕	CAID101108107	底座	Jx1	100.00	个	0.00	0.00	
✕	CAID101108104	灯泡	Bs1	200.00	只	0.00	0.00	
✕	CAID101108103	灯罩	hy1	200.00	顶	0.00	0.00	

1 共3行 页码1/1 转 0 页

图 7-8

(2)采购计划审核

点击“生产计划”功能菜单下的“采购计划审核”菜单项，选择需要进行审核的采购计划单号，在确认信息及数量无误的情况下，点击“审核”。

(3)发布采购计划

点击“电子采购”功能菜单下的“发布采购信息”菜单项，选择需要发布的采购计划单，点击“发布”后，出现如图 7-9 所示页面。

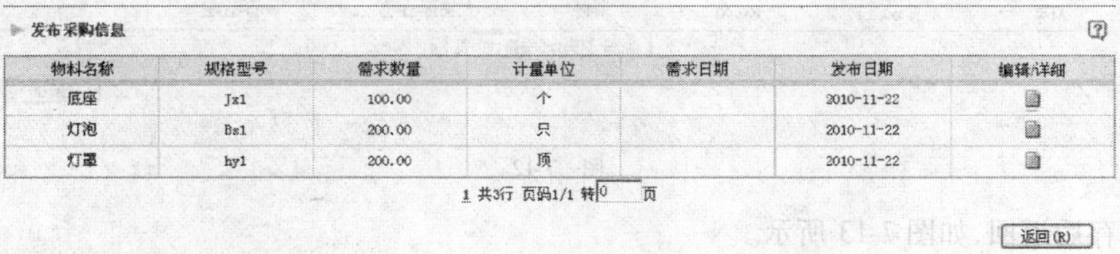

▶ 发布采购信息

物料名称	规格型号	需求数量	计量单位	需求日期	发布日期	编辑/详细
底座	Jx1	100.00	个		2010-11-22	
灯泡	Bs1	200.00	只		2010-11-22	
灯罩	hy1	200.00	顶		2010-11-22	

1 共3行 页码1/1 转 0 页

返回(R)

图 7-9

点击“编辑/详细”字段下的按钮，出现到货日期、目的点、材料参数指标等信息维护界面，如图 7-10 所示。

填写必要的信息，如图 7-11 所示。

保存信息维护后返回，如图 7-12 所示。

依次完成其他物料信息维护。

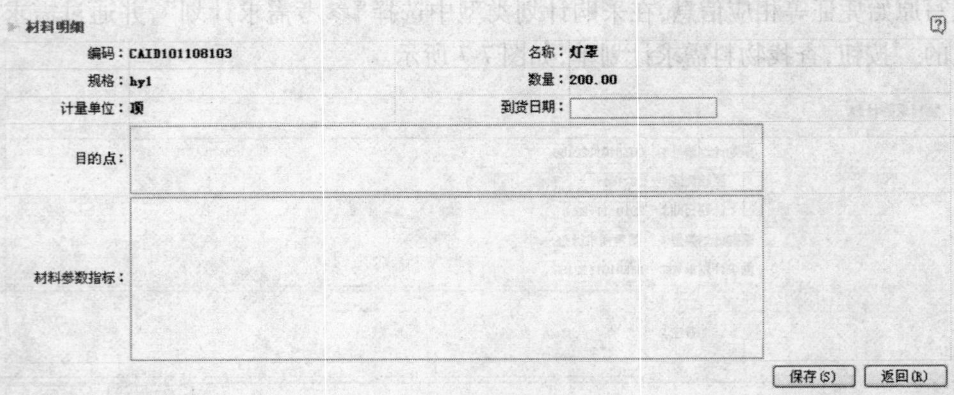

▶ 材料明细

编码：	CAID101108103	名称：	灯罩
规格：	hy1	数量：	200.00
计量单位：	顶	到货日期：	
目的点：			
材料参数指标：			

保存(S) 返回(R)

图 7-10

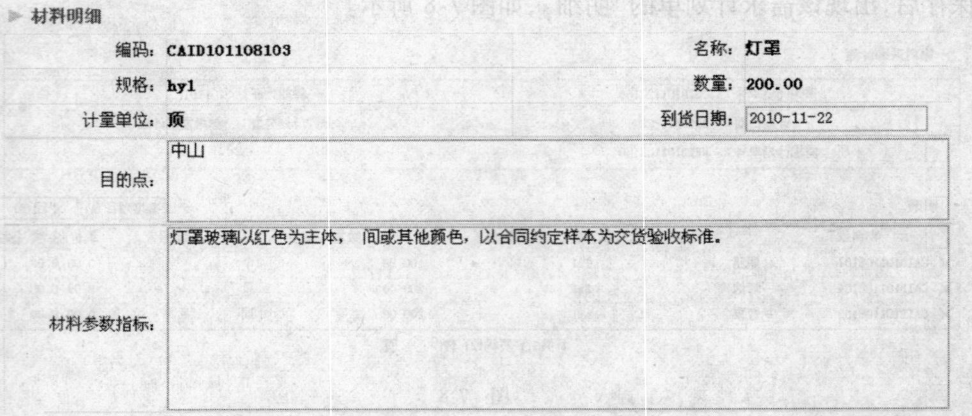

▶ 材料明细

编码：	CAID101108103	名称：	灯罩
规格：	hy1	数量：	200.00
计量单位：	顶	到货日期：	2010-11-22
目的点：	中山		
材料参数指标：	灯罩玻璃以红色为主体， 间或其他颜色，以合同约定样本为交货验收标准。		

图 7-11

物料名称 查询(Q)

▶ 发布采购信息

物料名称	规格型号	需求数量	计量单位	需求日期	发布日期	编辑/详细
底座	Jx1	100.00	个		2010-11-22	
灯泡	Bs1	200.00	只		2010-11-22	
灯罩	hy1	200.00	顶	2010-11-22	2010-11-22	

1 共3行 页码1/1 转 0 页

返回(R)

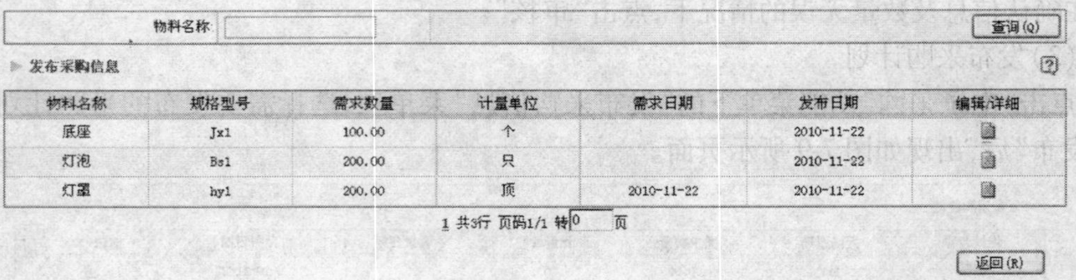

图 7-12

保存后返回，如图 7-13 所示。

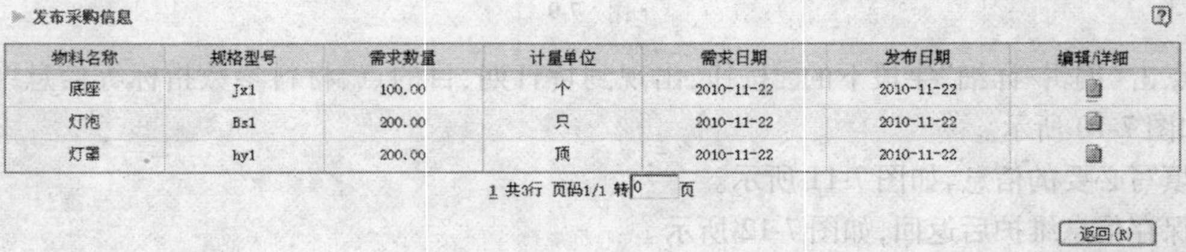

▶ 发布采购信息

物料名称	规格型号	需求数量	计量单位	需求日期	发布日期	编辑/详细
底座	Jx1	100.00	个	2010-11-22	2010-11-22	
灯泡	Bs1	200.00	只	2010-11-22	2010-11-22	
灯罩	hy1	200.00	顶	2010-11-22	2010-11-22	

1 共3行 页码1/1 转 0 页

返回(R)

图 7-13

7.3 供应商原材料报价

(1)供应商1——弘扬玻璃制品厂报价

登录供应商1——弘扬玻璃制品厂，点击“采购信息”功能菜单下的“采购信息”菜单项，如图7-14所示。

供应商
我的工作 帮助 返回 退出
我的工作
系统管理
基本信息
采购信息
采购信息
中标通知
报价管理
业务管理
制造商名称
物料名称
查询(Q)
采购信息
制造客户 物料名称 规格型号 需求数量 计量单位 需求日期 发布日期 查询次数 已报价厂家数 报价状态 查看/报价
营艺灯饰厂 灯罩 hy1 200.00 顶 2010-11-22 2010-11-22 0 0 正在报价
返回(R)

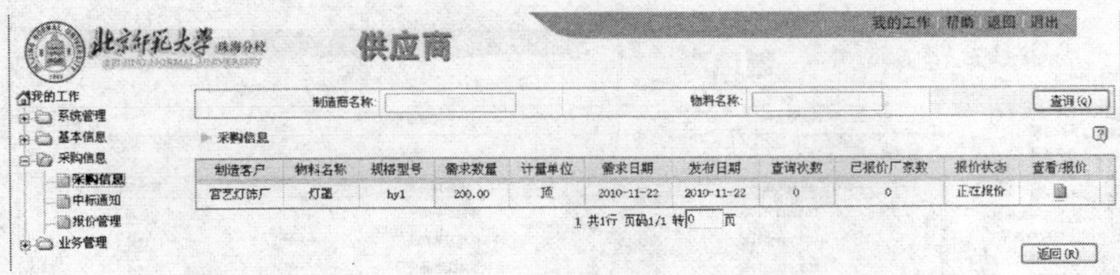

图 7-14

点击“查看/报价”字段下的按钮，出现如图7-15所示页面。

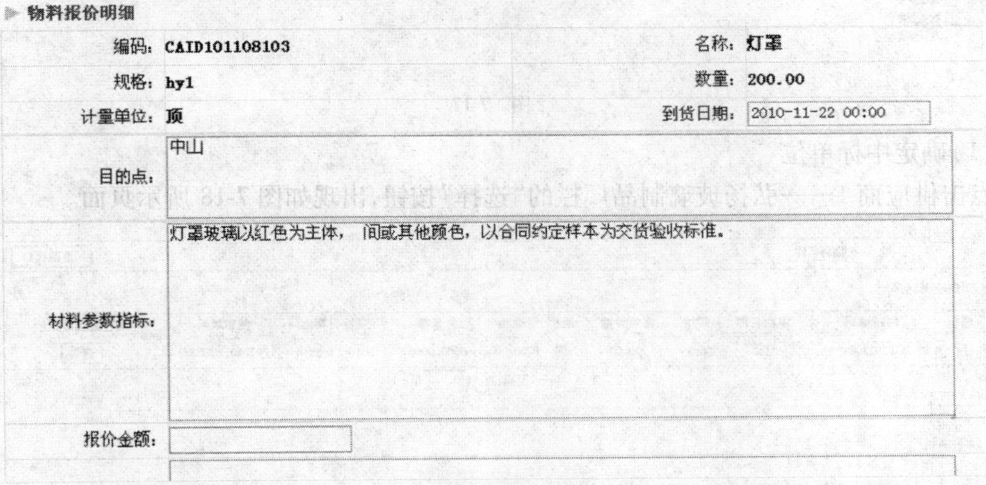

物料报价明细
编码：CAID101108103
名称：灯罩
规格：hy1
数量：200.00
计量单位：顶
到货日期：2010-11-22 00:00
目的点：
中山
材料参数指标：
灯罩玻璃以红色为主体，间或其他颜色，以合同约定样本为交货验收标准。
报价金额：

图 7-15

填写“报价金额”，并“保存”，如图7-16所示。

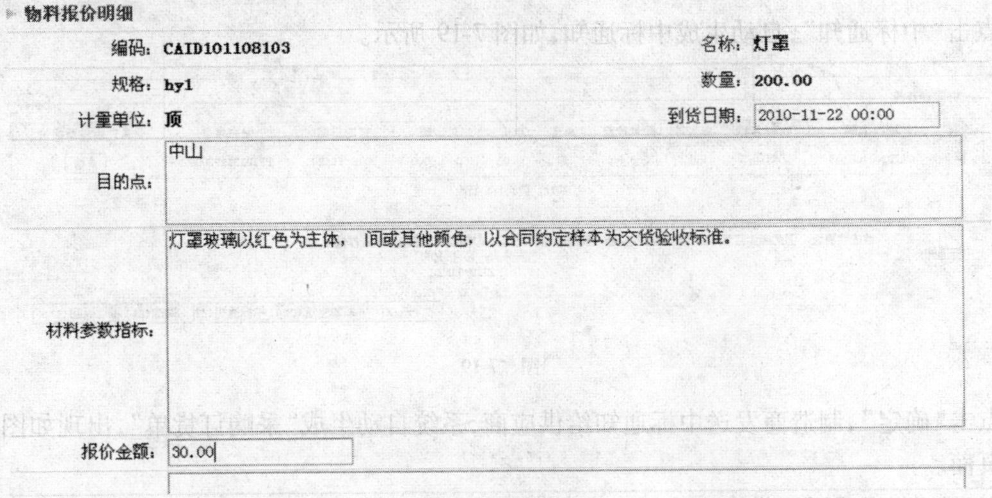

物料报价明细
编码：CAID101108103
名称：灯罩
规格：hy1
数量：200.00
计量单位：顶
到货日期：2010-11-22 00:00
目的点：
中山
材料参数指标：
灯罩玻璃以红色为主体，间或其他颜色，以合同约定样本为交货验收标准。
报价金额：
30.00

图 7-16

(2)同理完成供应商 2 和供应商 3 的报价。

7.4 确定中标单位及原材料采购

登录制造商,点击“电子采购”功能菜单下的“供应商选择”菜单项,出现如图 7-17 所示页面。

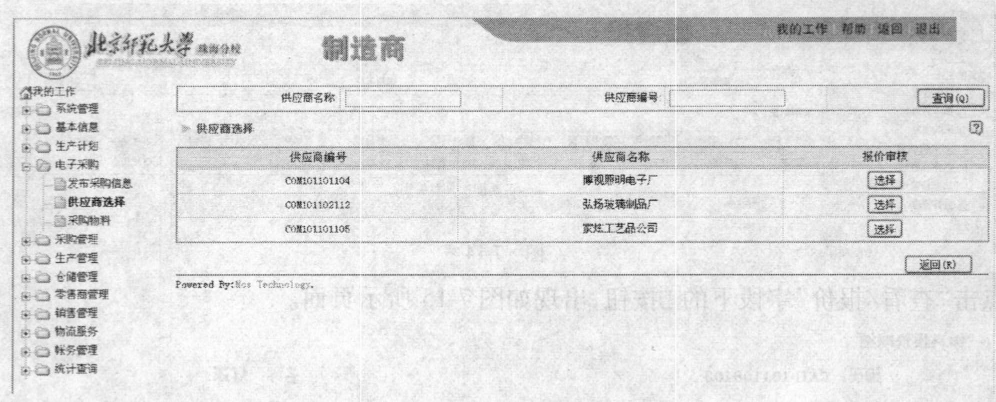

图 7-17

(1)确定中标单位

点击供应商 1——弘扬玻璃制品厂栏的“选择”按钮,出现如图 7-18 所示页面。

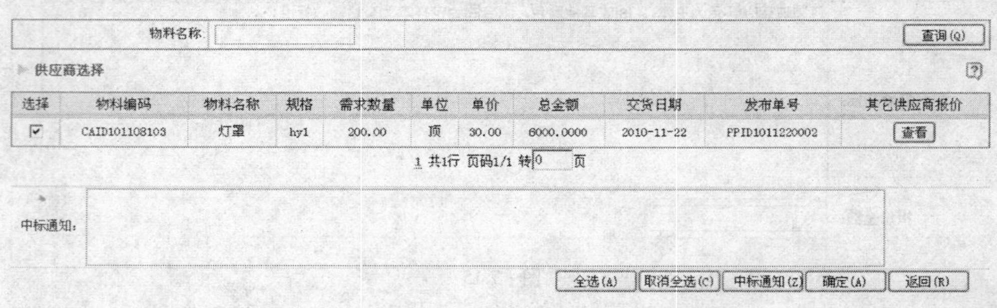

图 7-18

点击“中标通知”,自动生成中标通知,如图 7-19 所示。

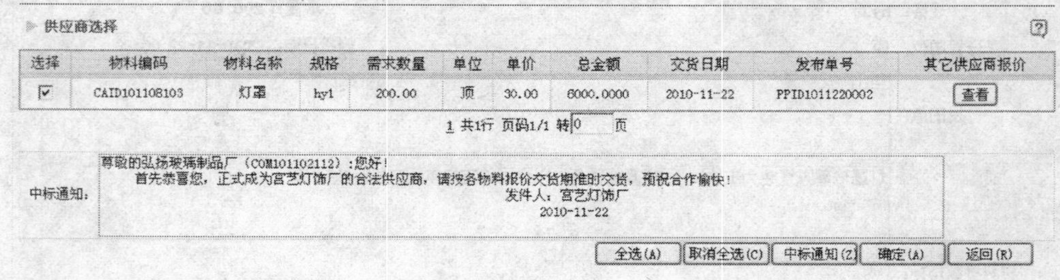

图 7-19

点击“确定”,制造商发送中标通知给供应商,系统自动生成“采购订货单”,出现如图 7-20 所示页面。

点击“确定”后返回供应商选择页面,如图 7-21 所示。

Microsoft Internet Explorer
更改成功！『采购订货单』已生成！请到『采购订货』模块完善『采购订货单』头部其他信息！
确定

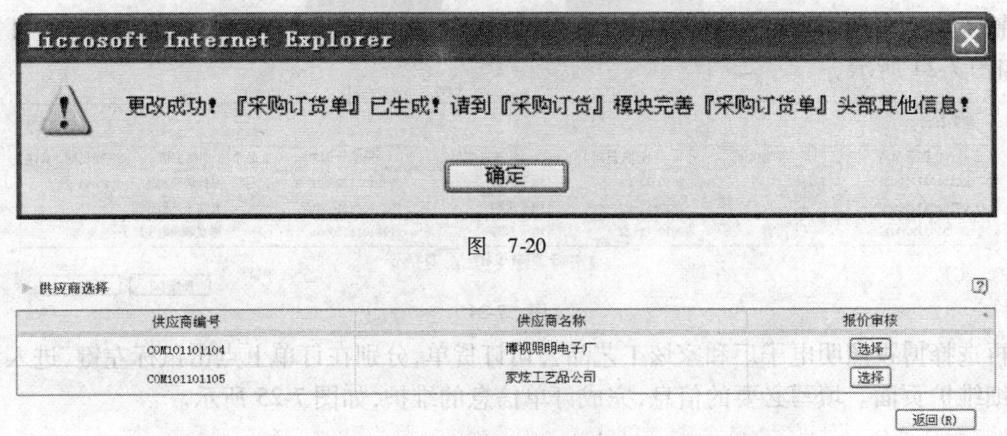

图 7-20

供应商选择
供应商编号
供应商名称
报价审核
COM101101104
博视照明电子厂
选择
COM101101105
家炫工艺品公司
选择
返回(R)

图 7-21

此时我们看到供应商1——“弘扬玻璃制品厂”由于已经中标，所以在供应商选择栏中只剩下另外两个供应商对原材料的报价了。

同理完成供应商2和供应商3的报价。

(2)订购单维护

在制造商界面，点击“采购管理”功能菜单下的“采购订货”菜单项，查看系统生成的采购订单，如图7-22所示。

制造商
我的工作 帮助 返回 退出
订货单号
订货类型
查询(Q)
采购订货
订货单号
原始凭证
订货日期
订货类型
采购计划单
业务员
供应商
交货日期
备注
CGID101122003
2010-11-22
电子采购
PPID1011220001
弘扬玻璃制品厂
CGID101122002
2010-11-22
电子采购
PPID1011220001
家炫工艺品公司
CGID101122001
2010-11-22
电子采购
PPID1011220001
博视照明电子厂
新增(A)
返回(R)
Powered By:Bos Technology.
我的工作
系统管理
基本信息
生产计划
电子采购
采购管理
采购订货
采购订货审核
发送采购订单
到货入库
采购入库
采购订单跟踪
生产管理
仓储管理
零售商管理
销售管理
物流服务
账务管理

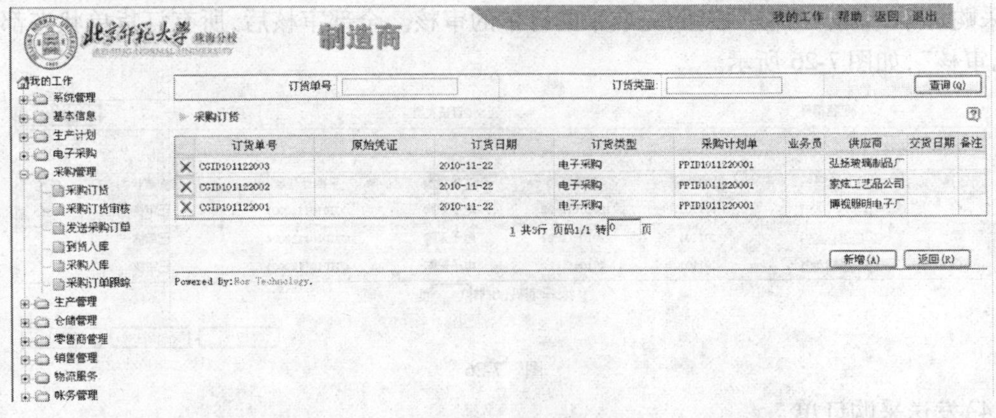

图 7-22

选择弘扬玻璃制品厂订货单，在订单上点击鼠标左键，进入订单的详细维护页面。填写必要的信息，如图7-23所示。

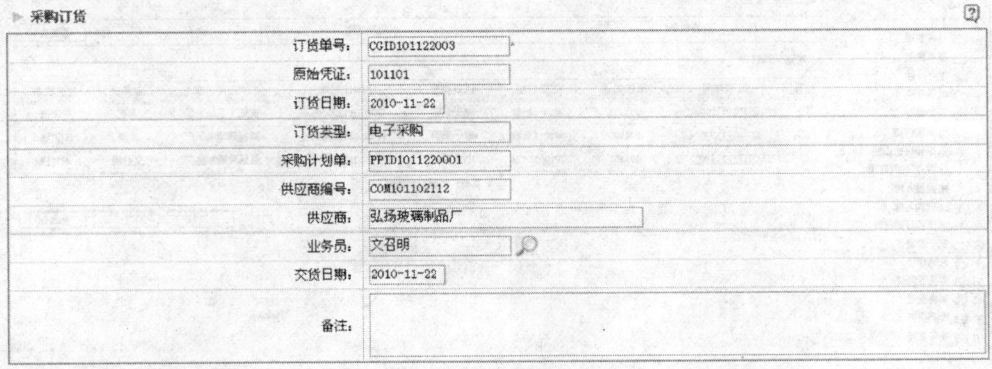

采购订货
订货单号：CGID101122003
原始凭证：101101
订货日期：2010-11-22
订货类型：电子采购
采购计划单：PPID1011220001
供应商编号：COM101102112
供应商：弘扬玻璃制品厂
业务员：文召明
交货日期：2010-11-22
备注：

图 7-23

输入用于订单跟踪的原始凭证号，选择进行订单处理的业务员，保存后回到采购订货页面，如图 7-24 所示。

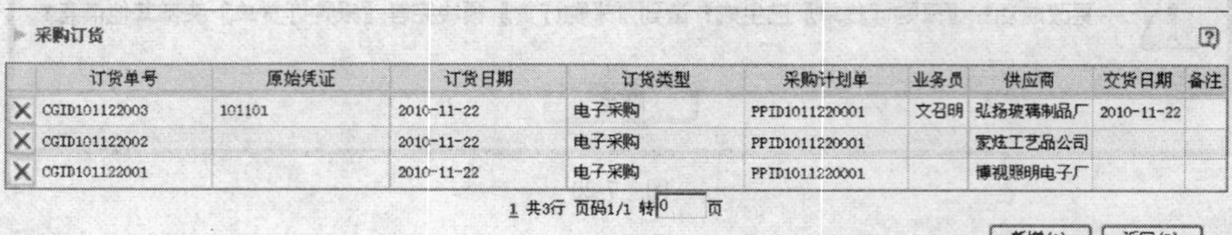

▶ 采购订货

	订货单号	原始凭证	订货日期	订货类型	采购计划单	业务员	供应商	交货日期	备注
✕	CGID101122003	101101	2010-11-22	电子采购	PPID1011220001	文召明	弘扬玻璃制品厂	2010-11-22	
✕	CGID101122002		2010-11-22	电子采购	PPID1011220001		家炫工艺品公司		
✕	CGID101122001		2010-11-22	电子采购	PPID1011220001		博视照明电子厂		

1 共3行 页码1/1 转 0 页

新增(A) 返回(R)

图 7-24

再选择博视照明电子厂和家炫工艺品公司订货单，分别在订单上点击鼠标左键，进入订单的详细维护页面。填写必要的信息，完成订单信息的维护，如图 7-25 所示。

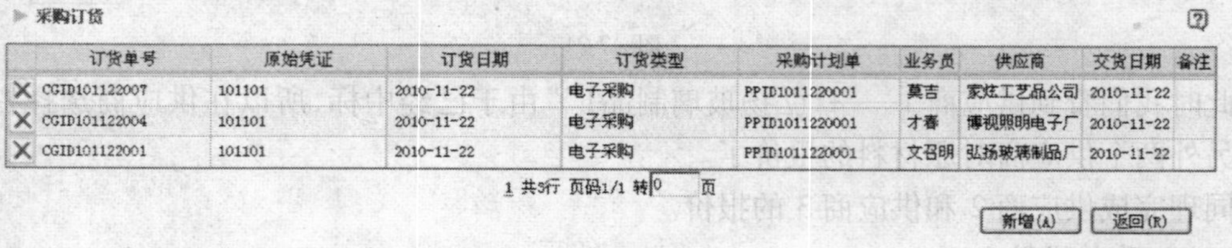

▶ 采购订货

	订货单号	原始凭证	订货日期	订货类型	采购计划单	业务员	供应商	交货日期	备注
✕	CGID101122007	101101	2010-11-22	电子采购	PPID1011220001	莫吉	家炫工艺品公司	2010-11-22	
✕	CGID101122004	101101	2010-11-22	电子采购	PPID1011220001	才春	博视照明电子厂	2010-11-22	
✕	CGID101122001	101101	2010-11-22	电子采购	PPID1011220001	文召明	弘扬玻璃制品厂	2010-11-22	

1 共3行 页码1/1 转 0 页

新增(A) 返回(R)

图 7-25

(3)采购订货审核

在制造商界面，点击"采购管理"功能菜单下的"采购订货审核"菜单项，选择需要进行审核的采购订单，点击"审核"按钮，完成采购订单的审核。全部审核后，所有订货单状态都显示为"已审核"，如图 7-26 所示。

订货单号 订货类型 查询(Q)

▶ 采购订货审核

选择	订货单号	原始凭证	订货日期	订货类型	采购计划单	订货单状态	备注
○	CGID101122007	101101	2010-11-22	电子采购	CGID101122007	已审核	
○	CGID101122004	101101	2010-11-22	电子采购	CGID101122004	已审核	
○	CGID101122001	101101	2010-11-22	电子采购	CGID101122001	已审核	

1 共3行 页码1/1 转 0 页

审核(A) 取消审核(C) 返回(R)

图 7-26

(4)发送采购订单

点击"采购管理"，进入"发送采购订单"页面，如图 7-27 所示。

选择	订货单号	原始凭证	订货日期	订货类型	采购计划单	供应商名称	业务员	发送状态
○	CGID101122007	101101	2010-11-22	电子采购	PPID1011220001	家炫工艺品公司	莫吉	未发送
○	CGID101122004	101101	2010-11-22	电子采购	PPID1011220001	博视照明电子厂	才春	未发送
○	CGID101122001	101101	2010-11-22	电子采购	PPID1011220001	弘扬玻璃制品厂	文召明	未发送

1 共3行 页码1/1 转 0 页

发送(A) 取消发送(C) 返回(R)

图 7-27

点击对应订货单左端的“选择”字段下的单选按钮，并点击“发送”，将订货单发送给对应的供应商。

(5)供应商接收中标通知

登录供应商，在供应商界面点击“采购信息”功能菜单下的“中标通知”菜单项，如图7-28所示。

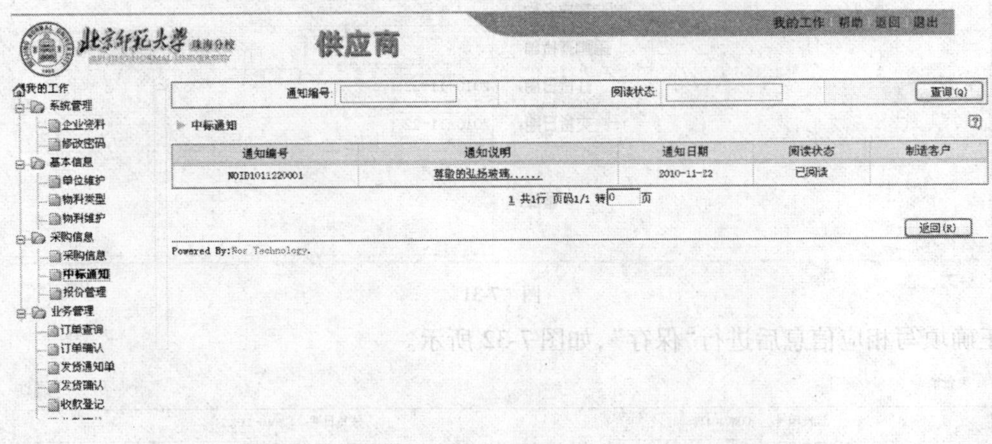

图 7-28

点击中标通知，查看中标通知详细内容，如图7-29所示。

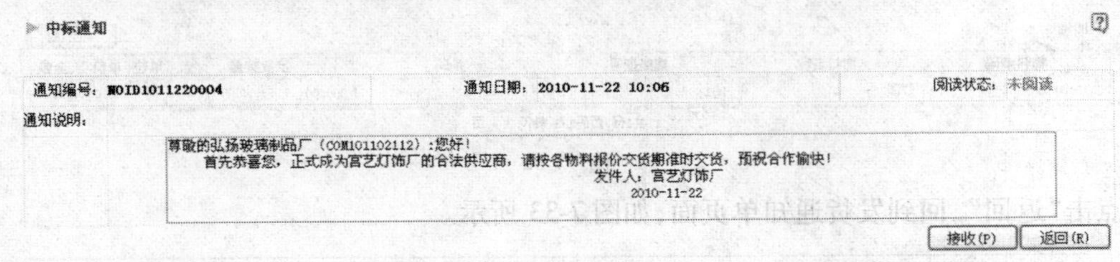

图 7-29

阅读通知说明，点击“接收”。

(6)订单确认

在供应商界面，点击“业务管理”功能菜单下的“订单确认”菜单项，如图7-30所示。

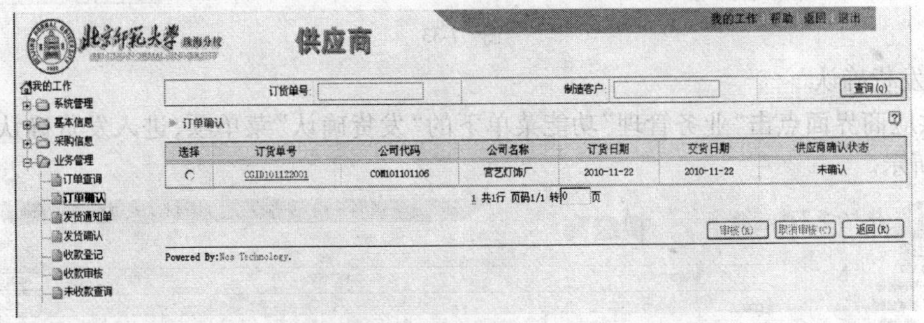

图 7-30

点击订货单号左方的单选按钮，选择需要进行审核的订货单，点击“审核”按钮，进行审核。

(7)发货通知

在供应商界面点击“业务管理”功能菜单下的“发货通知单”菜单项，点击“新增”，制作发货通知单，如图 7-31 所示。

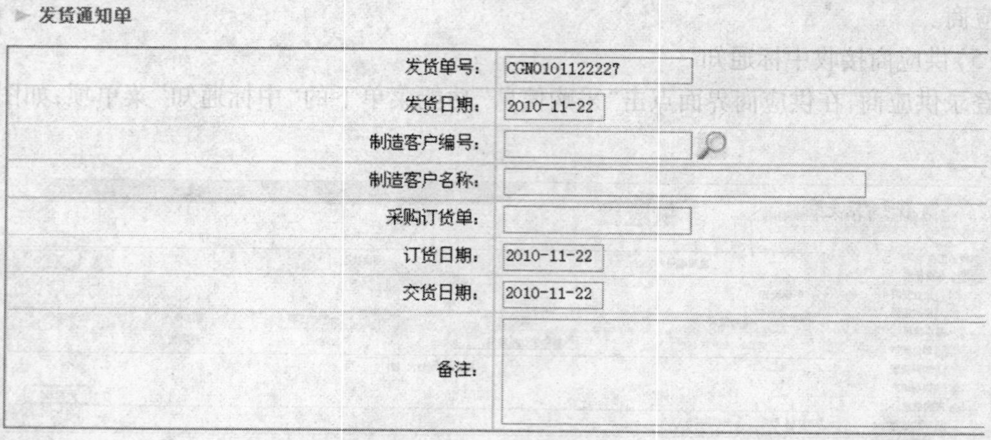

▶ 发货通知单

发货单号：	CGN0101122227
发货日期：	2010-11-22
制造客户编号：	
制造客户名称：	
采购订货单：	
订货日期：	2010-11-22
交货日期：	2010-11-22
备注：	

图　7-31

正确填写相应信息后进行“保存”，如图 7-32 所示。

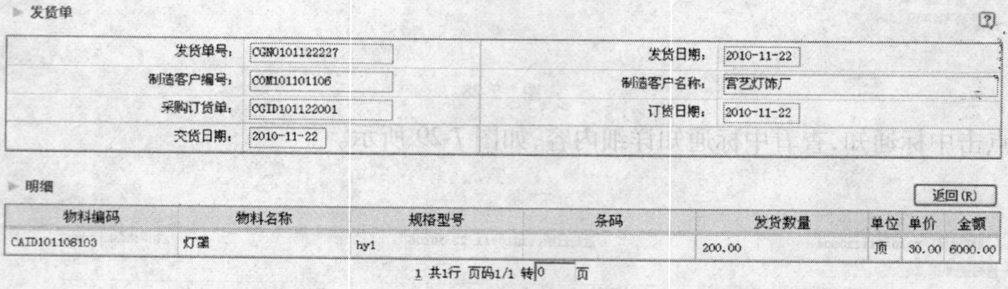

▶ 发货单

发货单号：	CGN0101122227	发货日期：	2010-11-22
制造客户编号：	COM101101106	制造客户名称：	宫艺灯饰厂
采购订货单：	CGID101122001	订货日期：	2010-11-22
交货日期：	2010-11-22		

▶ 明细　　返回(R)

物料编码	物料名称	规格型号	条码	发货数量	单位	单价	金额
CAID101108103	灯罩	hy1		200.00	顶	30.00	6000.00

1 共1行 页码1/1 转 0 页

图　7-32

点击“返回”，回到发货通知单页面，如图 7-33 所示。

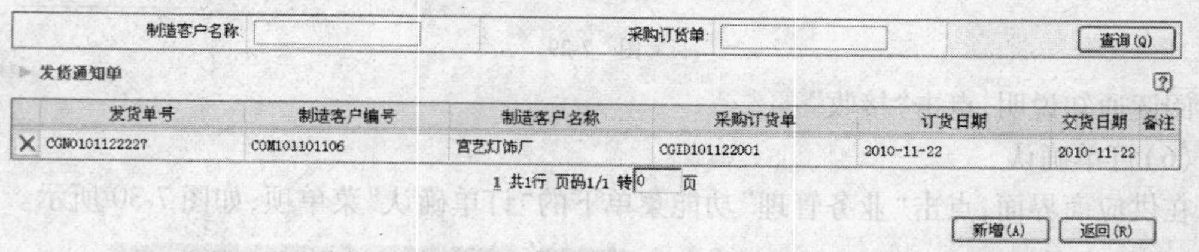

制造客户名称：　　采购订货单：　　查询(Q)

▶ 发货通知单

	发货单号	制造客户编号	制造客户名称	采购订货单	订货日期	交货日期	备注
×	CGN0101122227	COM101101106	宫艺灯饰厂	CGID101122001	2010-11-22	2010-11-22	

1 共1行 页码1/1 转 0 页

新增(A)　返回(R)

图　7-33

（8）发货确认

在供应商界面点击“业务管理”功能菜单下的“发货确认”菜单项，进入发货确认页面，如图 7-34 所示。

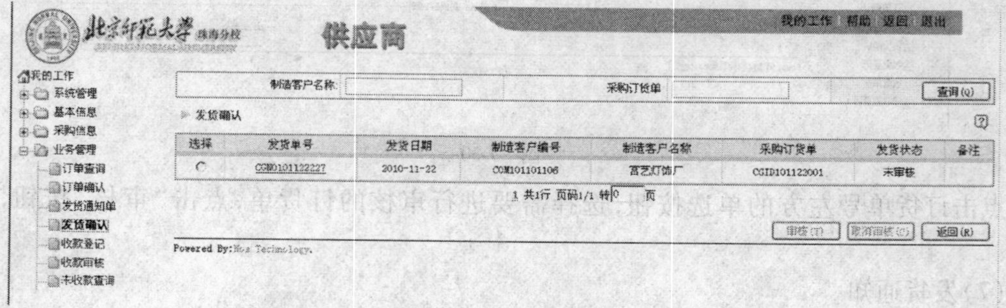

图　7-34

用鼠标左键点击发货单左边的单选按钮，选择需要进行审核的发货单，点击“审核”按钮，完成审核，出现如图 7-35 所示页面。

图 7-35

此时应收账单已生成，确定后发货状态显示已审核，如图 7-36 所示。

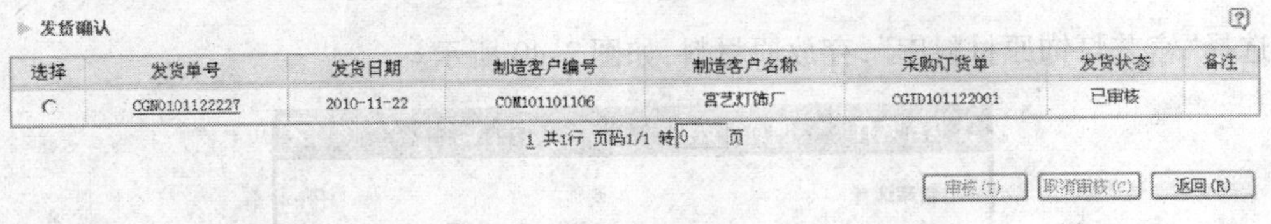
发货确认

选择	发货单号	发货日期	制造客户编号	制造客户名称	采购订货单	发货状态	备注
○	CGN0101122227	2010-11-22	COM101101106	宫艺灯饰厂	CGID101122001	已审核	

1 共1行 页码1/1 转0 页

审核(T) 取消审核(C) 返回(R)

图 7-36

(9)制造商收货

登录制造商，点击“采购管理”功能菜单下的“到货入库”菜单项，出现如图 7-37 所示页面。

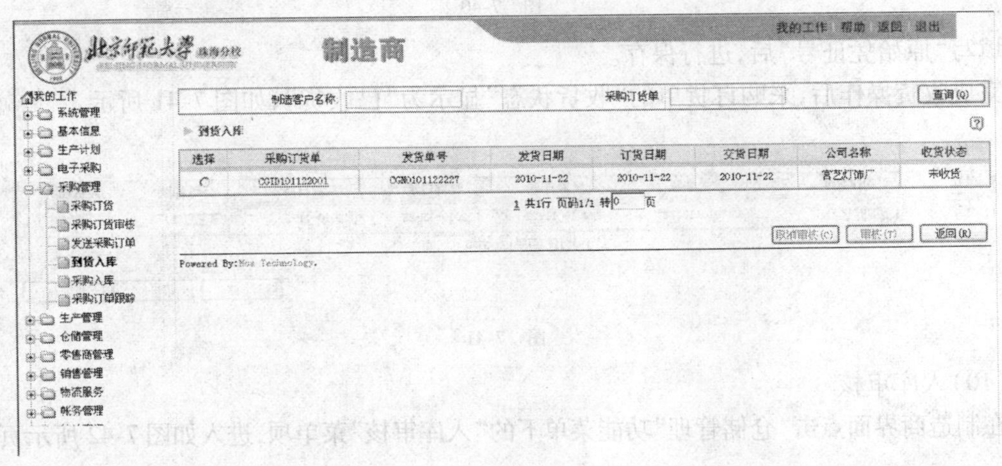

图 7-37

用鼠标左键点击采购订货单左方的单选按钮，选择需要进行到货入库审核的采购订货单，点击“审核”按钮，出现如图 7-38 所示页面。

仓库选择 -- 网页对话框

仓库选择

仓库名称：

原始凭证号：

保存(S) 返回(R)

http://172.17.70.29:8080/commo Internet

图 7-38

点击仓库名称右方的查询按钮，出现仓库选择页面，如图 7-39 所示。

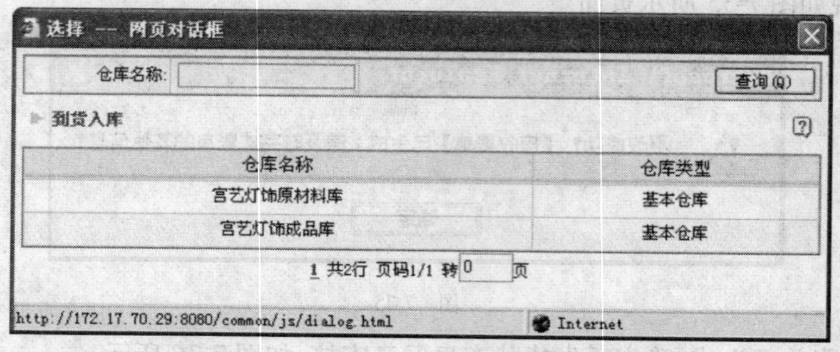

图 7-39

选择“宫艺灯饰原材料库”，存放原材料，如图 7-40 所示。

仓库选择 -- 网页对话框
仓库选择
仓库名称: 宫艺灯饰原材料库
原始凭证号:
保存(S) 返回(R)
http://172.17.70.29:8080/commo Internet

图 7-40

填写“原始凭证号”后，进行保存。

完成收货操作后，采购订货单的“收货状态”显示为“已收货”，如图 7-41 所示。

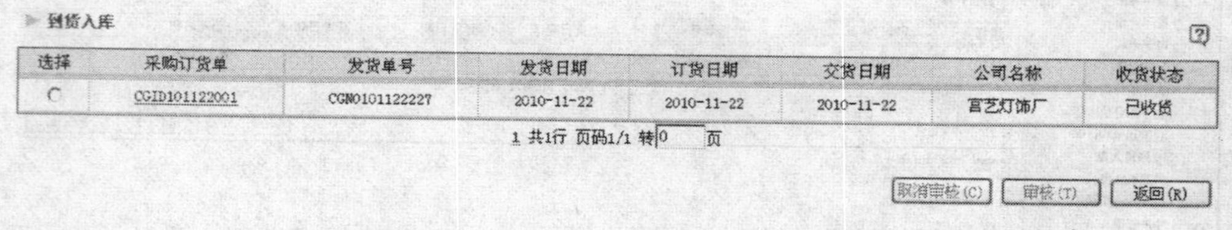
到货入库

选择	采购订货单	发货单号	发货日期	订货日期	交货日期	公司名称	收货状态
○	CGID101122001	CGN0101122227	2010-11-22	2010-11-22	2010-11-22	宫艺灯饰厂	已收货

1 共1行 页码1/1 转 0 页

取消审核(C) 审核(T) 返回(R)

图 7-41

(10)入库审核

在制造商界面点击“仓储管理”功能菜单下的“入库审核”菜单项，进入如图 7-42 所示页面。

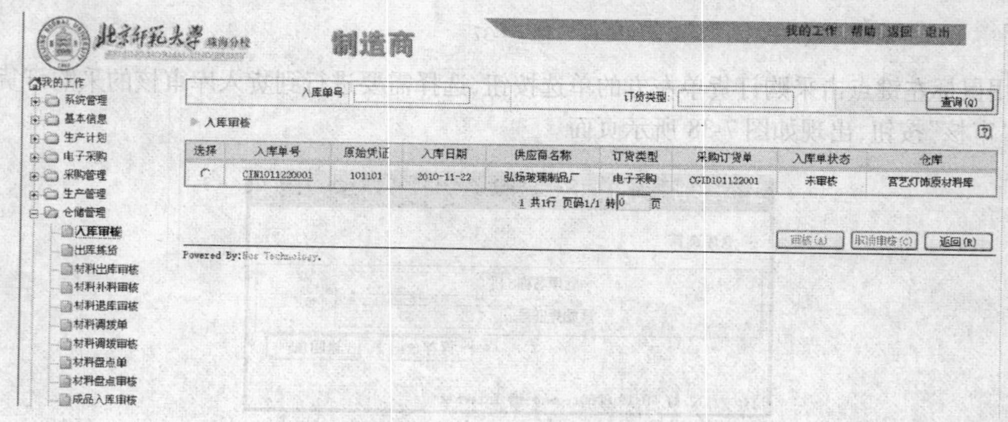

选择	入库单号	原始凭证	入库日期	供应商名称	订货类型	采购订货单	入库单状态	仓库
○	CIN1011220001	101101	2010-11-22	弘扬玻璃制品厂	电子采购	CGID101122001	未审核	宫艺灯饰原材料库

1 共1行 页码1/1 转 0 页

审核(A) 取消审核(C) 返回(R)

图 7-42

点击入库单号左端的单选按钮,选择完成入库操作的入库单号,并点击“审核”按钮,此时出现生成“采购付款凭证”信息,如图 7-43 所示。

图 7-43

点击“确定”,完成入库审核,此时入库单状态显示已审核,如图 7-44 所示。

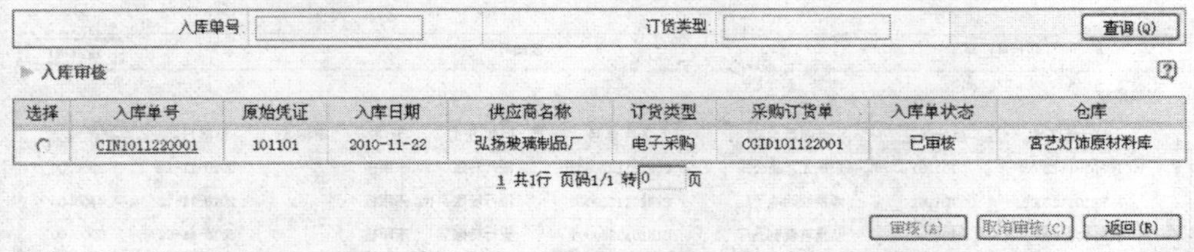

图 7-44

同样的方法和步骤完成供应商 2、供应商 3 的发货和制造商收货流程。

7.5 供应商与制造商财务结算

(1)制造商采购付款

在制造商界面点击“账务管理”功能菜单下的“付款管理”菜单项,如图 7-45 所示。

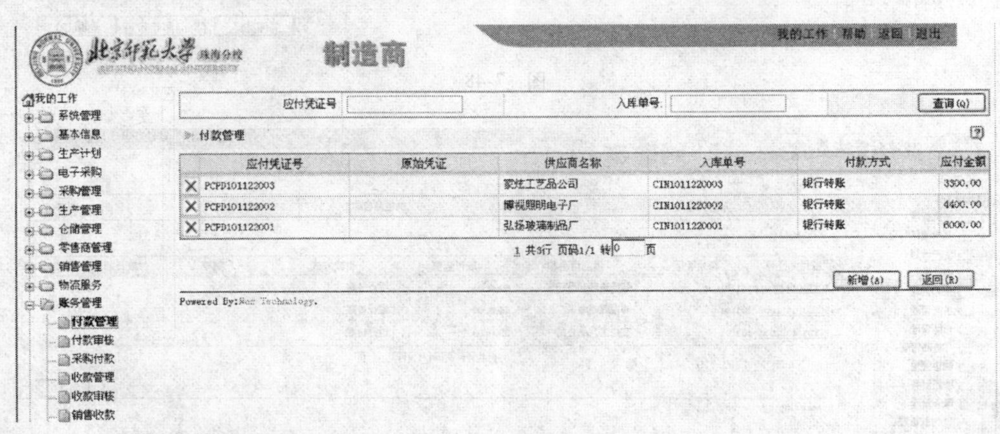

图 7-45

用鼠标左键点击应付凭证号,进入付款管理的维护页面,如图 7-46 所示。

填写原始凭证号、发票号等付款信息,并保存。

点击“账务管理”功能菜单下的“付款审核”菜单项,进入如图 7-47 所示页面。

点击应付凭证号左端的单选按钮,选择需要进行付款的单据,点击“审核”按钮,完成付款审核,如图 7-48 所示。

点击“账务管理”功能菜单下的“采购付款”菜单项,如图 7-49 所示。

图 7-46

	应付凭证号	原始凭证	供应商名称	入库单号	付款方式	状态	审核人	审核日期	应付金额
○	PCPD101122003	101101	家炫工艺品公司	CIN1011220003	银行转账	未审核		2010-11-22	3300.00
○	PCPD101122002	101101	博视照明电子厂	CIN1011220002	银行转账	未审核		2010-11-22	4400.00
○	PCPD101122001	101101	弘扬玻璃制品厂	CIN1011220001	银行转账	未审核		2010-11-22	6000.00

图 7-47

	应付凭证号	原始凭证	供应商名称	入库单号	付款方式	状态	审核人	审核日期	应付金额
○	PCPD101122003	101101	家炫工艺品公司	CIN1011220003	银行转账	已审核	gyds	2010-11-22	3300.00
○	PCPD101122002	101101	博视照明电子厂	CIN1011220002	银行转账	已审核	gyds	2010-11-22	4400.00
○	PCPD101122001	101101	弘扬玻璃制品厂	CIN1011220001	银行转账	已审核	gyds	2010-11-22	6000.00

图 7-48

应付凭证号	原始凭证	供应商名称	应付金额	付款方式	摘要	付款日期	实际付款	备注
PCPD101122001	101101	弘扬玻璃制品厂	6000.00	银行转账			0.00	
PCPD101122002	101101	博视照明电子厂	4400.00	银行转账			0.00	
PCPD101122003	101101	家炫工艺品公司	3300.00	银行转账			0.00	

图 7-49

点击需要进行付款的应付凭证单，进入采购付款页面，填写必要的信息，并“保存”，如图 7-50 所示。

依次完成以上的原材料采购付款后返回采购付款页面，如图 7-51 所示。

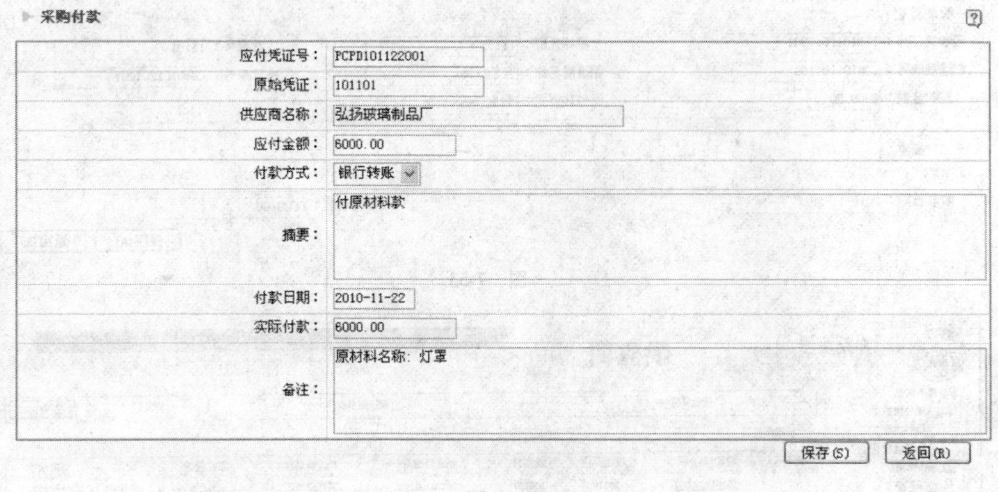

图 7-50

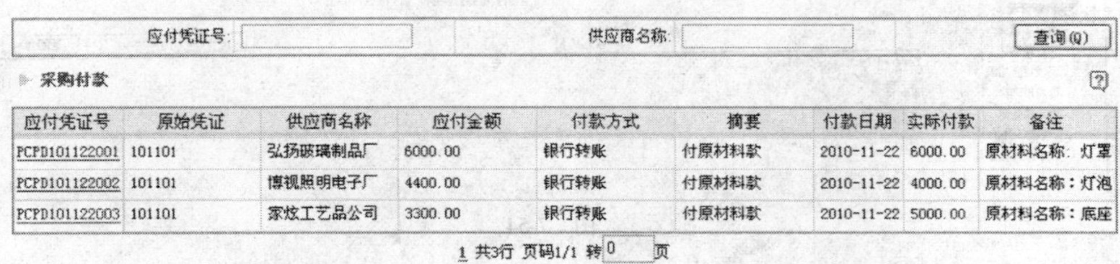

应付凭证号 供应商名称 查询(Q)

采购付款

应付凭证号	原始凭证	供应商名称	应付金额	付款方式	摘要	付款日期	实际付款	备注
PCPD101122001	101101	弘扬玻璃制品厂	6000.00	银行转账	付原材料款	2010-11-22	6000.00	原材料名称：灯罩
PCPD101122002	101101	博视照明电子厂	4400.00	银行转账	付原材料款	2010-11-22	4000.00	原材料名称：灯泡
PCPD101122003	101101	家炫工艺品公司	3300.00	银行转账	付原材料款	2010-11-22	5000.00	原材料名称：底座

1 共3行 页码1/1 转 0 页

返回(R)

图 7-51

(2)供应商收款

完成制造商付款后，依次登录供应商角色进行收款，具体操作如下：

登录供应商角色，点击“业务管理”功能菜单下的“收款登记”菜单项，如图 7-52 所示。

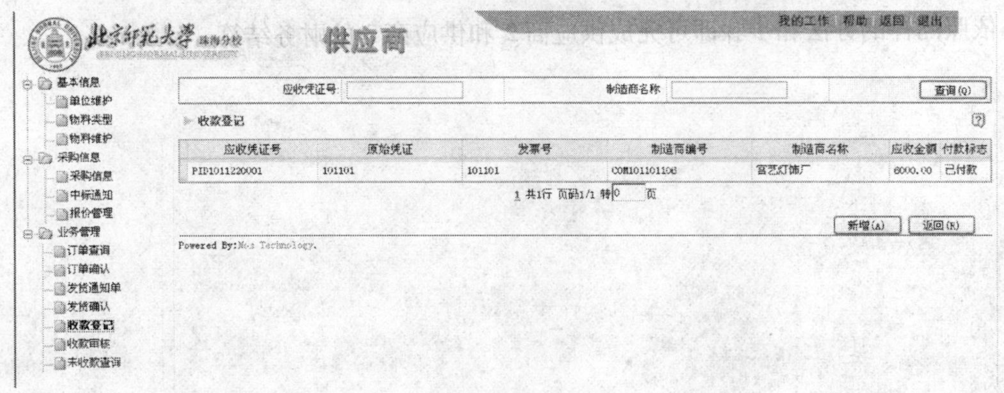

图 7-52

点击收款登记下的应收凭证，进入收款登记详细页面，填写相应信息后保存，如图 7-53 所示。

点击“业务管理”功能菜单下的“收款审核”菜单项，进入收款审核页面，如图 7-54 所示。

点击本次付款客户(宫艺灯饰厂)左端的单选按钮进行选择，并点击“审核”按钮，即完成了供应商 1——弘扬玻璃制品厂与制造商——宫艺灯饰厂的财务结算，如图 7-55 所示。

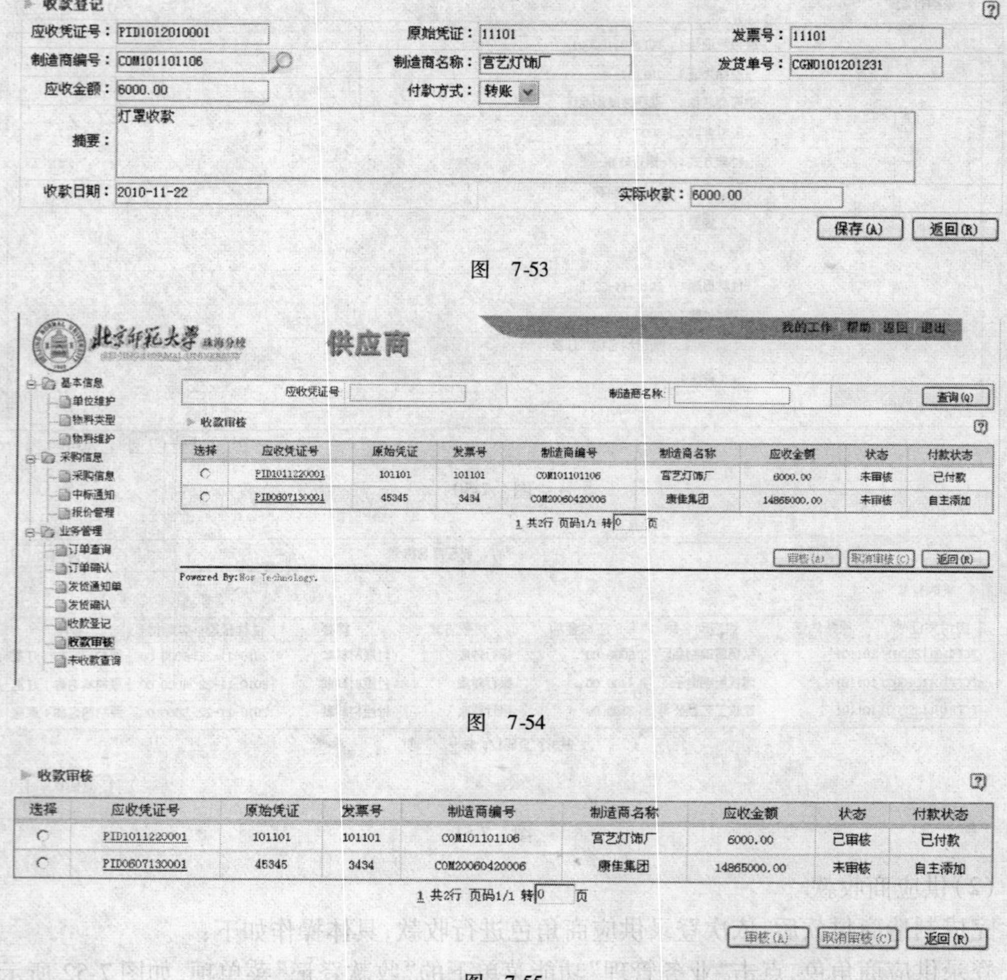

图 7-53

图 7-54

图 7-55

依照同样的方法和步骤即可完成供应商 2 和供应商 3 的财务结算。

第8章　产品生产与成品入库
（实验指导六）

8.1　产品生产流程基本操作指导

(1)生产订单

"登录"制造商界面,点击"生产管理"功能菜单下的"生产订单"菜单项,点击"新增"按钮,进入生产订单制作详细页面,如图8-1所示。

▶ 生产订单

订单编号:	SCID101123117 *
订单类型:	
生产计划单:	
订单日期:	2010-11-23
投产日期:	2010-11-23
生产部门:	
计划完成日期:	2010-11-23
产品编号:	
产品名称:	
规格型号:	
计量单位:	
投产数量:	0
备注:	

保存(S)　返回(R)

图　8-1

填写相应信息,并保存,如图8-2所示。

▶ 生产订单

订单编号:	SCID101201119 *
订单类型:	临时
生产计划单:	无
订单日期:	2010-12-01
投产日期:	2010-12-01
生产部门:	装配车间
计划完成日期:	2010-12-01
产品编号:	PRID101108060
产品名称:	百合牌 台灯
规格型号:	BH001
计量单位:	个
投产数量:	200
	追加产量

图　8-2

(2)生产订单审核

点击"生产管理"功能菜单下的"生产订单审核"菜单项,选择需要审核的生产订单编号进行“审核”，系统提示生成“生产备料单”，如图 8-3 所示。

图 8-3

点击“确定”完成订单审核。

(3)生产备料单

点击“生产管理”功能菜单下的“生产备料单”菜单项，如图 8-4 所示。

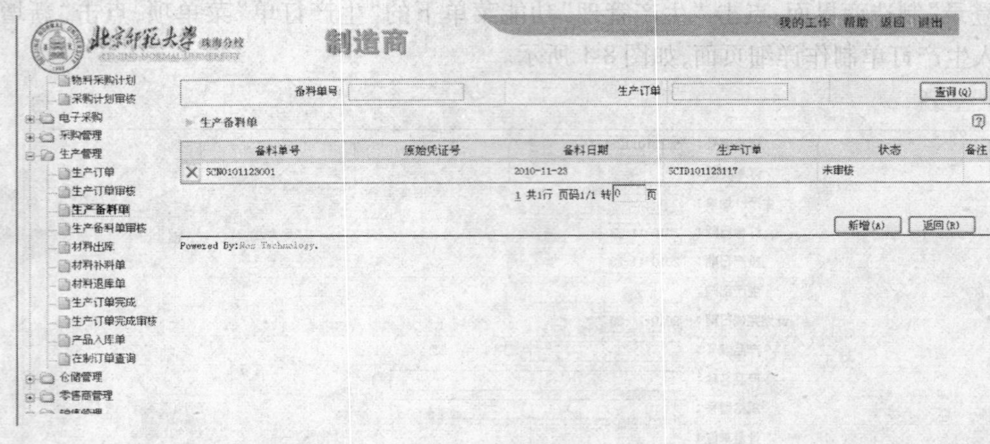

图 8-4

点击生产订单审核所生成的生产备料单，进入备料单表头维护页面，填写原始凭证号等信息，如图 8-5 所示。

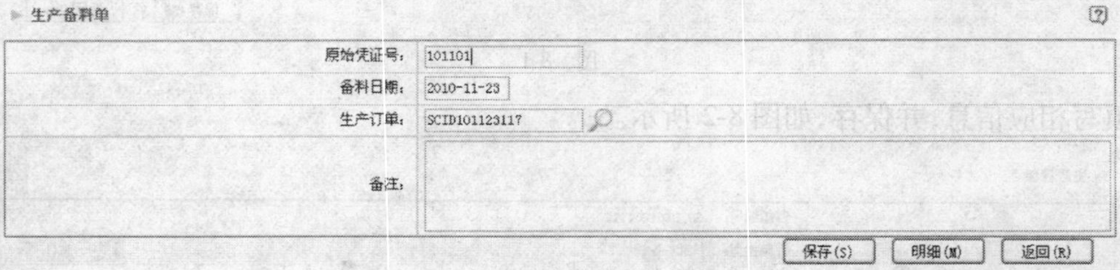

图 8-5

填写完成后进行保存。

(4)生产备料单审核

在制造商界面中点击“生产管理”功能菜单下的“生产备料单审核”菜单项，如图 8-6 所示。

通过点击备料单号左端的单选按钮选择需要审核的备料单，点击“审核”按钮。出现生成“材料出库单”信息，完成备料单的审核，如图 8-7 所示。

点击“确定”，回到生产备料单审核页面，此时备料单状态为“已审核”，如图 8-8 所示。

(5)材料出库

在制造商界面，点击“生产管理”功能菜单下的“材料出库”菜单项，如图 8-9 所示。

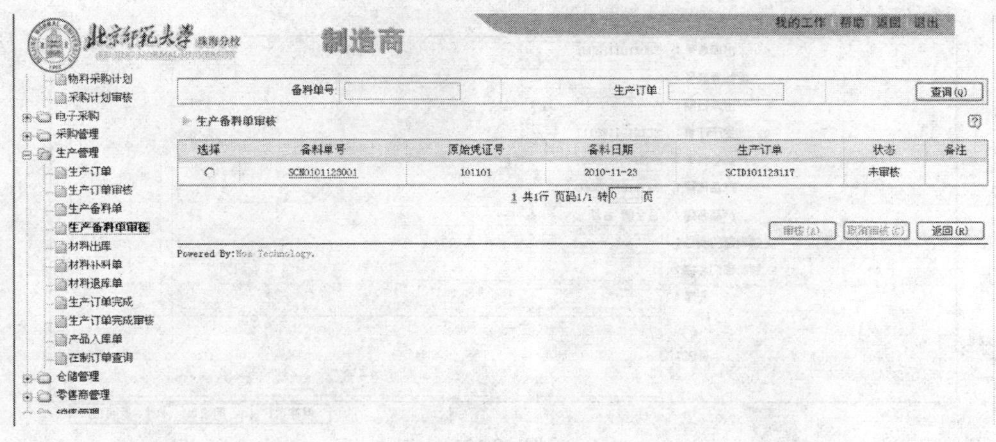

图 8-6

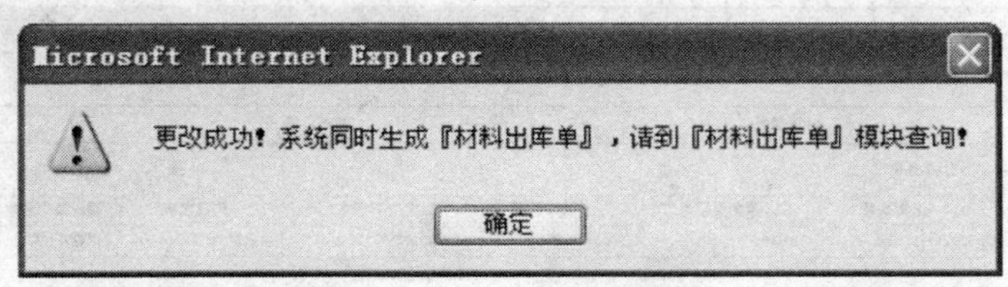

图 8-7

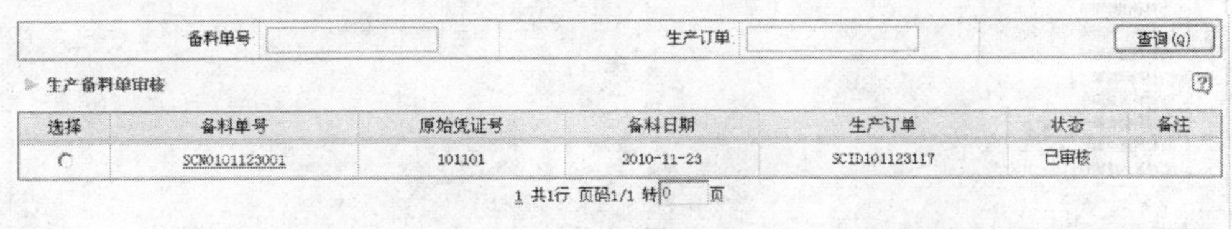

图 8-8

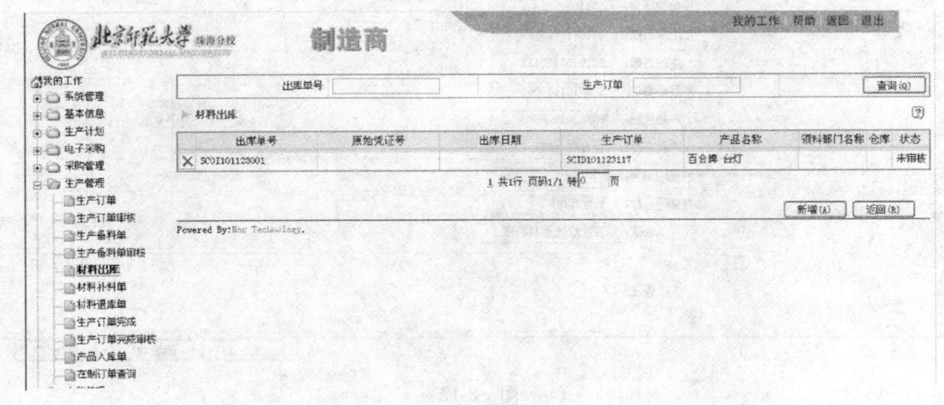

图 8-9

用鼠标左键点击生产备料单审核后生成的材料出库单，进入材料出库单详细页面，如图 8-10所示。

输入相应原始凭证、出库日期等信息，注意仓库的选择，正确填写后进行保存。

(6)出库拣货

在制造商界面，点击“仓储管理”功能菜单下的“出库拣货”菜单项，如图 8-11 所示。

▶ 材料出库

出库单号：	SCOI101123001
原始凭证号：	
出库日期：	
生产订单：	SCID101123117
产品备料单：	SCOI101123001
产品代码：	PRID101108060
产品名称：	百合牌 台灯
领料部门编号：	
领料部门名称：	
仓库：	
备注：	

保存(S) 明细(M) 返回(R)

图 8-10

北京师范大学 珠海分校 制造商 我的工作 帮助 返回 退出

我的工作 系统管理 基本信息 生产计划 电子采购 采购管理 生产管理 仓储管理 入库审核 出库拣货 材料出库审核 材料补料审核 材料退库审核 材料调拨单 材料调拨审核 材料盘点单 材料盘点审核 成品入库审核

出库单号： 生产订单： 查询(Q)

▶ 出库拣货

出库单号	原始凭证号	出库日期	生产订单	产品名称	领料部门名称	仓库	状态
SCOI101123001	101101	2010-11-23	SCID101123117	百合牌 台灯	装配车间	宫艺灯饰原材料库	未审核

1 共1行 页码1/1 转0 页

返回(R)

Powered By:Nos Technology.

图 8-11

点击出库拣货页面中的出库单，进入出库拣货单详细页面，如图 8-12 所示。

原始凭证号:	101101
出库日期:	2010-11-23
生产订单:	SCID101123117
产品备料单:	SCN0101123001
产品代码:	PRID101108060
产品名称:	百合牌 台灯
领料部门编号:	03
领料部门名称:	装配车间
仓库:	宫艺灯饰原材料库
备注:	

保存(S) 明细(M) 返回(R)

图 8-12

点击“明细”按钮，进行原材料拣选操作，如图 8-13 所示。

物料编码	物料名称	规格型号	计量单位	数量	单价	金额	拣选
CAID101108107	底座	Jx1	个	100.00	0.00	0.00	拣选
CAID101108104	灯泡	Bs1	只	200.00	0.00	0.00	拣选
CAID101108103	灯罩	hy1	顶	200.00	0.00	0.00	拣选

1 共3行 页码1/1 转0 页

图 8-13

点击原材料条目右方的“拣选”按钮，分别对三种原材料进行拣选，下面以灯罩为例进行操作说明，如图 8-14 所示。

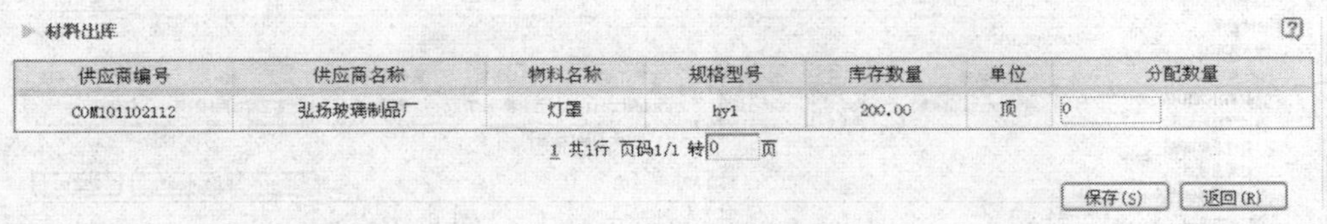

▶ 材料出库

供应商编号	供应商名称	物料名称	规格型号	库存数量	单位	分配数量
COM101102112	弘扬玻璃制品厂	灯罩	hy1	200.00	顶	0

1 共1行 页码1/1 转 0 页

保存(S) 返回(R)

图 8-14

填写“分配数量”如图 8-15 所示。

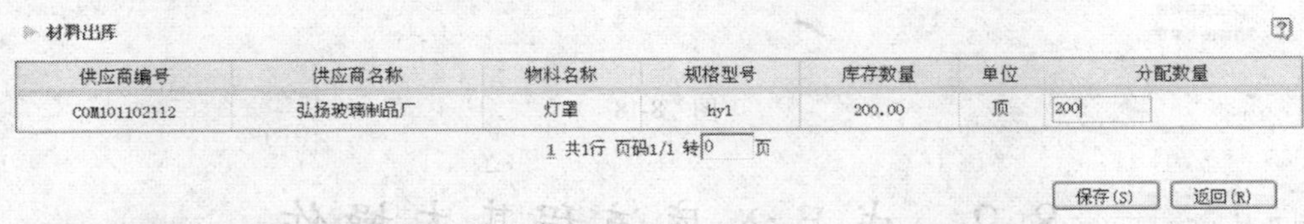

▶ 材料出库

供应商编号	供应商名称	物料名称	规格型号	库存数量	单位	分配数量
COM101102112	弘扬玻璃制品厂	灯罩	hy1	200.00	顶	200

1 共1行 页码1/1 转 0 页

保存(S) 返回(R)

图 8-15

“保存”后，回到材料出库单页面，此时显示灯罩的拣选操作已经完成，如图 8-16 所示。

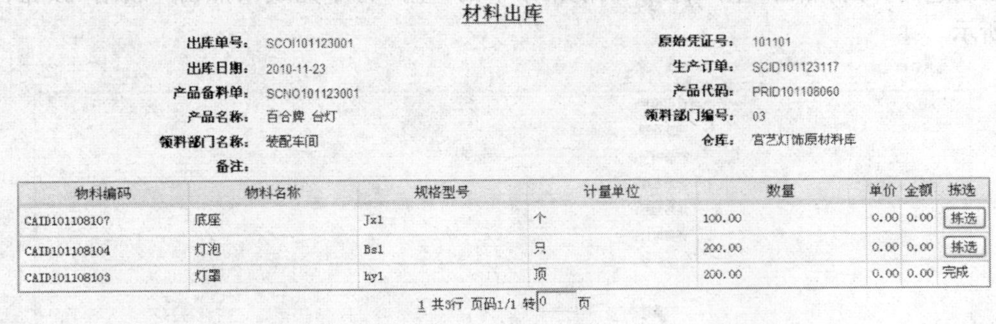

材料出库

出库单号：SCOI101123001　原始凭证号：101101
出库日期：2010-11-23　生产订单：SCID101123117
产品备料单：SCNO101123001　产品代码：PRID101108060
产品名称：百合牌 台灯　领料部门编号：03
领料部门名称：装配车间　仓库：宫艺灯饰原材料库
备注：

物料编码	物料名称	规格型号	计量单位	数量	单价	金额	拣选
CAID101108107	底座	Jx1	个	100.00	0.00	0.00	拣选
CAID101108104	灯泡	Bs1	只	200.00	0.00	0.00	拣选
CAID101108103	灯罩	hy1	顶	200.00	0.00	0.00	完成

1 共3行 页码1/1 转 0 页

图 8-16

同样的方法和步骤对灯泡、底座两种原材料进行拣选，完成后如图 8-17 所示。

材料出库

出库单号：SCOI101123001　原始凭证号：101101
出库日期：2010-11-23　生产订单：SCID101123117
产品备料单：SCNO101123001　产品代码：PRID101108060
产品名称：百合牌 台灯　领料部门编号：03
领料部门名称：装配车间　仓库：宫艺灯饰原材料库
备注：

物料编码	物料名称	规格型号	计量单位	数量	单价	金额	拣选
CAID101108107	底座	Jx1	个	100.00	0.00	0.00	完成
CAID101108104	灯泡	Bs1	只	200.00	0.00	0.00	完成
CAID101108103	灯罩	hy1	顶	200.00	0.00	0.00	完成

1 共3行 页码1/1 转 0 页

图 8-17

(7) 材料出库审核

在制造商界面，点击“仓库管理”功能菜单下的“材料出库审核”菜单项，如图 8-18 所示。通过点击左端的单选按钮选择需要审核的出库单，点击“审核”按钮完成材料出库审核。

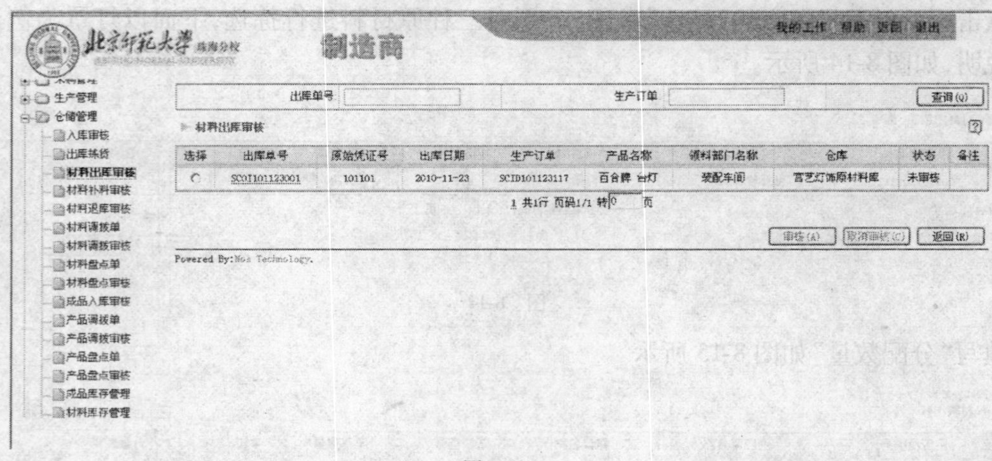

图 8-18

8.2 成品入库流程基本操作

(1)生产订单完成

在制造商界面,点击“生产管理”功能菜单下的“生产订单完成”,点击 “新增”按钮,如图 8-19 所示。

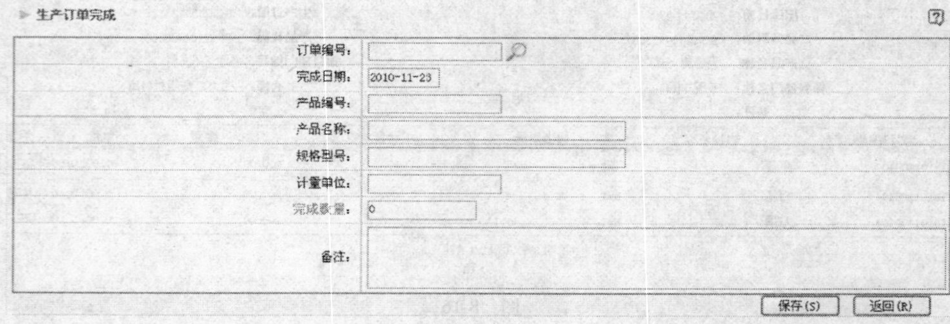

图 8-19

点击“订单编号”右方的按钮,选择生产线已经完成的生产订单,如图 8-20 所示。

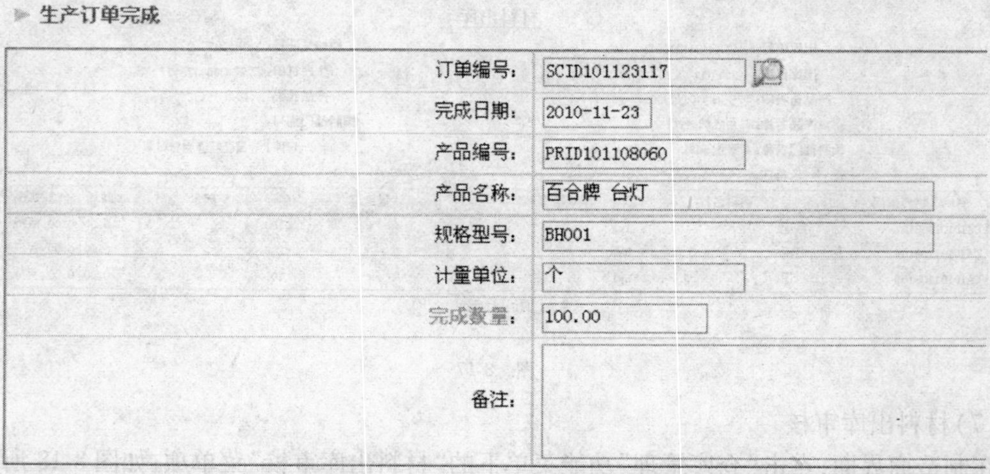

生产订单完成

订单编号:	SCID101123117
完成日期:	2010-11-23
产品编号:	PRID101108060
产品名称:	百合牌 台灯
规格型号:	BH001
计量单位:	个
完成数量:	100.00
备注:	

图 8-20

“保存”后“返回”。

(2)生产订单完成审核

点击“生产管理”功能菜单下的“生产订单完成审核”,点击“审核”按钮,完成审核,如图8-21所示。

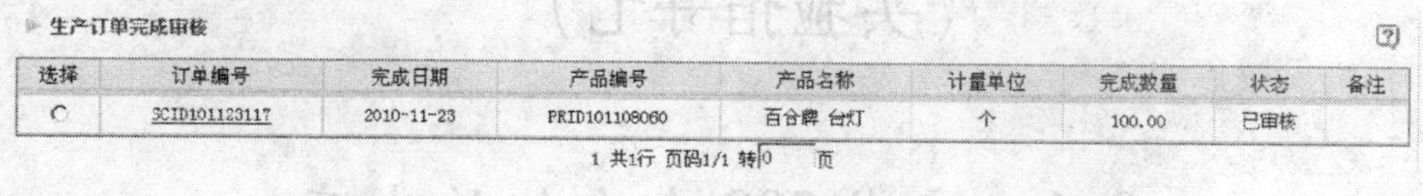

图 8-21

(3)产品入库单新增

点击“生产管理”功能菜单下的“产品入库单”,点击“新增”按钮,制作产品入库单,如图8-22所示。

图 8-22

选择入库的成品仓库以及需要入库的生产订单,并填写其他相应信息后进行保存,完成后如图8-23所示。

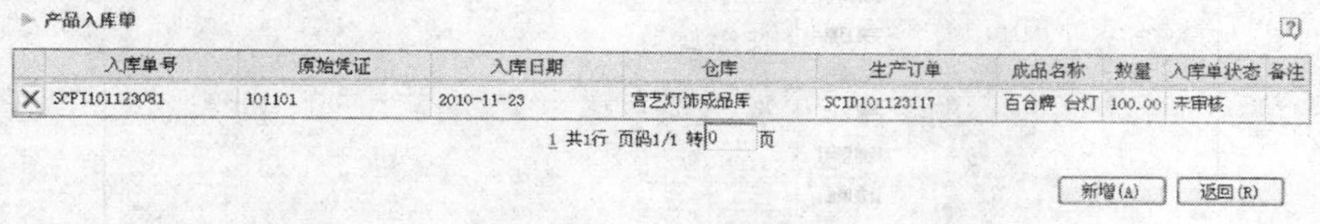

图 8-23

(4)产品入库审核

点击“仓储管理”功能菜单下的“成品入库审核”,点击“审核”,如图8-24所示。

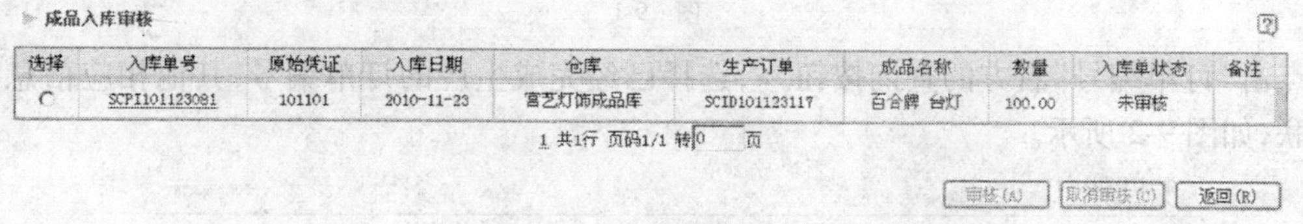

图 8-24

第9章　第三方物流公司仓储实验（实验指导七）

9.1　完成200个台灯的生产

产品的物流公司入库操作，是指制造商生产出来的产品交由第三方物流公司负责入库并储存。因此在本实验开始之前，请同学们重复实验五和实验六的过程，制作一个200个台灯的生产订单，并完成实验五产品原材料的采购及实验六产品的生产过程，在进行到实验六的生产订单完成后，做好本实验的准备工作。本实验指导将从200个台灯的生产订单完成开始进行指导。

9.2　200个台灯的生产完成及物流服务单生成

(1)生产订单完成

在制造商界面，点击“生产管理”功能菜单下的“生产订单完成”，点击“新增”按钮，制作订单完成申请单，如图9-1所示。

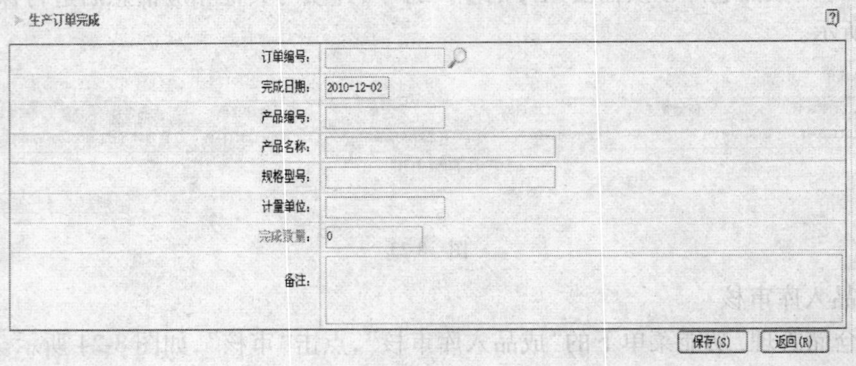
▶ 生产订单完成

订单编号：
完成日期：2010-12-02
产品编号：
产品名称：
规格型号：
计量单位：
完成数量：0
备注：

保存(S)　返回(R)

图　9-1

点击“订单编号”右方的查询按钮，选择已经完成生产的订单编号，其他相应信息将自动关联，如图9-2所示。

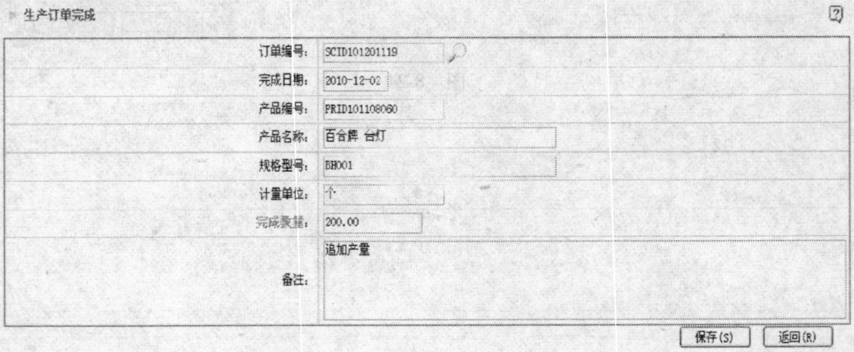

▶ 生产订单完成

订单编号：SCID101201119
完成日期：2010-12-02
产品编号：PRID101108060
产品名称：百合牌 台灯
规格型号：BH001
计量单位：个
完成数量：200.00
备注：追加产量

保存(S)　返回(R)

图　9-2

点击“保存”。

(2)生产订单完成审核

在制造商界面,点击“生产管理”功能菜单下的“生产订单完成审核”菜单项,如图 9-3 所示。

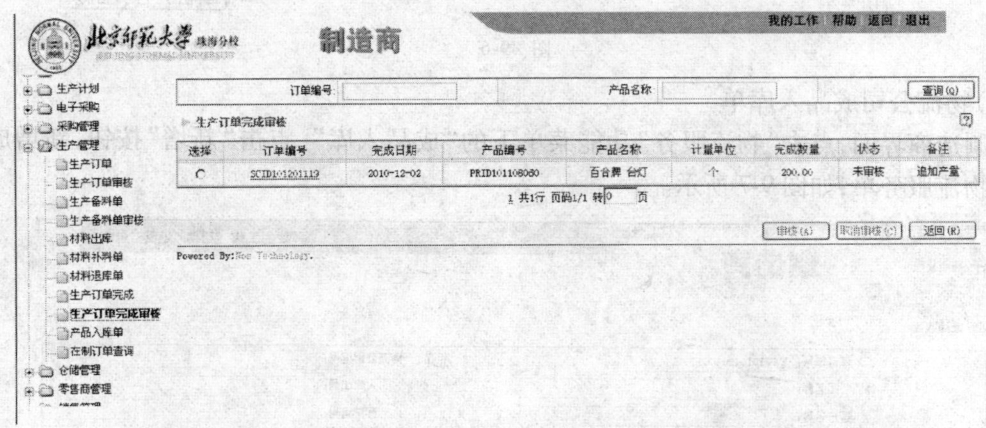

图 9-3

点击订单编号左端的单选按钮,选择需要进行审核的订单,点击“审核”按钮进行订单完成审核。

(3)生成产品入库单

在制造商界面,点击“生产管理”功能菜单下的“产品入库单”,点击“新增”按钮,如图 9-4 所示。

▶ 产品入库单

入库单号:	SCPI101202083	原始凭证:	
入库日期:	2010-12-02	仓库:	
生产订单:		成品编码:	
成品名称:		计量单位:	
数量:	0	单价:	0
金额:	0	备注:	

保存(S) 返回(R)

图 9-4

填写相应信息,注意仓库应选择“成品库”,如图 9-5 所示。

▶ 产品入库单

入库单号:	SCPI101202083	原始凭证:	101207
入库日期:	2010-12-02	仓库:	宫艺灯饰成品库
生产订单:	SCID101201119	成品编码:	PRID101108060
成品名称:	百合牌 台灯	计量单位:	个
数量:	200.00	单价:	144.00
金额:	28800.0000	备注:	追加产量

保存(S) 返回(R)

图 9-5

点击“保存”按钮,完成产品入库单的新增,如图 9-6 所示。

▶ 产品入库单

入库单号	原始凭证	入库日期	仓库	生产订单	成品名称	数量	入库单状态	备注
X SCPI101202083	101207	2010-12-02	宫艺灯饰成品库	SCID101201119	百合牌 台灯	200.00	未审核	追加产量

1 共1行 页码1/1 转 0 页

新增(A)　返回(R)

图 9-6

(4)物流公司成品入库单

在制造商界面,点击“物流服务”功能菜单下的“成品入库”,点击“新增”按钮,新增成品入库的物流服务单,如图9-7所示。

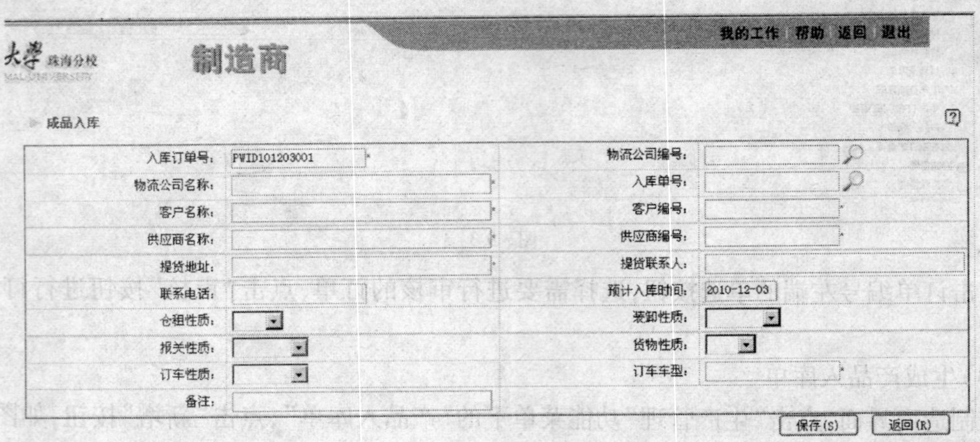

图 9-7

填写相应订单信息,点击“保存”按钮,完成订单的新增,如图9-8所示。

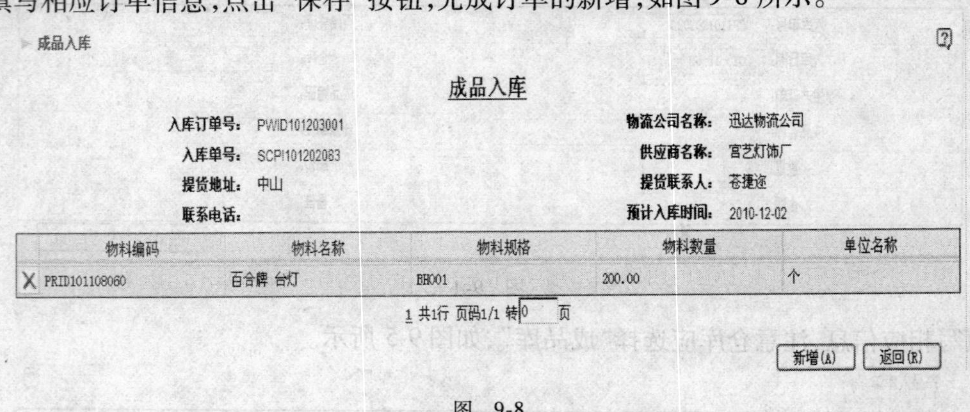

物料编码	物料名称	物料规格	物料数量	单位名称
X PRID101108060	百合牌 台灯	BH001	200.00	个

图 9-8

9.3 物流公司产品运输与入库

(1)入库订单查询

在物流公司界面,点击“订单”模块后,进入订单模块页面,如图9-9所示。

点击“订单输入”功能菜单下的“入库订单”菜单项,如图9-10所示。

点击“入库订单号”,查看订单情况,如图9-11所示。

点击“明细”按钮,进入明细查询页面,如图9-12所示。

图 9-9

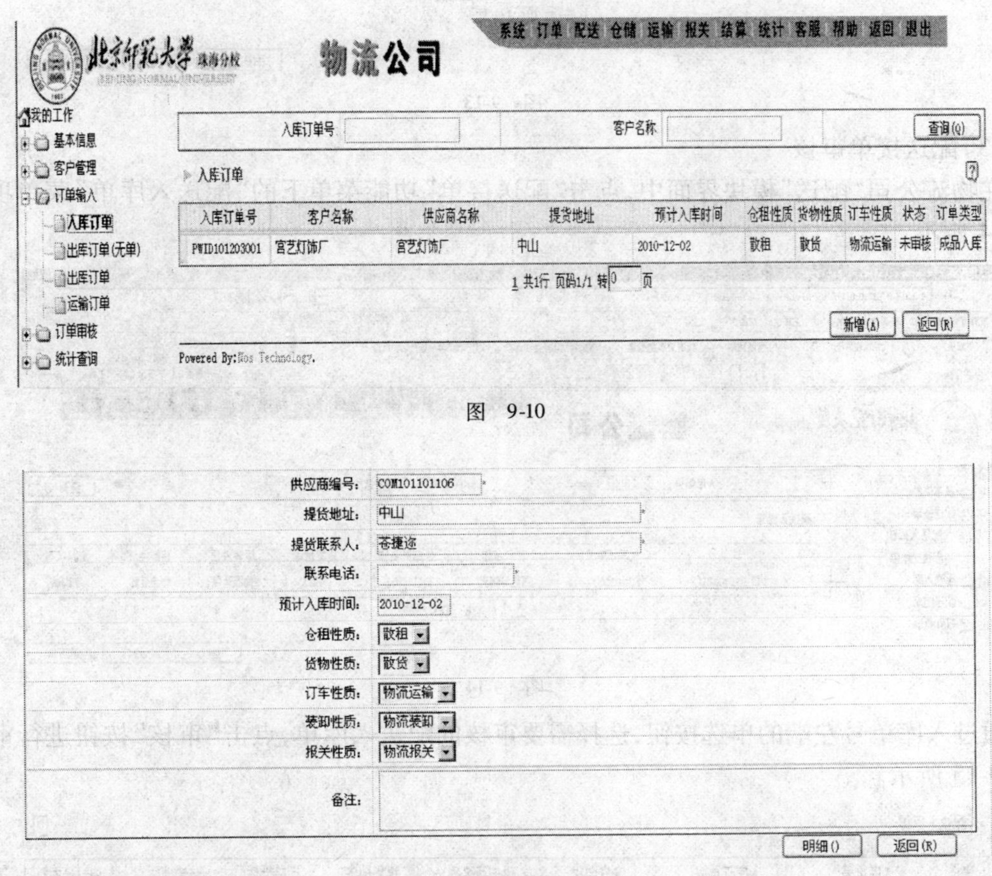

图 9-10

图 9-11

(2)入库订单审核

在物流公司"订单"界面，点击"订单审核"功能菜单下的"入库订单"，点击左端的"选择"按钮，并"审核"，完成入库订单接单审核，如图 9-13 所示。

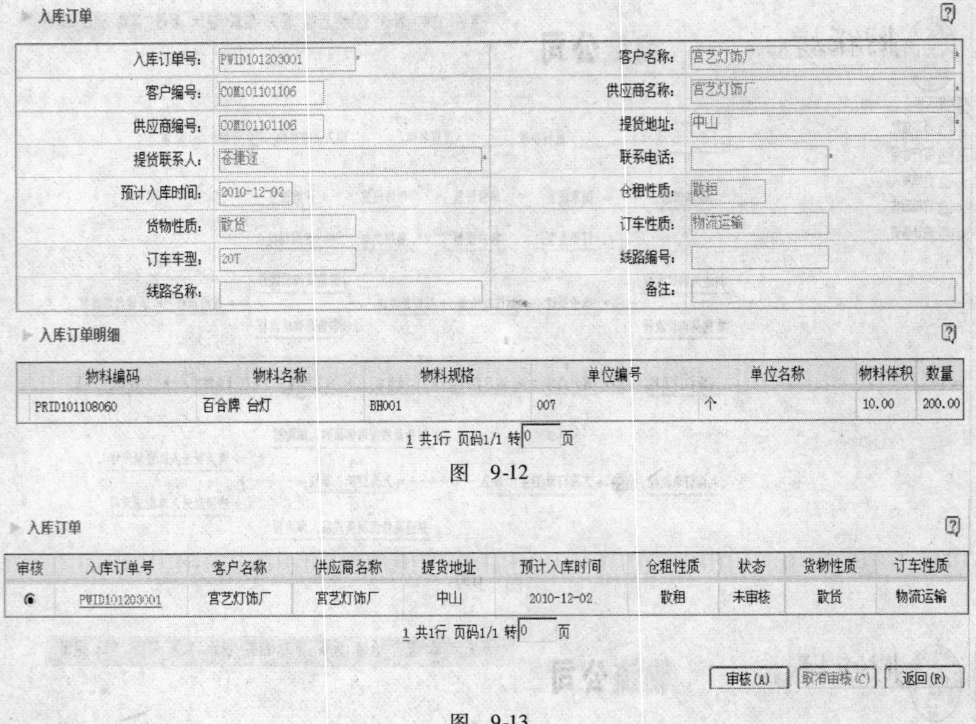

入库订单

入库订单号:	PWID101203001	客户名称:	宫艺灯饰厂
客户编号:	COM101101106	供应商名称:	宫艺灯饰厂
供应商编号:	COM101101106	提货地址:	中山
提货联系人:	容捷远	联系电话:	
预计入库时间:	2010-12-02	仓租性质:	散租
货物性质:	散货	订车性质:	物流运输
订车车型:	20T	线路编号:	
线路名称:		备注:	

入库订单明细

物料编码	物料名称	物料规格	单位编号	单位名称	物料体积	数量
PRID101108060	百合牌 台灯	BH001	007	个	10.00	200.00

1 共1行 页码1/1 转 0 页

图 9-12

入库订单

审核	入库订单号	客户名称	供应商名称	提货地址	预计入库时间	仓租性质	状态	货物性质	订车性质
●	PWID101203001	宫艺灯饰厂	宫艺灯饰厂	中山	2010-12-02	散租	未审核	散货	物流运输

1 共1行 页码1/1 转 0 页

审核(A) 取消审核(C) 返回(R)

图 9-13

(3)配送接单审核

在物流公司"配送"模块界面中,点击"配送接单"功能菜单下的"配送入库单"菜单项,如图 9-14 所示。

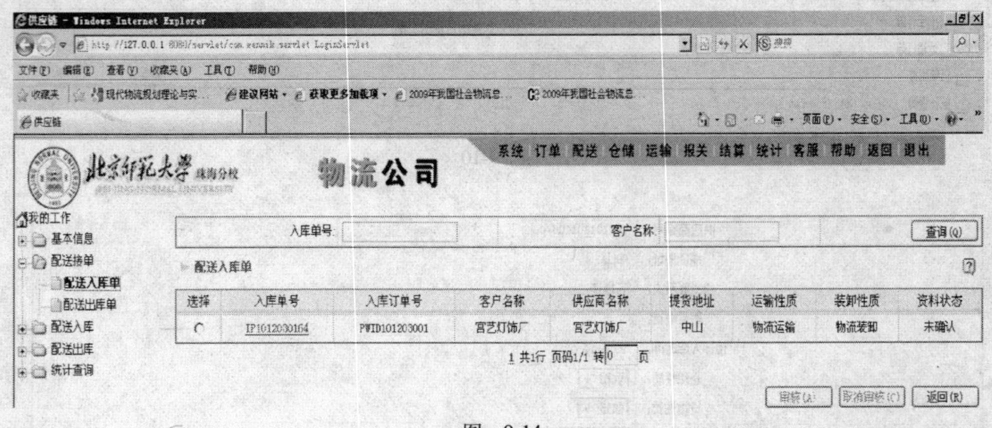

图 9-14

通过入库单号左端的单选按钮,选择需要审核的配送入库单,点击"审核"按钮进行审核,如图 9-15 所示。

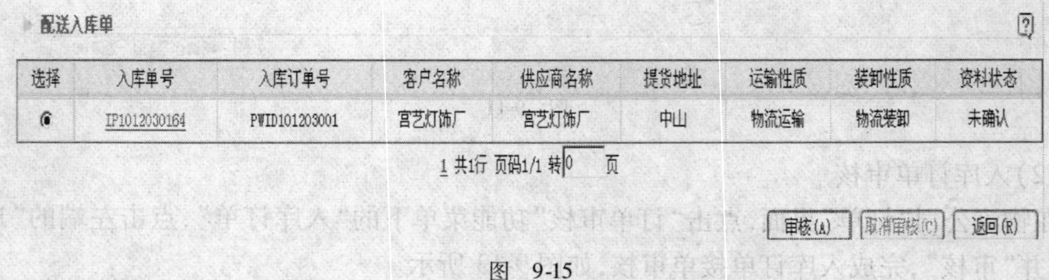

配送入库单

选择	入库单号	入库订单号	客户名称	供应商名称	提货地址	运输性质	装卸性质	资料状态
●	IP1012030164	PWID101203001	宫艺灯饰厂	宫艺灯饰厂	中山	物流运输	物流装卸	未确认

1 共1行 页码1/1 转 0 页

审核(A) 取消审核(C) 返回(R)

图 9-15

审核后，出现配送地点确认页面，如图 9-16 所示。

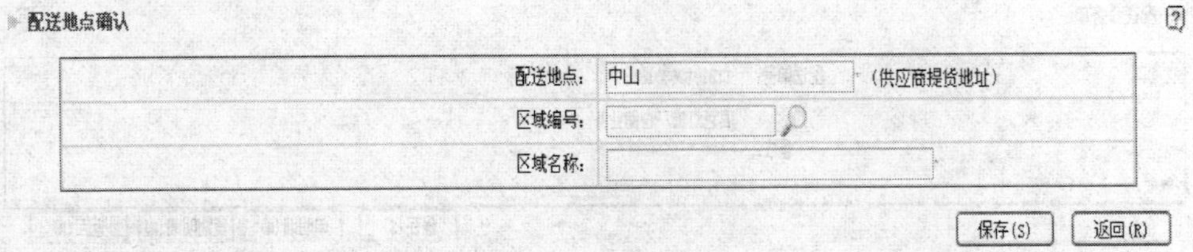

配送地点确认

配送地点：中山 （供应商提货地址）

区域编号：

区域名称：

保存(S) 返回(R)

图 9-16

点击区域编号的查询按钮，选择配送区域编号，区域名称自动进行关联，如图 9-17 所示。

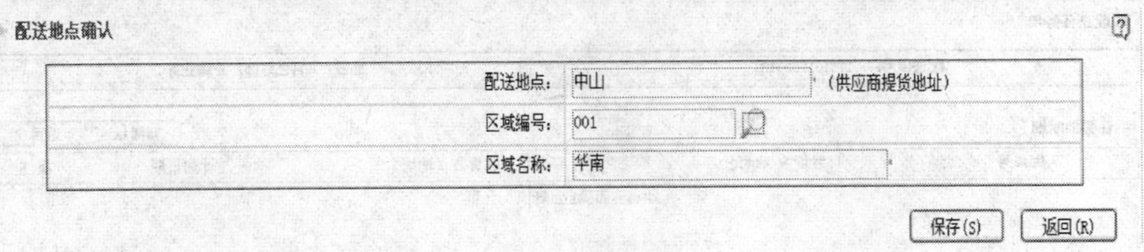

图 9-17

(4)配送入库单新增

在物流公司“配送”模块界面，点击“配送入库”功能菜单下的“配送任务单”菜单项，如图 9-18 所示。

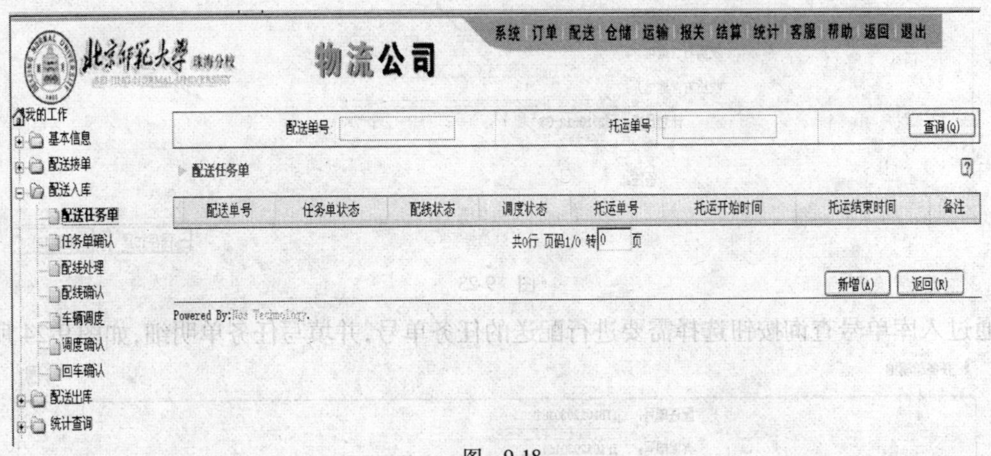

图 9-18

点击“新增”按钮，进行配送任务单的新增，如图 9-19 所示。

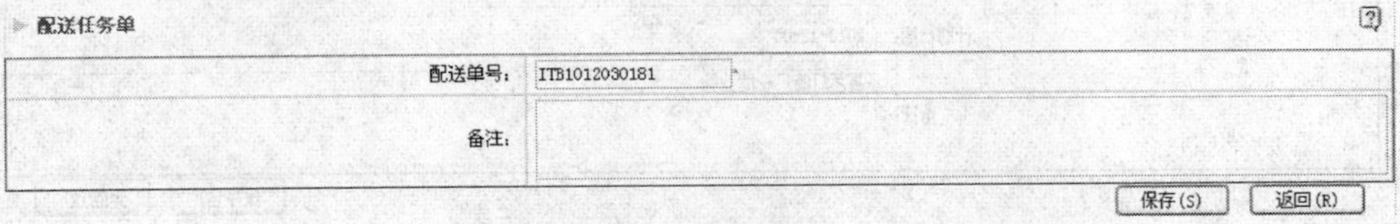

配送任务单

配送单号：ITB1012030181

备注：

保存(S) 返回(R)

图 9-19

填写备注信息后进行保存，如图 9-20 所示。

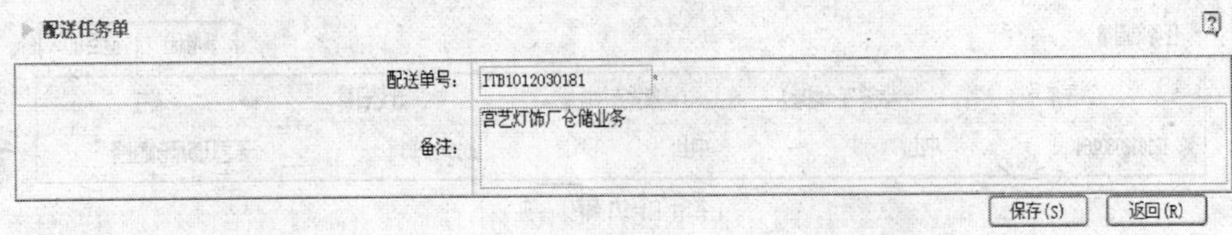

图 9-20

点击“保存”后，出现配送任务单明细添加页面，如图 9-21 所示。

配送任务单

配送单号：ITB1012030181

备注：宫艺灯饰厂仓储业务

保存(S) 单明细(M) 货物明细(M) 返回(R)

图 9-21

点击“单明细”按钮，进入配送任务单新增页面，如图 9-22 所示。

配送任务单

配送单号：ITB1012030181 备注：宫艺灯饰厂仓储业务

任务单明细

新增(A) 返回(R)

入库单号	发货方（地址）	收货方（地址）	计划日期	备注

共0行 页码1/0 转 0 页

图 9-22

点击“新增”按钮，增加配送任务单，如图 9-23 所示。

任务单明细

配送单号：ITB1012030181

入库单号：

发货方（地址）：

收货方（地址）：

计划日期：2010-12-03

备注：

保存(S) 返回(R)

图 9-23

通过入库单号查询按钮选择需要进行配送的任务单号，并填写任务单明细，如图 9-24 所示。

任务单明细

配送单号：ITB1012030181

入库单号：IP1012030164

发货方（地址）：中山

收货方（地址）：中山

计划日期：2010-12-03

备注：宫艺灯饰厂仓储业务

保存(S) 返回(R)

图 9-24

完成单明细后进行保存，出现如图 9-25 所示页面。

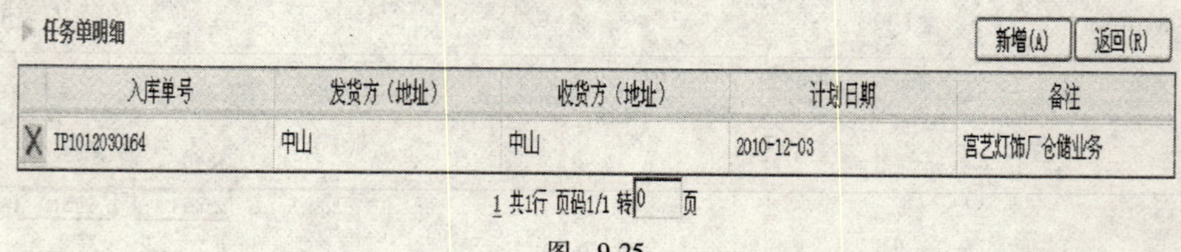

任务单明细

新增(A) 返回(R)

入库单号	发货方（地址）	收货方（地址）	计划日期	备注
X IP1012030164	中山	中山	2010-12-03	宫艺灯饰厂仓储业务

1 共1行 页码1/1 转 0 页

图 9-25

点击“返回”回到任务单页面，如图 9-26 所示。

图 9-26

点击“货物明细”，查看配送任务单货物明细，如图 9-27 所示。

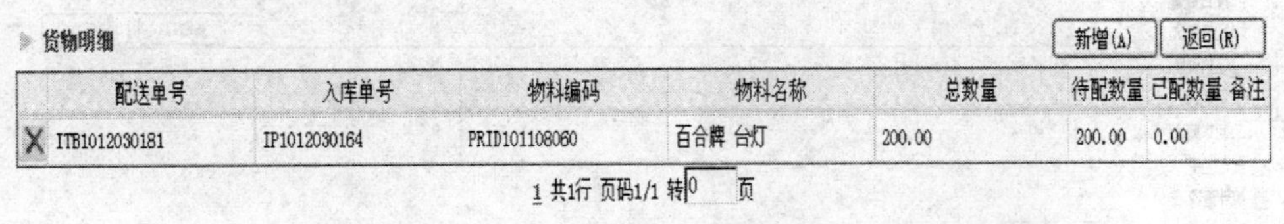
货物明细

配送单号	入库单号	物料编码	物料名称	总数量	待配数量	已配数量	备注
ITB1012030181	IP1012030164	PRID101108060	百合牌 台灯	200.00	200.00	0.00	

图 9-27

(5)配送任务单确认

在物流公司“配送”模块界面，点击“配送入库”功能菜单下的“任务单确认”菜单项，如图 9-28 所示。

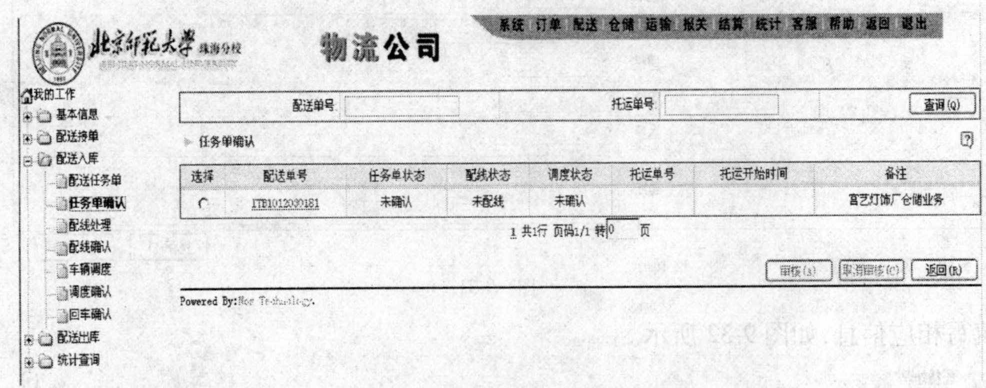

图 9-28

通过配送单号左端的单选按钮，选择需要审核的配送单，点击“审核”按钮进行任务单审核，如图 9-29 所示。

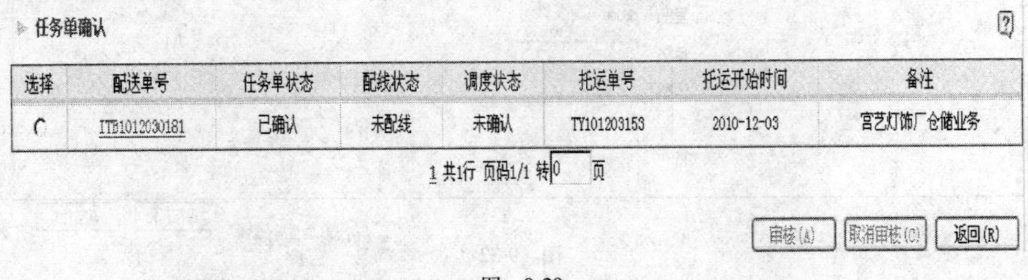
任务单确认

选择	配送单号	任务单状态	配线状态	调度状态	托运单号	托运开始时间	备注
○	ITB1012030181	已确认	未配线	未确认	TY101203153	2010-12-03	宫艺灯饰厂仓储业务

图 9-29

(6)配线处理

在物流公司“配送”界面，点击“配送入库”功能菜单下的“配线处理”菜单项，如图 9-30 所示。

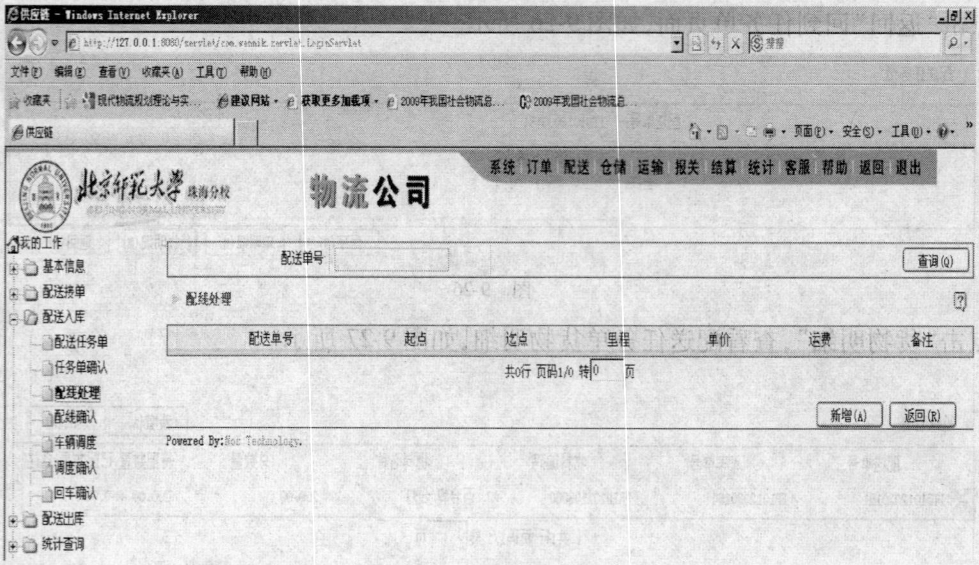

图 9-30

点击"新增"按钮,如图 9-31 所示。

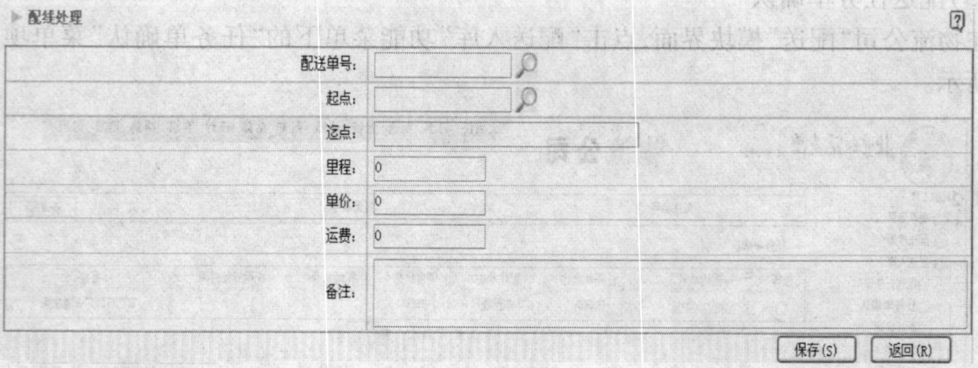

图 9-31

填写相应信息,如图 9-32 所示。

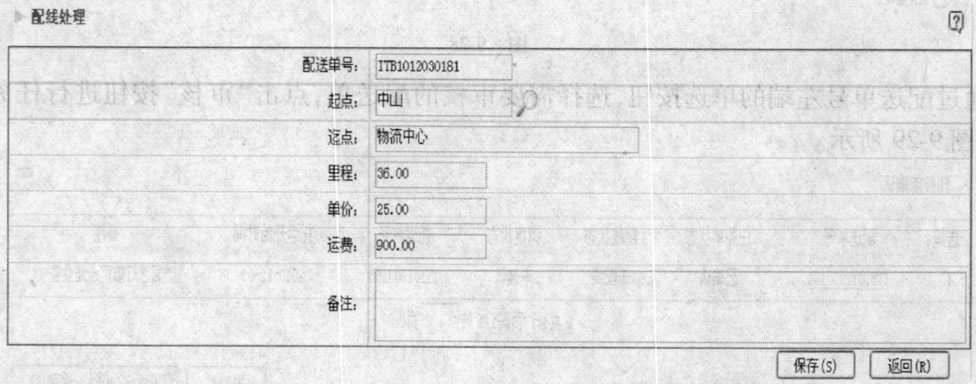

图 9-32

"保存"后,如图 9-33 所示。

(7)配线确认

在物流公司"配送"界面,点击"配送入库"功能菜单下的"配线确认"菜单项,如图 9-34 所示。

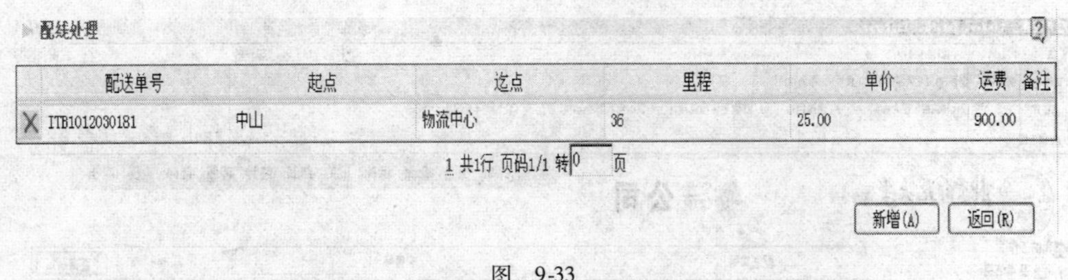

配送单号	起点	迄点	里程	单价	运费	备注
ITB1012030181	中山	物流中心	36	25.00	900.00	

图 9-33

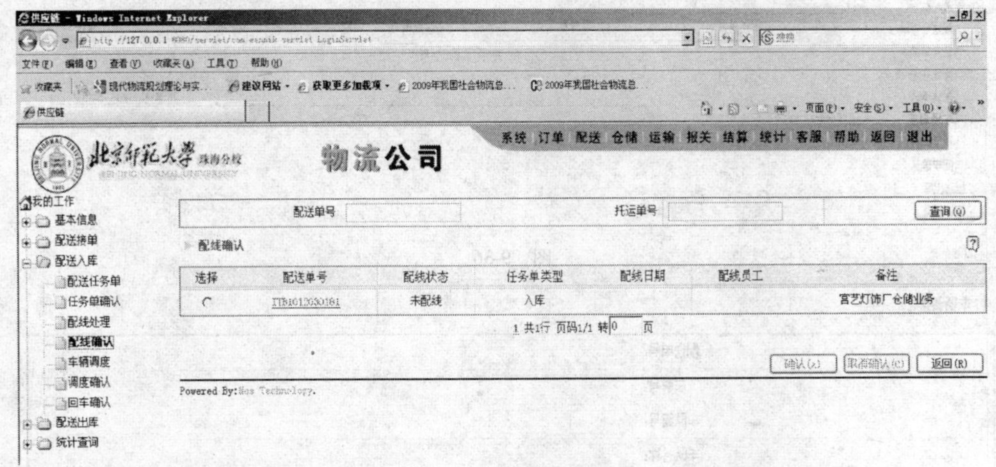

图 9-34

点击左端的单选按钮，并进行配送单"确认"，如图 9-35 所示。

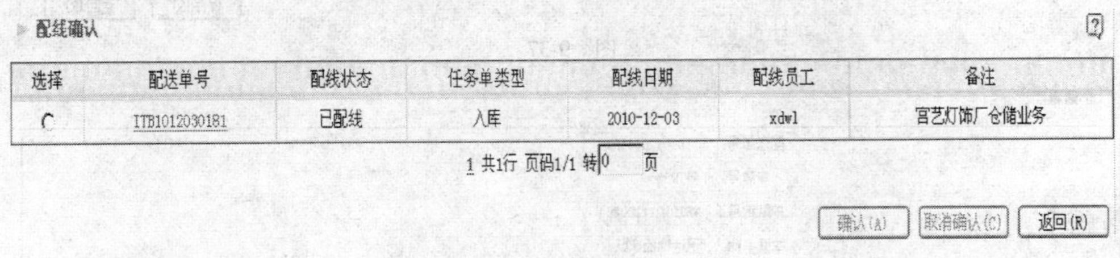

选择	配送单号	配线状态	任务单类型	配线日期	配线员工	备注
○	ITB1012030181	已配线	入库	2010-12-03	xdwl	宫艺灯饰厂仓储业务

图 9-35

(8) 车辆调度

在物流公司"配送"界面，点击"配送入库"功能菜单下的"车辆调度"菜单项，如图 9-36 所示。

点击"新增"按钮，进入车辆调度新增页面，如图 9-37 所示。

填写相应信息，如图 9-38 所示。

点击"保存"按钮，完成车辆调度单的新增。

(9) 调度确认

在物流公司"配送"界面，点击"配送入库"功能菜单下的"调度确认"菜单项，如图 9-39 所示。

通过配送单号左端的单选按钮，选择需要进行确认的配送单，点击"确认"按钮进行确认，如图 9-40 所示。

(10) 回车确认(该操作代表运输过程已经完成)

在物流公司"配送"界面，点击"配送入库"功能菜单下的"回车确认"菜单项，如图 9-41 所示。

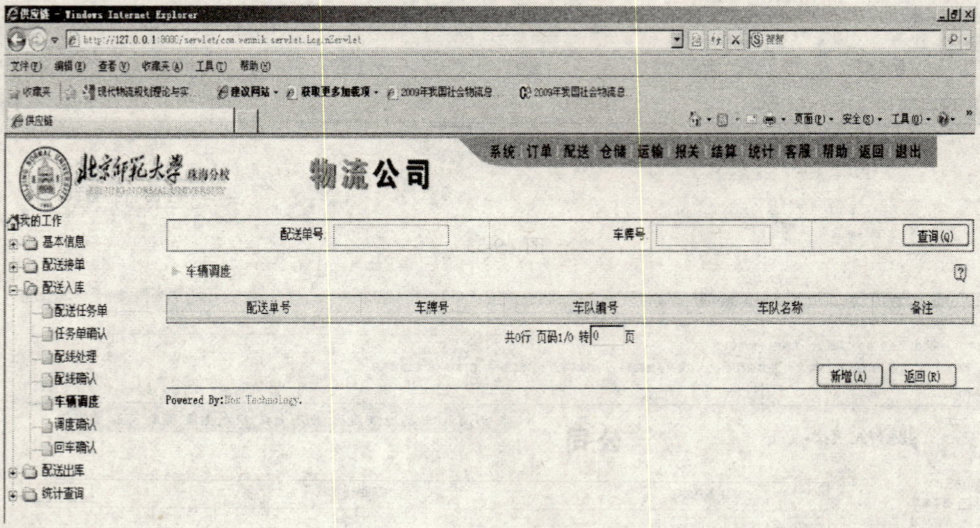

图 9-36

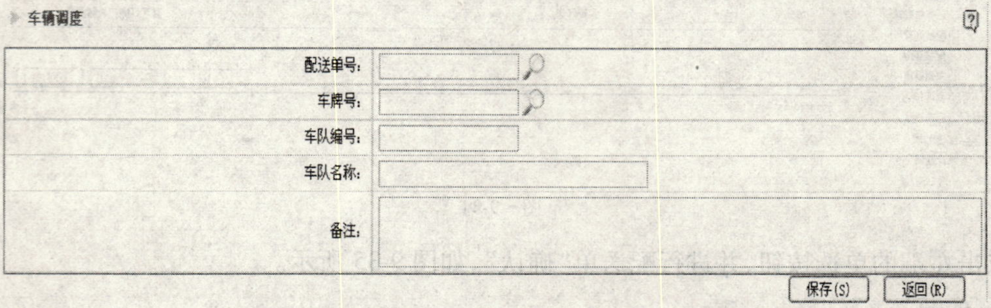

图 9-37

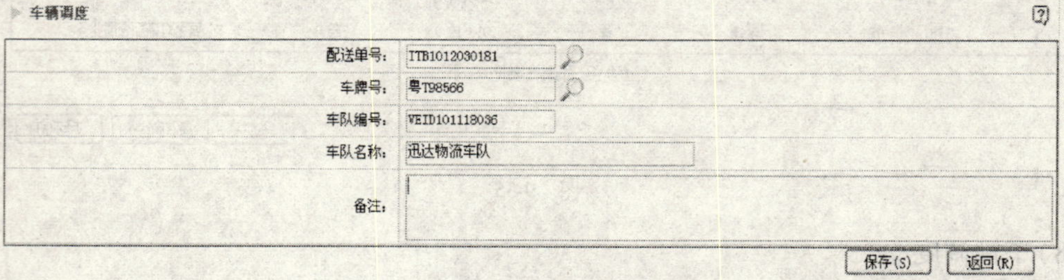

图 9-38

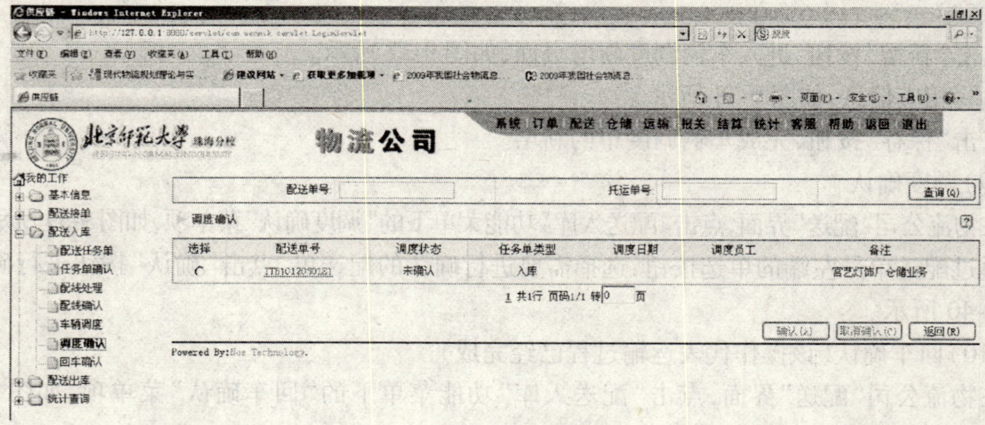

图 9-39

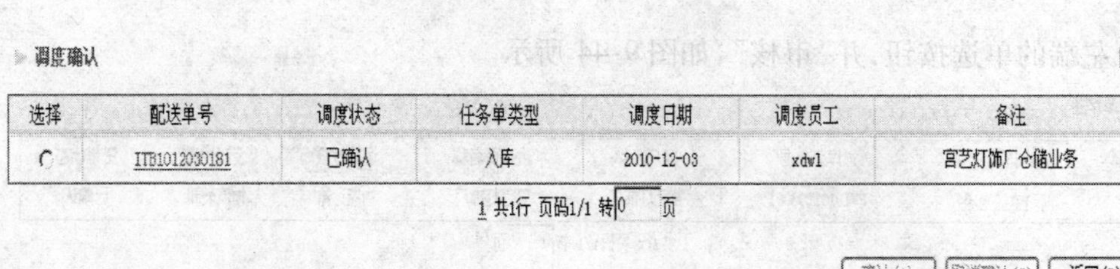

图 9-40

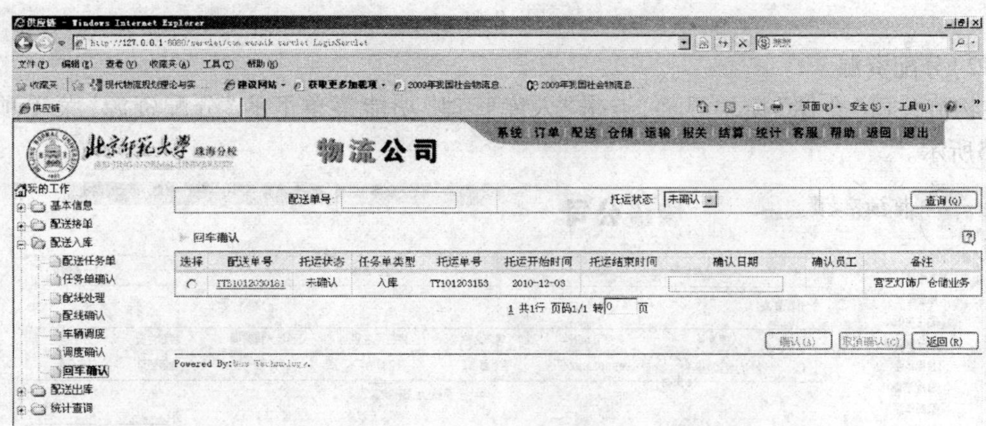

图 9-41

填写“确认日期”后，点击左端的单选按钮，并“确认”，如图9-42所示。

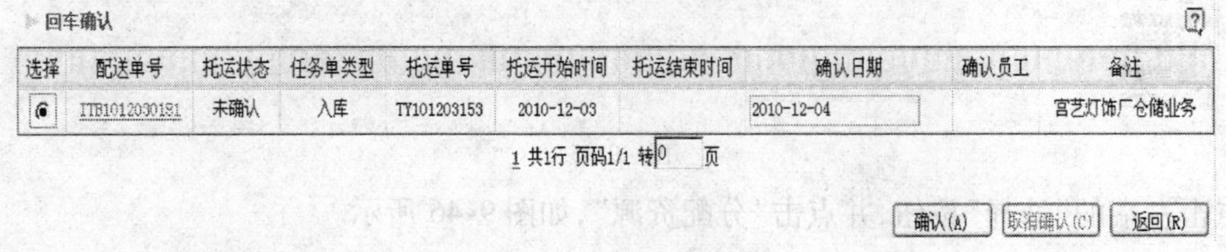

图 9-42

(11)仓储入库接单作业

在物流公司“仓储”模块界面，点击“入库管理”功能菜单下的“接单作业”菜单项，如图9-43所示。

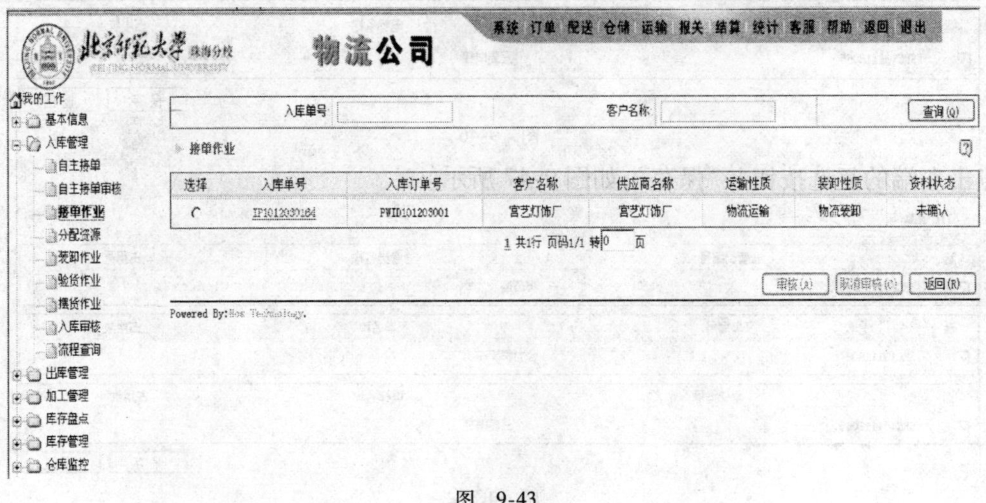

图 9-43

点击左端的单选按钮，并“审核”，如图 9-44 所示。

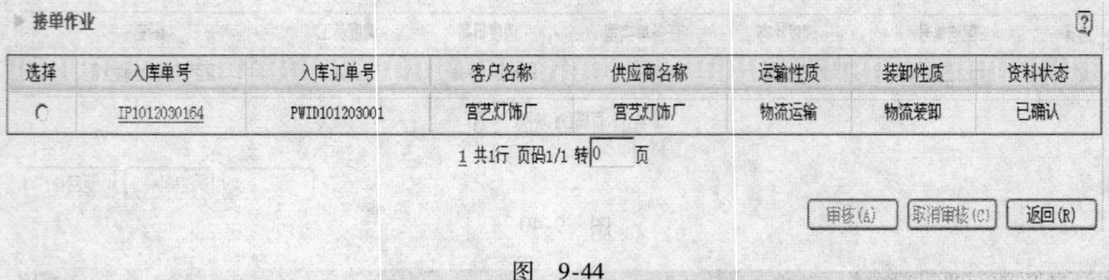

接单作业

选择	入库单号	入库订单号	客户名称	供应商名称	运输性质	装卸性质	资料状态
○	IP1012030154	PWID101203001	宫艺灯饰厂	宫艺灯饰厂	物流运输	物流装卸	已确认

1 共1行 页码1/1 转 0 页

审核(A) 取消审核(C) 返回(R)

图 9-44

(12)分配资源

在物流公司“仓储”模块界面，点击“入库管理”功能菜单下的“分配资源”菜单项，如图 9-45所示。

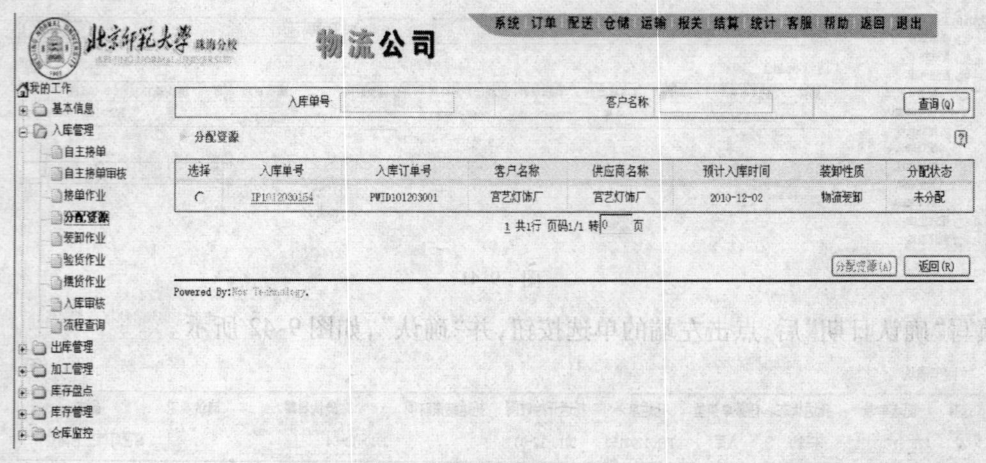

图 9-45

点击左端的“选择”按钮，并点击“分配资源”，如图 9-46 所示。

分配资源

选	仓管员编号	仓管员名称	占用数
□	SRC101118063	窦苗苗	0

选	叉车编号	叉车名称	占用数
□	SRC101118064	合力牌叉车	0

选	电梯编号	电梯名称	占用数
□	SRC101118065	三菱电梯	0

保 存　返 回

图 9-46

点击左端的复选按钮并“保存”，如图 9-47 所示。

分配资源

选	仓管员编号	仓管员名称	占用数
☑	SRC101118063	窦苗苗	1

选	叉车编号	叉车名称	占用数
☑	SRC101118064	合力牌叉车	1

选	电梯编号	电梯名称	占用数
☑	SRC101118065	三菱电梯	1

保 存　返 回

图 9-47

(13) 装卸作业

在物流公司"仓储"模块界面中，点击"入库管理"功能菜单下的"装卸作业"菜单项，如图9-48所示。

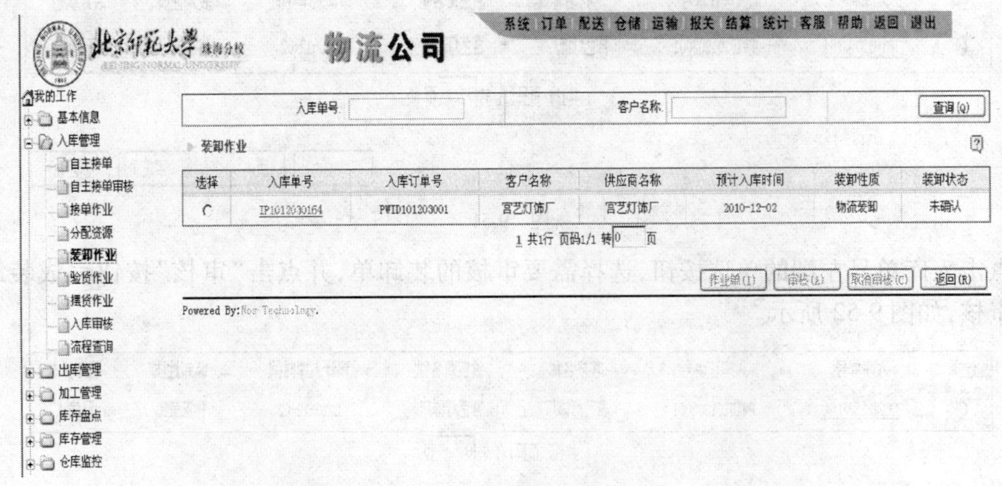

图 9-48

点击左端的"选择"按钮，并点击"作业单"后，进入作业单制作页面，如图9-49所示。

▶ 装卸作业

装 卸 作 业 单

入库单号： IP1012030164　　**订单号：** PWID101203001

客户名称： 宫艺灯饰厂　　**供应商名称：** 宫艺灯饰厂

装卸性质： 物流装卸　　**货物性质：** 散货

总体积：	10.00000 (立方米)	总重量：	60.00000 (吨)
总价值：	28800.00000 (人民币元)	总件数：	0 (件)
计费依据：	重量(吨)	装卸类型：	◉ 委托 ○ 代理
装卸公司：		装卸员工：	
备注：			

图 9-49

填写相应信息，如图9-50所示。

装 卸 作 业 单

入库单号： IP1012030164　　**订单号：** PWID101203001

客户名称： 宫艺灯饰厂　　**供应商名称：** 宫艺灯饰厂

装卸性质： 物流装卸　　**货物性质：** 散货

总体积：	10.00 (立方米)	总重量：	60.00 (吨)
总价值：	28800.00 (人民币元)	总件数：	200.00 (件)
计费依据：	重量(吨)	装卸类型：	◉ 委托 ○ 代理
装卸公司：		装卸员工：	张卓彤
备注：	物流公司自己装卸		

保存(S)　作废(D)　返回(R)

图 9-50

点击“保存”按钮后，返回装卸作业页面，如图9-51所示。

▶ 装卸作业

选择	入库单号	入库订单号	客户名称	供应商名称	预计入库时间	装卸性质	装卸状态
○	IP1012030164	PWID101203001	宫艺灯饰厂	宫艺灯饰厂	2010-12-02	物流装卸	未确认

1 共1行 页码1/1 转0 页

作业单(I) 审核(A) 取消审核(C) 返回(R)

图 9-51

点击入库单号左端的单选按钮，选择需要审核的装卸单，并点击“审核”按钮完成装卸作业的审核，如图9-52所示。

选择	入库单号	入库订单号	客户名称	供应商名称	预计入库时间	装卸性质	装卸状态
○	IP1012030164	PWID101203001	宫艺灯饰厂	宫艺灯饰厂	2010-12-02	物流装卸	已确认

1 共1行 页码1/1 转0 页

作业单(I) 审核(A) 取消审核(C) 返回(R)

图 9-52

(14)验货作业

在物流公司“仓储”界面，点击“入库管理”功能菜单下的“验货作业”菜单项，如图9-53所示。

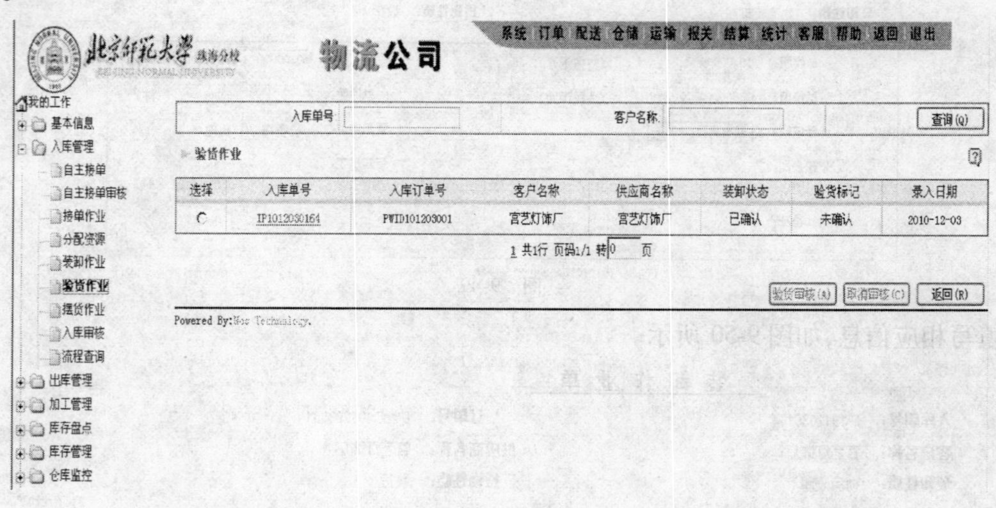

图 9-53

点击需要进行验货操作的入库单，进入入库作业单验货页面，如图9-54所示。

输入实收数量，并填写验货说明后进行提交，如图9-55所示。

通过单选按钮选择完成验货操作的入库单，点击“验货审核”按钮，进行验货审核操作，如图9-56所示。

(15)摆货作业

在物流公司“仓储”模块界面中，点击“入库管理”功能菜单下的“摆货作业”菜单项，如图9-57所示。

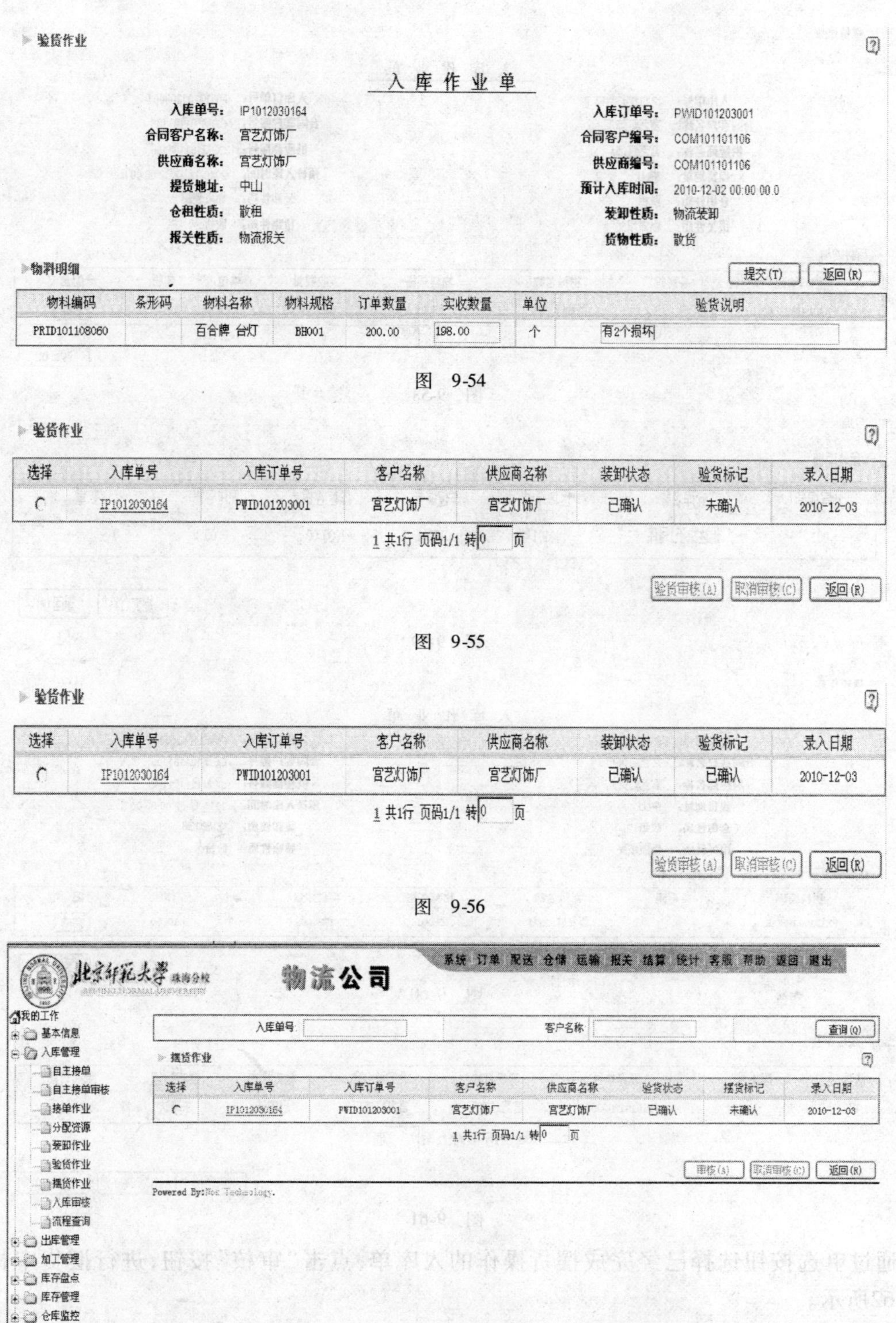

图 9-54

图 9-55

图 9-56

图 9-57

点击需要进行摆货作业的入库单号，进入摆货作业详细页面，如图 9-58 所示。

点击物料明细中的分配仓位字段下的“仓位”按钮，进行库位摆货，如图 9-59 所示。

填写摆货数量后“提交”，完成摆货操作，如图 9-60 所示。

点击“返回”按钮，回到摆货审核页面，如图 9-61 所示。

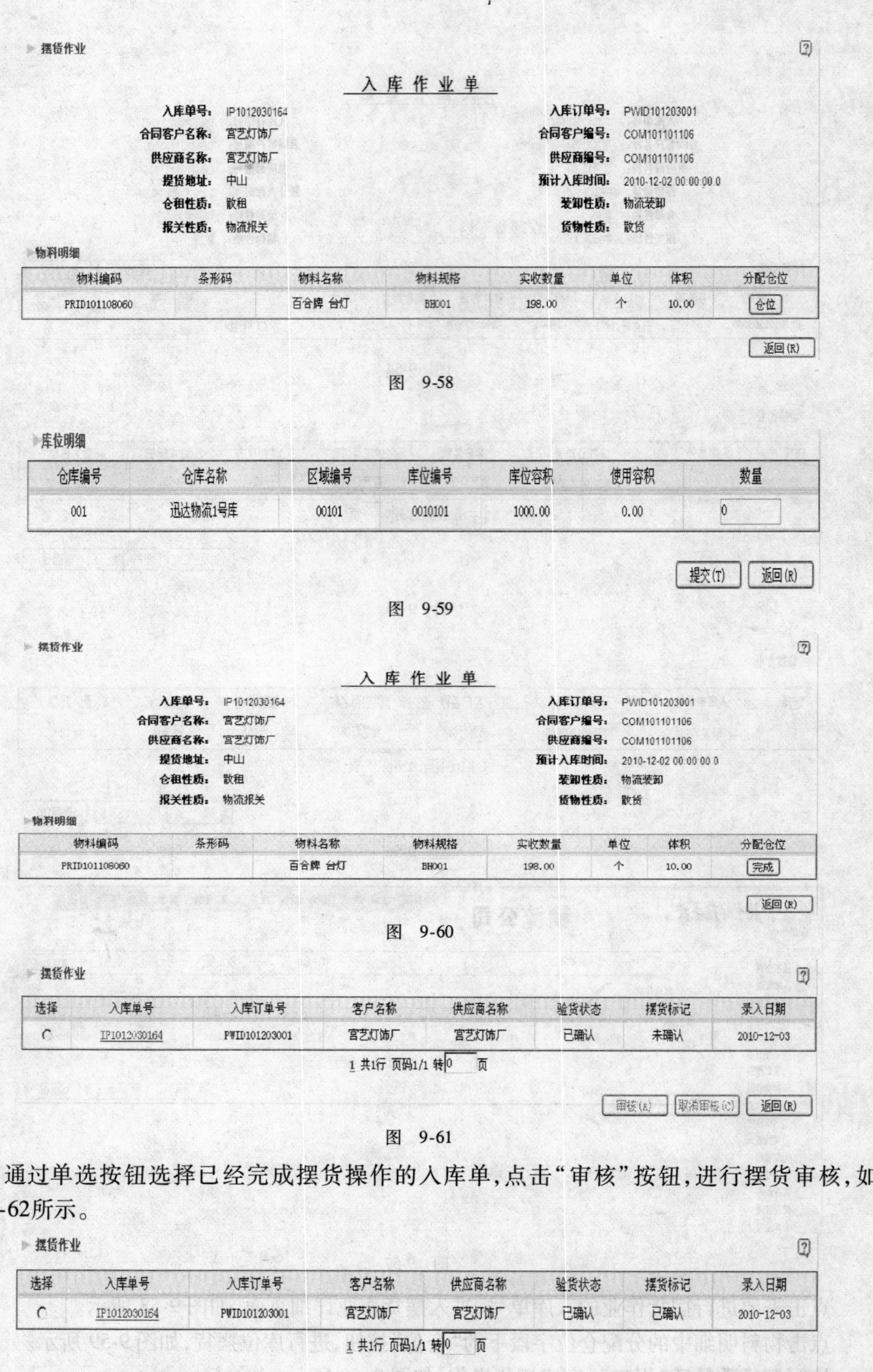

▶摆货作业

入 库 作 业 单

入库单号：IP1012030164　　入库订单号：PWID101203001
合同客户名称：宫艺灯饰厂　　合同客户编号：COM101101106
供应商名称：宫艺灯饰厂　　供应商编号：COM101101106
提货地址：中山　　预计入库时间：2010-12-02 00:00:00.0
仓租性质：散租　　装卸性质：物流装卸
报关性质：物流报关　　货物性质：散货

▶物料明细

物料编码	条形码	物料名称	物料规格	实收数量	单位	体积	分配仓位
PRID101108060		百合牌 台灯	BH001	198.00	个	10.00	仓位

返回(R)

图 9-58

▶库位明细

仓库编号	仓库名称	区域编号	库位编号	库位容积	使用容积	数量
001	迅达物流1号库	00101	0010101	1000.00	0.00	0

提交(T)　返回(R)

图 9-59

▶摆货作业

入 库 作 业 单

入库单号：IP1012030164　　入库订单号：PWID101203001
合同客户名称：宫艺灯饰厂　　合同客户编号：COM101101106
供应商名称：宫艺灯饰厂　　供应商编号：COM101101106
提货地址：中山　　预计入库时间：2010-12-02 00:00:00.0
仓租性质：散租　　装卸性质：物流装卸
报关性质：物流报关　　货物性质：散货

▶物料明细

物料编码	条形码	物料名称	物料规格	实收数量	单位	体积	分配仓位
PRID101108060		百合牌 台灯	BH001	198.00	个	10.00	完成

返回(R)

图 9-60

▶摆货作业

选择	入库单号	入库订单号	客户名称	供应商名称	验货状态	摆货标记	录入日期
○	IP1012030164	PWID101203001	宫艺灯饰厂	宫艺灯饰厂	已确认	未确认	2010-12-03

1 共1行 页码1/1 转0 页

审核(A)　取消审核(C)　返回(R)

图 9-61

通过单选按钮选择已经完成摆货操作的入库单，点击“审核”按钮，进行摆货审核，如图9-62所示。

▶摆货作业

选择	入库单号	入库订单号	客户名称	供应商名称	验货状态	摆货标记	录入日期
○	IP1012030164	PWID101203001	宫艺灯饰厂	宫艺灯饰厂	已确认	已确认	2010-12-03

1 共1行 页码1/1 转0 页

审核(A)　取消审核(C)　返回(R)

图 9-62

(16)入库审核

在物流公司“仓储”模块界面中，点击“入库管理”功能菜单下的“入库审核”菜单项，如图9-63所示。

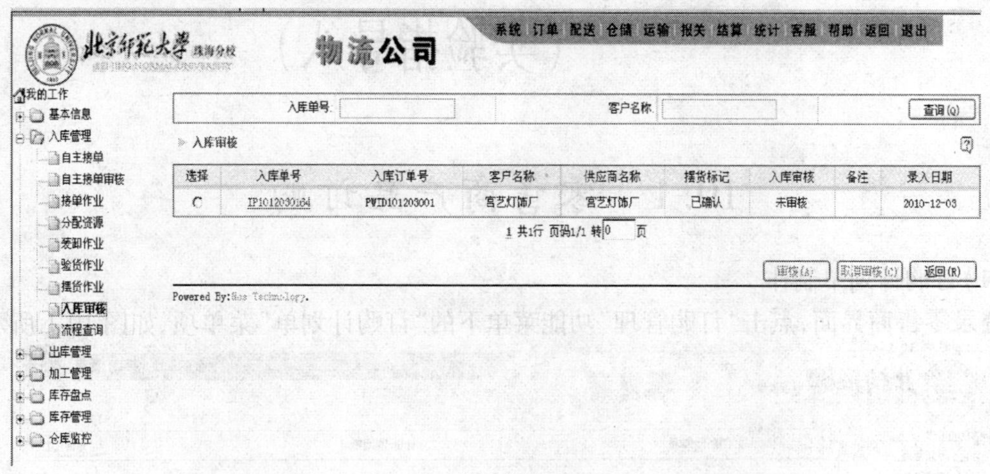

图 9-63

选择已经完成入库摆货审核操作的入库单号，点击“审核”按钮，进行入库审核操作，如图9-64所示。

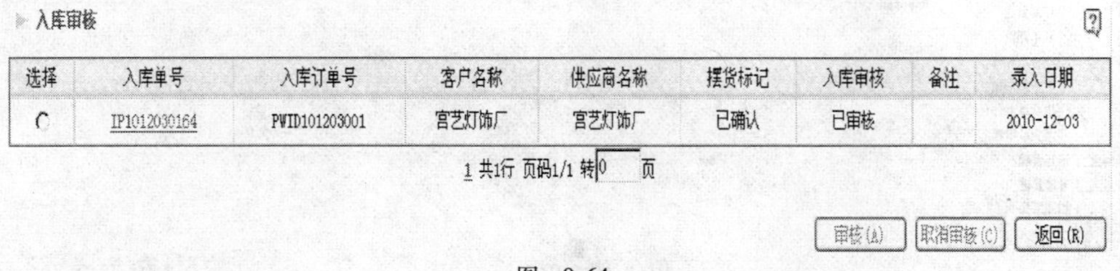

图 9-64

(17)制造商入库审核

在供应链角色登录界面“登录”制造商，点击“仓储管理”功能菜单下的“成品入库审核”菜单项，如图9-65所示。

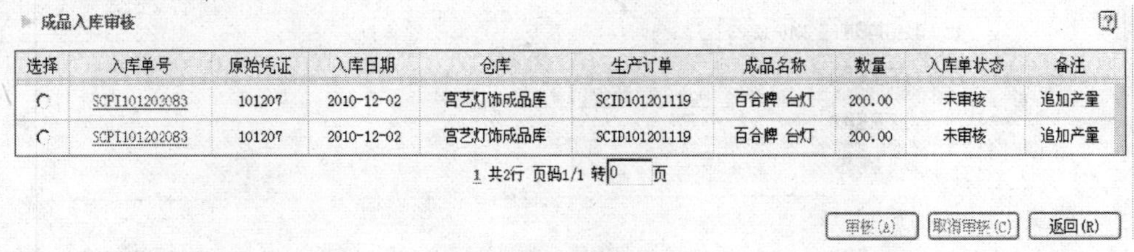

图 9-65

选择已经在物流公司完成入库操作的入库单，点击“审核”按钮进行成品入库审核，如图9-66所示。

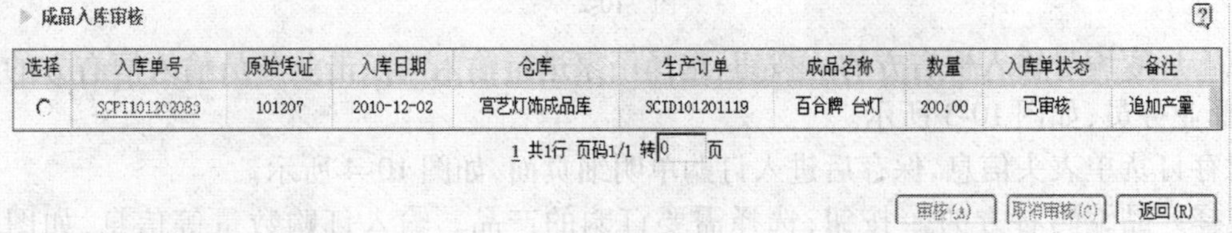

图 9-66

第10章　产品订购与销售（实验指导八）

10.1　零售商产品订购

(1)订购计划单制作

登录零售商界面,点击“订购管理”功能菜单下的“订购计划单”菜单项,如图 10-1 所示。

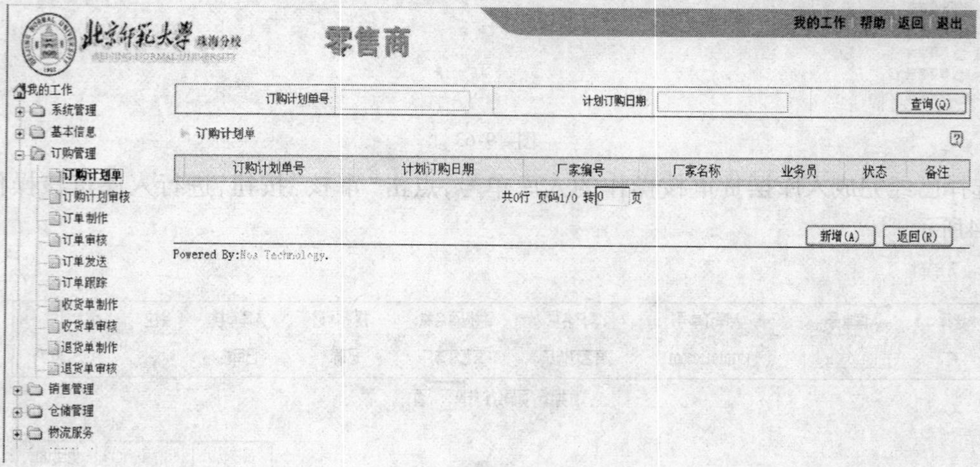

图　10-1

点击“新增”按钮,出现如图 10-2 所示订购计划单表头维护页面。

图　10-2

点击厂家编号输入框右方的按钮,选择厂家进行输入。点击业务员输入框右方的按钮,选择业务员,如图 10-3 所示。

保存订货单表头信息,保存后进入订购单明细页面,如图 10-4 所示。

选择产品编码右方的按钮,选择需要订购的产品。输入订购数量等信息,如图 10-5 所示。

订购计划单制作

订购单号:	PLAN10122324379
计划订购日期:	2010-12-23
厂家编号:	COM101101106
厂家名称:	宫艺灯饰厂
业务员:	EMP10111724242
备注:	根据基季节性需求，自主订货。

保存(S) 返回(R)

图 10-3

订购单号:	PLAN10122324379	计划订购日期:	2010-12-23
厂家编号:	COM101101106	厂家名称:	宫艺灯饰厂
业务员:	EMP10111724242		

订购单明细

产品编码:		产品名称:	
规格型号:		计量单位:	
计划数量:	0	单价:	0
金额:	0	备注:	

保存(S) 返回(R)

图 10-4

订购单号:	PLAN10122324379	计划订购日期:	2010-12-23
厂家编号:	COM101101106	厂家名称:	宫艺灯饰厂
业务员:	EMP10111724242		

订购单明细

产品编码:	PRID101108060	产品名称:	百合牌 台灯
规格型号:	BH001	计量单位:	个
计划数量:	80	单价:	144.00
金额:	11520	备注:	

保存(S) 返回(R)

图 10-5

保存订购单明细，回到明细添加页面，如图 10-6 所示。

订购单明细

	产品编码	产品名称	规格型号	计量单位	计划数量	单价	金额	备注
X	PRID101108060	百合牌 台灯	BH001	个	80.00	144.00	11520.00	

1 共1行 页码1/1 转0 页

新增(A) 返回(R)

图 10-6

(2)订购计划单审核

点击“订购管理”功能菜单下的“订购计划审核”菜单项，进入订购计划单审核页面，如图10-7所示。

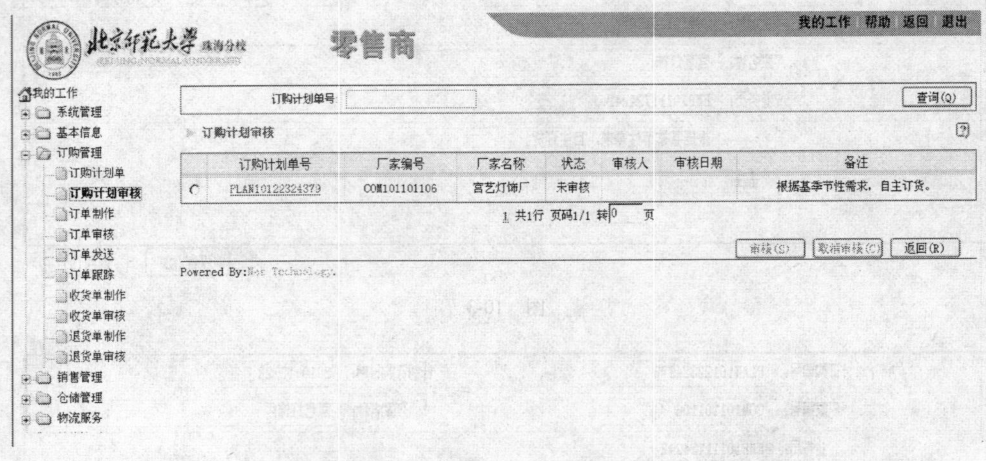

图 10-7

通过单选按钮选择需要审核的订购计划单，点击“审核”按钮，进行订购计划单的审核。

(3)订单制作

点击“订购管理”功能菜单下的“订单制作”点击“新增”按钮，出现如图10-8所示的订购单制作页面。

订单制作

订单号：	ORD10122324766
订单日期：	2010-12-23
订单类型：	
订购计划单：	
厂家编号：	
厂家名称：	
业务员：	
备注：	

保存(S) 返回(R)

图 10-8

填写相应信息，注意订单类型的选择，对于已经有订购计划单的情况，要进行商品订购则选择“参考订购计划单”，在订购计划单输入框右方点击查询按钮，选择订购计划单即出现如图10-9所示页面。

保存后，回到订单明细页面，在此也可新增订单产品，如图10-10所示。

(4)订单审核

点击“订购管理”功能菜单下的“订单审核”菜单项，如图10-11所示。

通过单选按钮选择需要审核的订单，点击“审核”按钮，完成订单审核。

(5)发送订单

点击“订购管理”功能菜单下的“订单发送”菜单项，如图10-12所示。

通过单选按钮选择需要发送的订货单，点击“发送”按钮，将订单发送给对应的制造商。

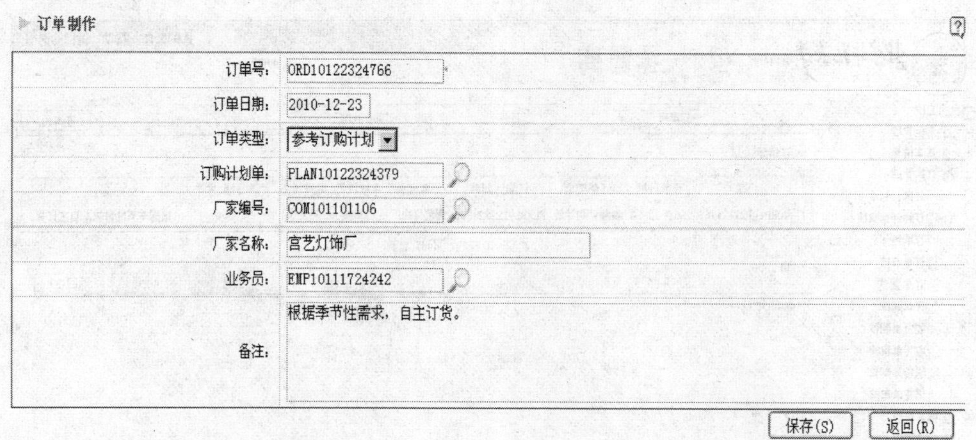

图 10-9

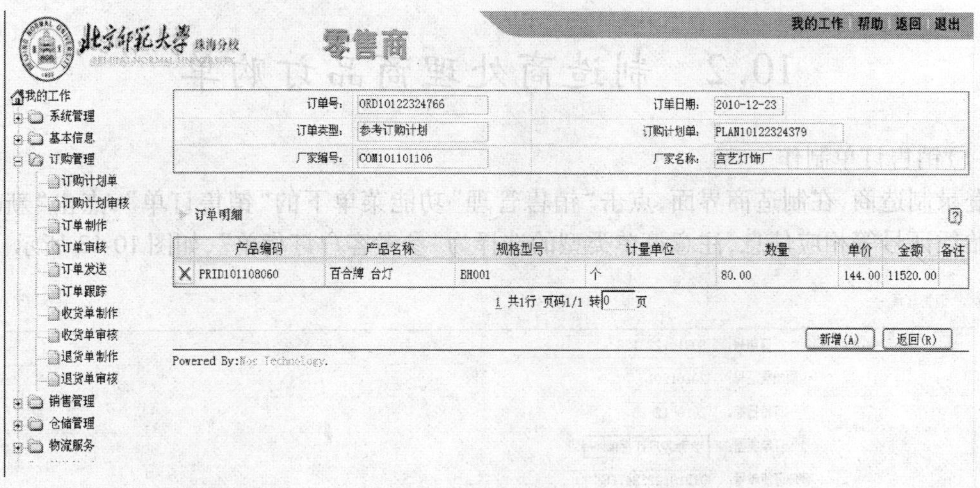

图 10-10

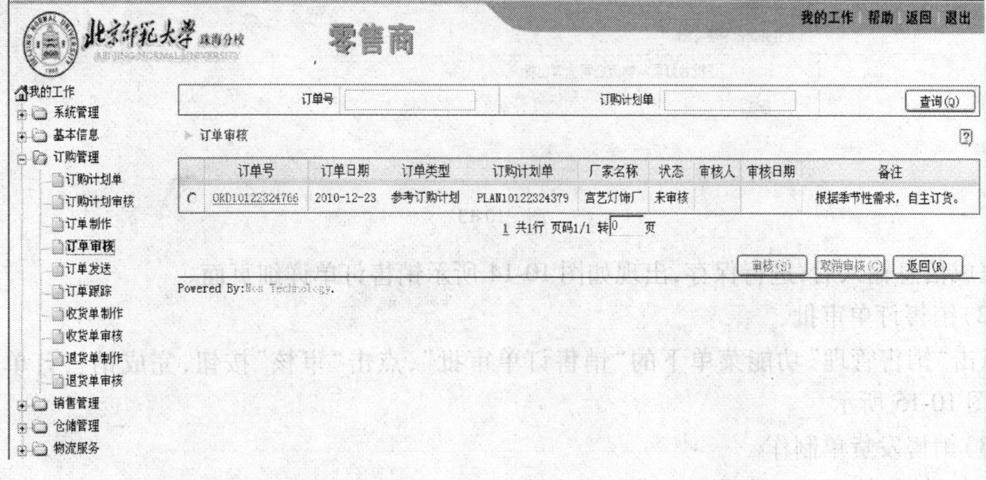

图 10-11

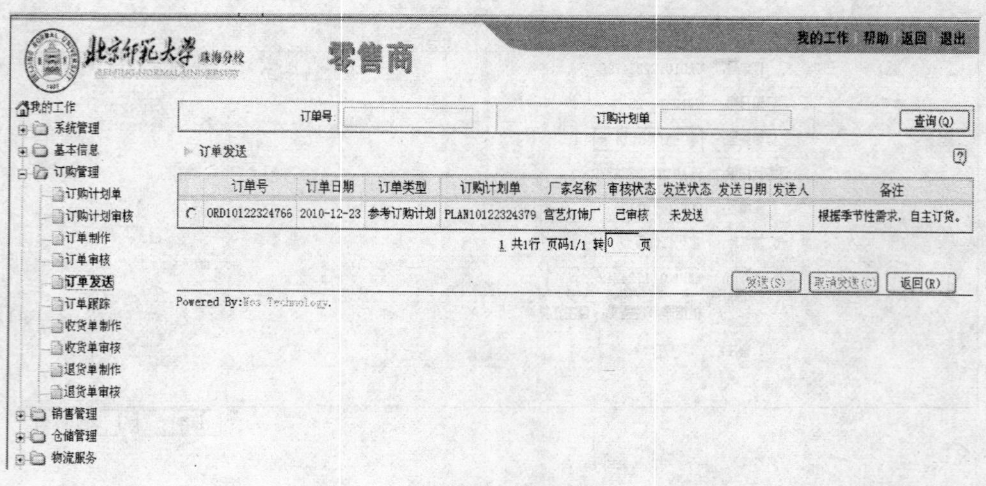

图 10-12

10.2 制造商处理商品订购单

(1)销售订单制作

登录制造商，在制造商界面，点击“销售管理”功能菜单下的“销售订单”，点击“新增”填写原始凭证号等相应信息，注意订单类型的选择为“参考客户订货单”，如图 10-13 所示。

▶ 销售订单

订单号:	SON101223123
原始凭证号:	20101201
订货日期:	2010-12-23
订单类型:	参考客户订货单
客户订货单号:	ORD10122324766
零售商编号:	COM101101107
零售商名称:	千叶连锁
交货日期:	2010-12-23
业务员:	李冬阳
备注:	该批台灯可从物流公司仓库出货

图 10-13

完成信息输入后，进行保存，出现如图 10-14 所示销售订单详细页面。

(2)销售订单审批

点击“销售管理”功能菜单下的“销售订单审批”，点击“审核”按钮，完成销售订单的审批，如图 10-15 所示。

(3)销售发货单制作

点击“销售管理”功能菜单下的“销售发货单”菜单项，进入销售发货单新增页面，如图 10-16所示。

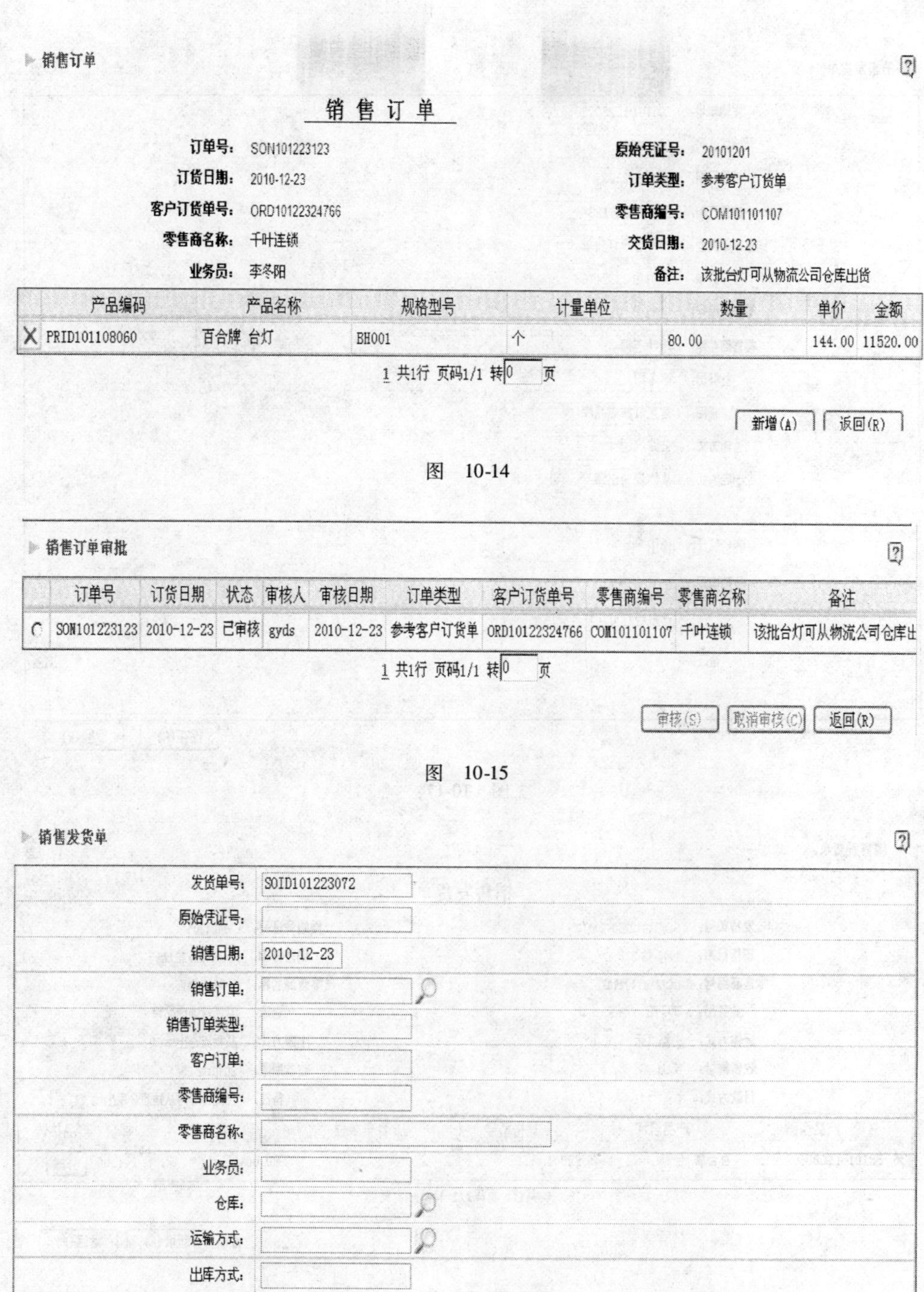

▶ 销售订单

销 售 订 单

订单号：SON101223123　　原始凭证号：20101201

订货日期：2010-12-23　　订单类型：参考客户订货单

客户订货单号：ORD10122324766　　零售商编号：COM101101107

零售商名称：千叶连锁　　交货日期：2010-12-23

业务员：李冬阳　　备注：该批台灯可从物流公司仓库出货

	产品编码	产品名称	规格型号	计量单位	数量	单价	金额
X	PRID101108060	百合牌 台灯	BH001	个	80.00	144.00	11520.00

1 共1行 页码1/1 转0 页

新增(A)　返回(R)

图 10-14

▶ 销售订单审批

	订单号	订货日期	状态	审核人	审核日期	订单类型	客户订货单号	零售商编号	零售商名称	备注
○	SON101223123	2010-12-23	已审核	gyds	2010-12-23	参考客户订货单	ORD10122324766	COM101101107	千叶连锁	该批台灯可从物流公司仓库出

1 共1行 页码1/1 转0 页

审核(S)　取消审核(C)　返回(R)

图 10-15

▶ 销售发货单

发货单号：	SOID101223072
原始凭证号：	
销售日期：	2010-12-23
销售订单：	
销售订单类型：	
客户订单：	
零售商编号：	
零售商名称：	
业务员：	
仓库：	
运输方式：	
出库方式：	

图 10-16

正确填写原始凭证号等相应信息，通过🔍按钮选择销售订单、销售出库仓库、运输方式等信息。完成后，出现如图 10-17 所示页面。

保存后，进入销售发货单产品拣选页面，如图 10-18 所示。

(4)确定销售发货数量

点击右侧的"分拣"按钮，进行发货单产品的分拣，如图 10-19 所示。

在"分配数量"栏填写销售数量并保存，如图 10-20 所示。

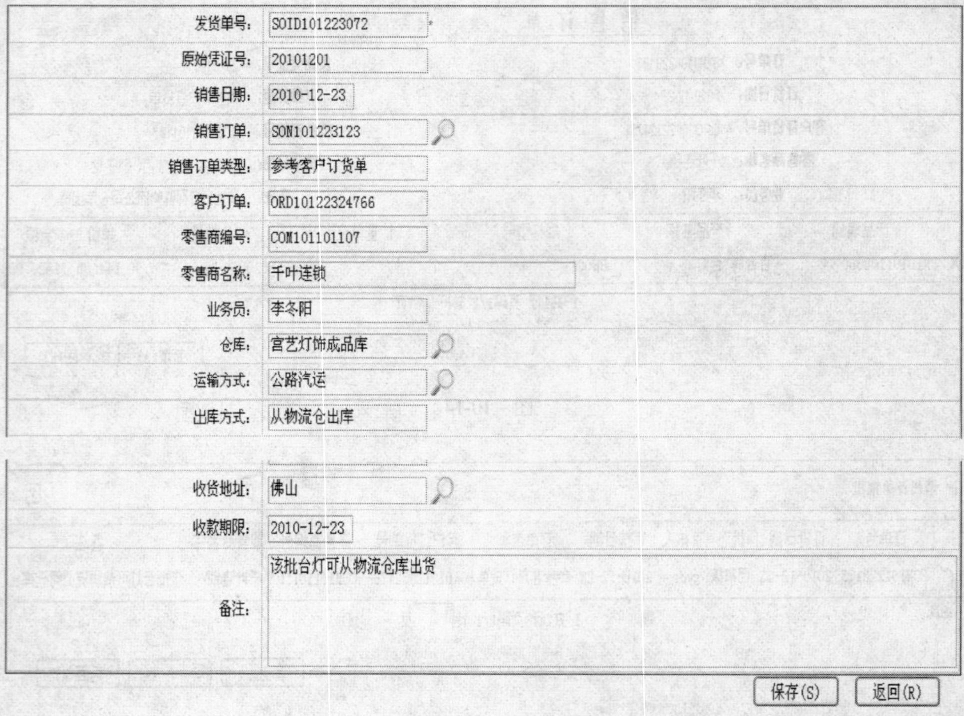

▶ 销售发货单

发货单号：SOID101223072

原始凭证号：20101201

销售日期：2010-12-23

销售订单：SON101223123

销售订单类型：参考客户订货单

客户订单：ORD10122324766

零售商编号：COM101101107

零售商名称：千叶连锁

业务员：李冬阳

仓库：宫艺灯饰成品库

运输方式：公路汽运

出库方式：从物流仓出库

收货地址：佛山

收款期限：2010-12-23

备注：该批台灯可从物流仓库出货

保存(S)　返回(R)

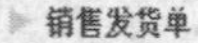

图　10-17

▶ 销售发货单

销售发货单

发货单号：SOID101223072　　原始凭证号：20101201

销售日期：2010-12-23　　销售订单：SON101223123

零售商编号：COM101101107　　零售商名称：千叶连锁

业务员：李冬阳　　仓库：宫艺灯饰成品库

运输方式：公路汽运　　出库方式：从物流仓出库

收货地址：佛山　　收款期限：2010-12-23

付款方式：0　　备注：该批台灯可从物流仓库出货

	产品编码	产品名称	规格型号	计量单位	数量	单价	产品拣选
X	PRID101108060	百合牌 台灯	BH001	个	80.00	144.00	分拣

1 共1行 页码1/1 转0 页

新增(A)　返回(R)

图　10-18

▶ 销售发货单

物料名称	规格型号	库存可选数量	单位	分配数量
百合牌 台灯	BH001	120	个	0

1 共1行 页码1/1 转0 页

保存(S)　返回(R)

图　10-19

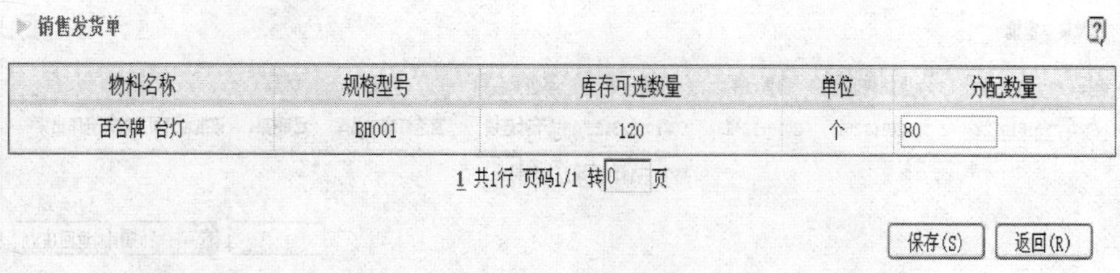

图 10-20

(5)发货单审批

①第一种情况:从制造商仓库发货的操作。

点击“销售管理”功能菜单下的“发货单审批”菜单项,进入发货单审批页面,如图 10-21 所示。

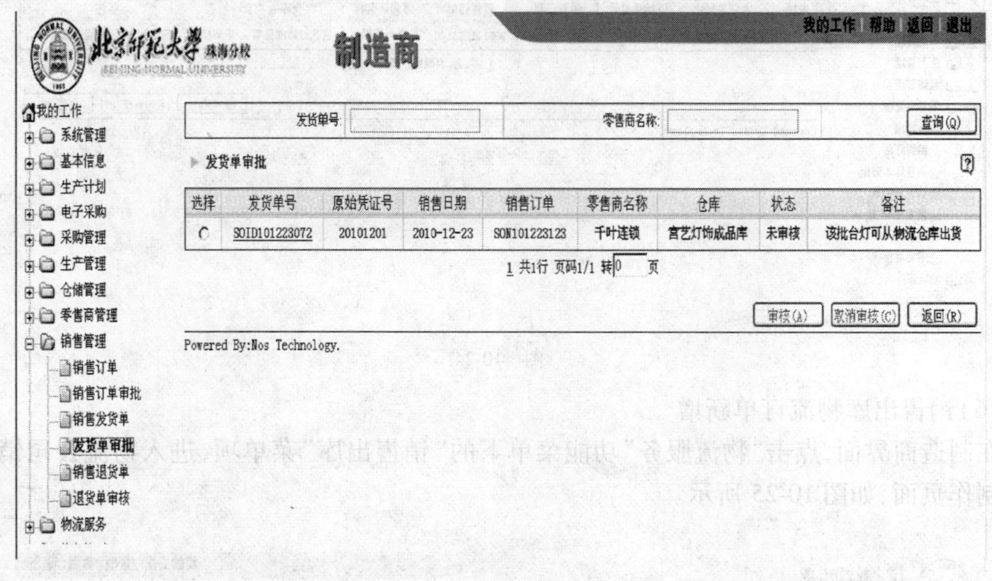

图 10-21

通过点击发货单左方的单选按钮,选择需要审核的发货单号,点击“审核”按钮,完成发货单审核。系统自动生成“销售应收凭证”,如图 10-22 所示。

图 10-22

点击确定,完成发货单审批,此时发货单状态为“已审核”,如图 10-23 所示。

②第二种情况:从物流公司仓库发货的操作。

如果需要从物流公司仓库进行出货操作,则在制作商“发货单审批”界面,如图 10-24 所示,不进行审核操作,而是进入物流服务,由物流公司进行出库操作。

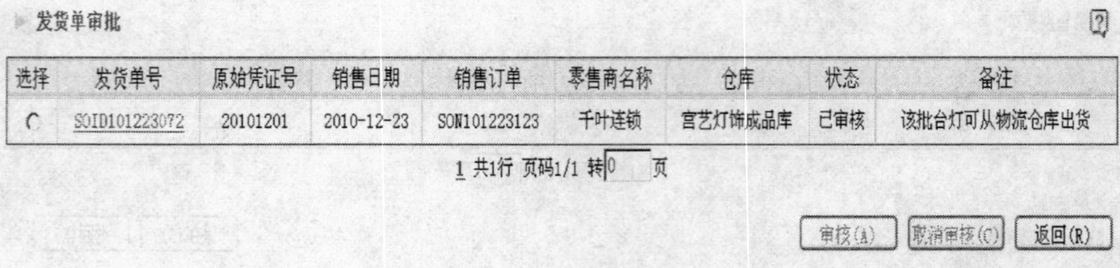

图 10-23

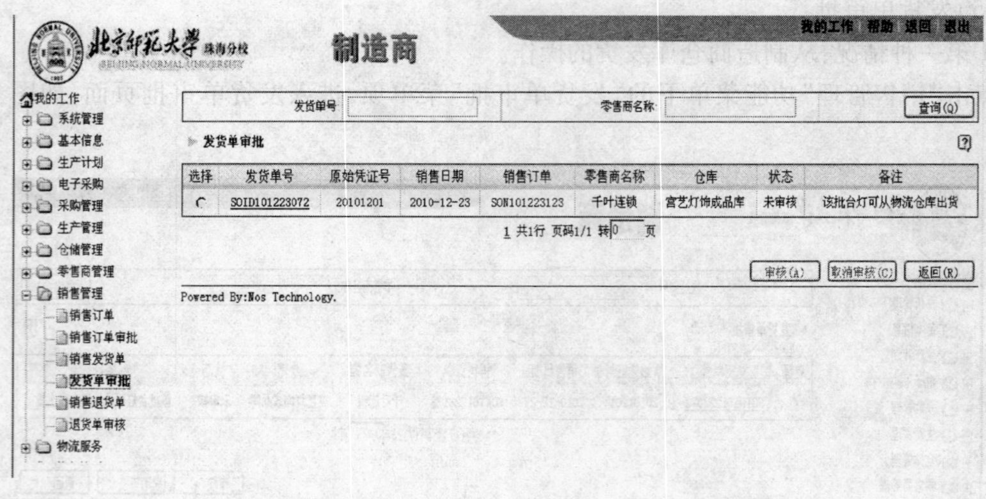

图 10-24

(6)销售出库物流订单新增

在制造商界面，点击“物流服务”功能菜单下的“销售出库”菜单项，进入物流公司销售出库单制作页面，如图 10-25 所示。

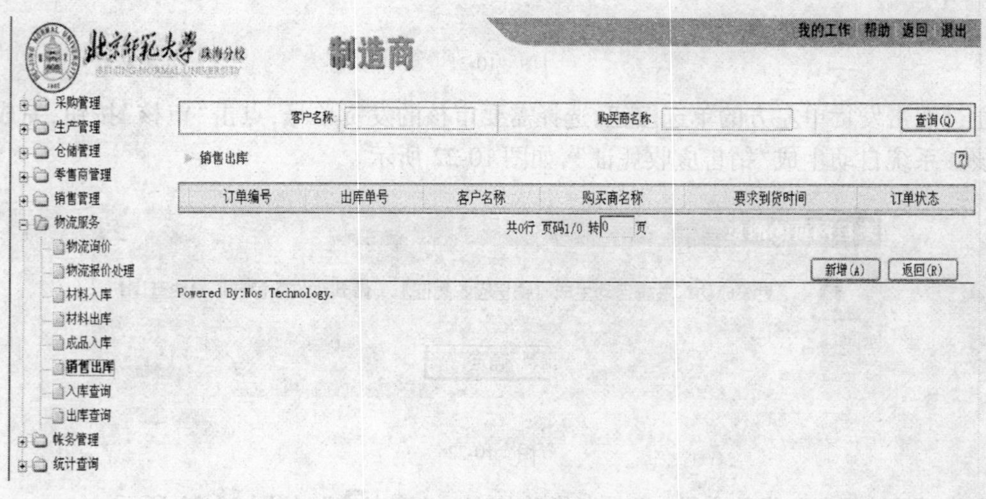

图 10-25

点击“新增”按钮，进入销售出库单新增详细页面，填写相应的物流订单信息，如图 10-26 所示。

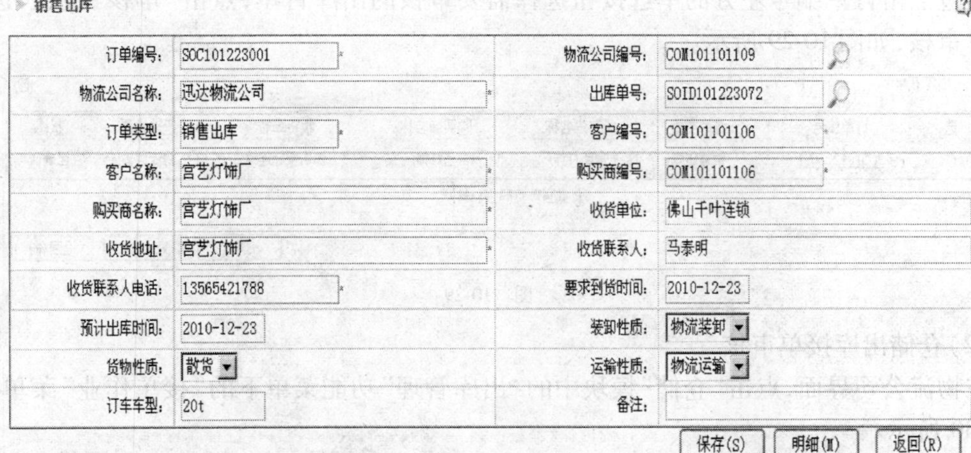

图 10-26

完成后进行保存,点击“明细”,出现如图10-27所示界面。

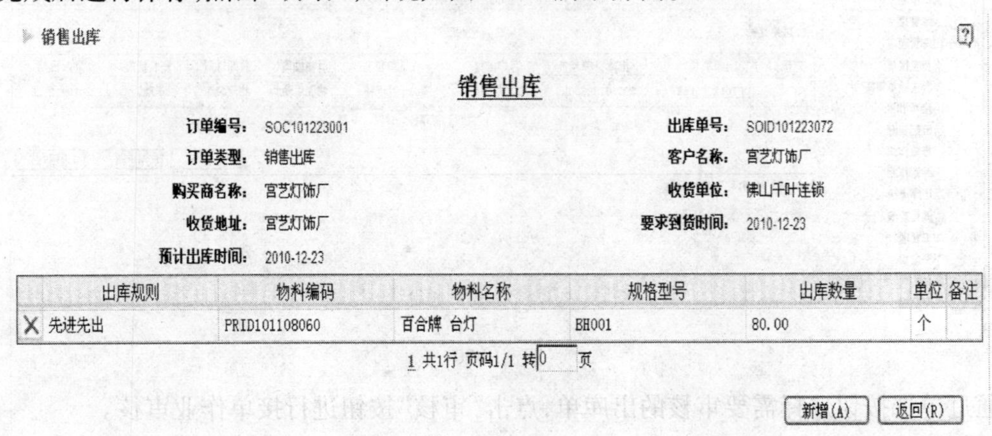

图 10-27

10.3 物流公司产品出库操作

(1)出库订单审核

在物流公司界面,点击“订单”模块中“订单审核”功能菜单下的“出库订单”菜单项,如图10-28所示。

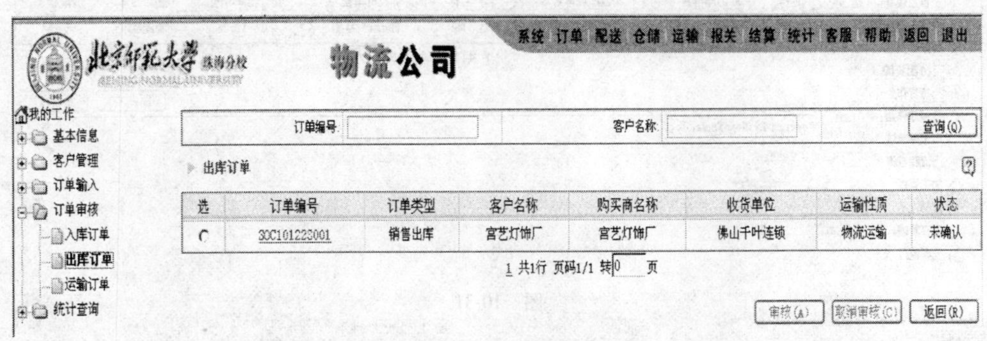

图 10-28

通过点击订单编号左方的单选按钮选择需要审核的出库订单，点击“审核”按钮，进行出库订单审核，如图 10-29 所示。

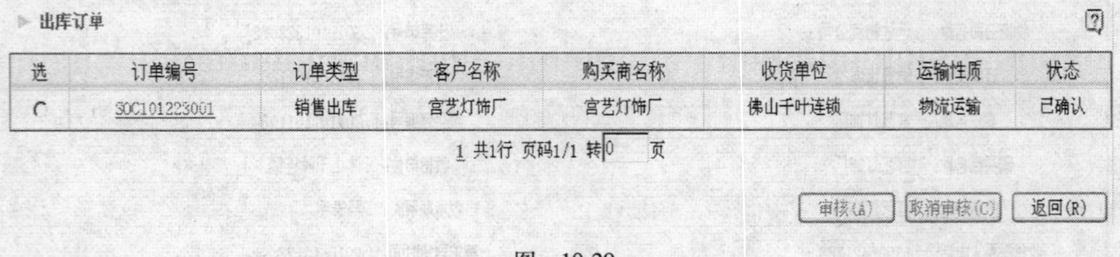

图 10-29

(2)仓储出库接单审核

在物流公司界面，点击“仓储”模块中的“出库管理”功能菜单下的“接单作业”菜单项，如图 10-30 所示。

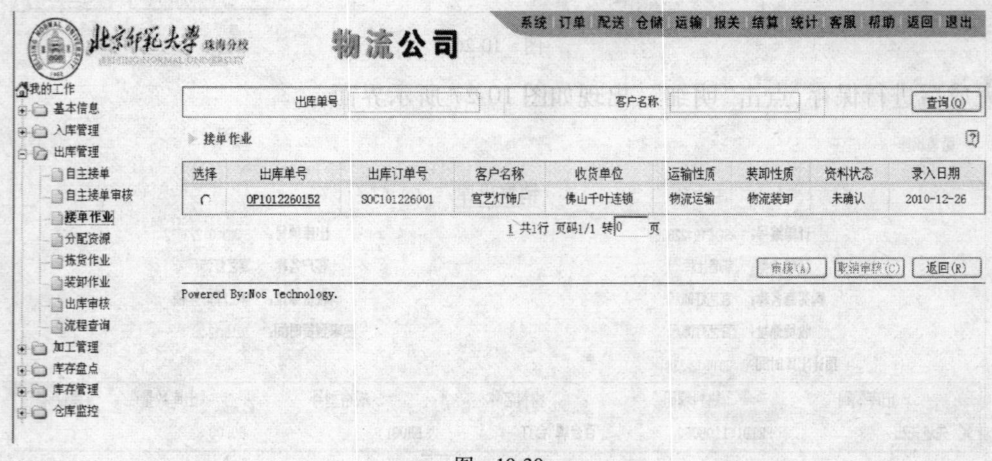

图 10-30

通过单选按钮选择需要审核的出库单，点击“审核”按钮进行接单作业审核。

(3)分配仓储作业资源

在“仓储”模块页面中，点击“出库管理”功能菜单下的“分配资源”菜单项，进入出库作业单资源分配页面，如图 10-31 所示。

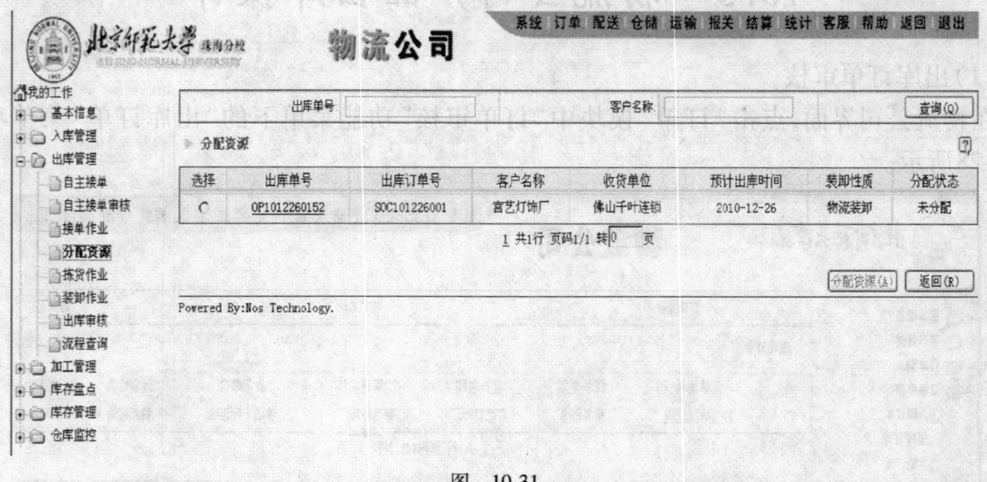

图 10-31

通过单选按钮选择出库单号，点击“分配资源”按钮，出现如图 10-32 所示资源分配界面。

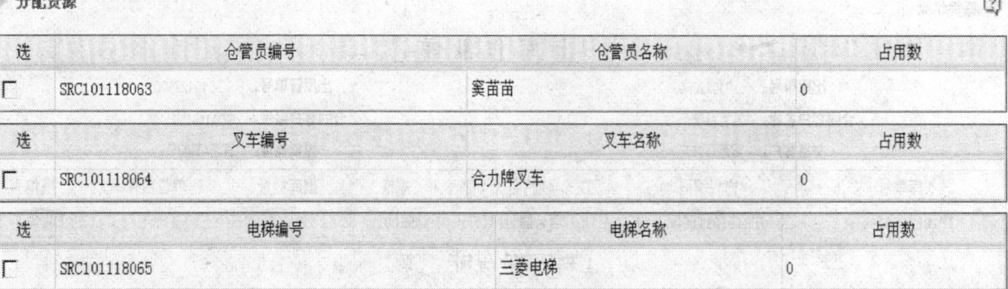

图 10-32

通过资源左方的复选框，选择仓储作业时所需要的资源并保存，如图 10-33 所示。

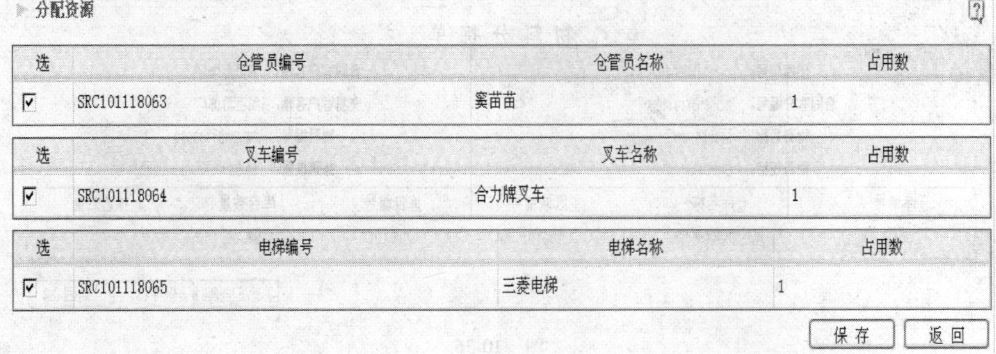

图 10-33

(4)拣货作业

在“仓储”模块页面中，点击“出库管理”功能菜单下的“拣货作业”菜单项，进入拣货作业页面，如图 10-34 所示。

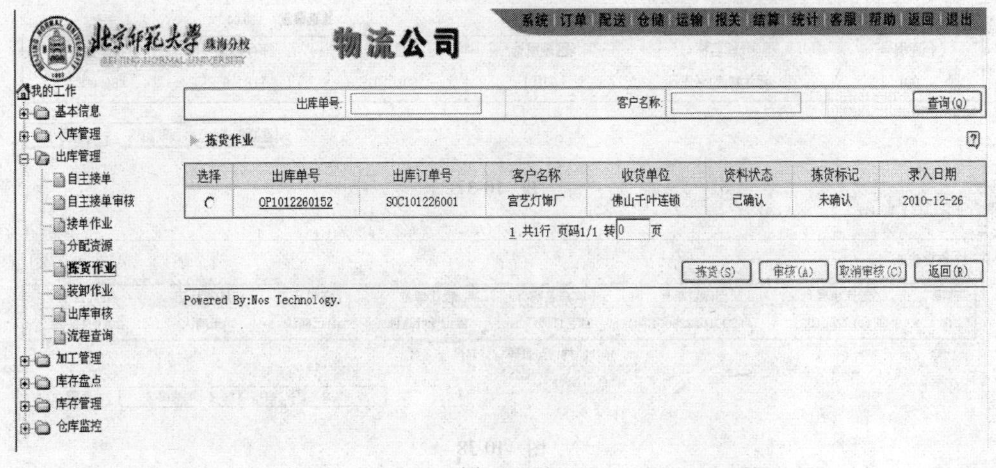

图 10-34

通过左方的单选按钮选择出库单，点击“拣货”按钮，进入拣货操作页面，如图 10-35 所示。

点击右端的“拣货”按钮，出现如图 10-36 所示拣选数量输入页面。

在右端的“拣选数量”栏，填写应该拣选的数量后，进行保存，出现如图 10-37 所示页面。

返回到拣货作业界面，如图 10-38 所示。

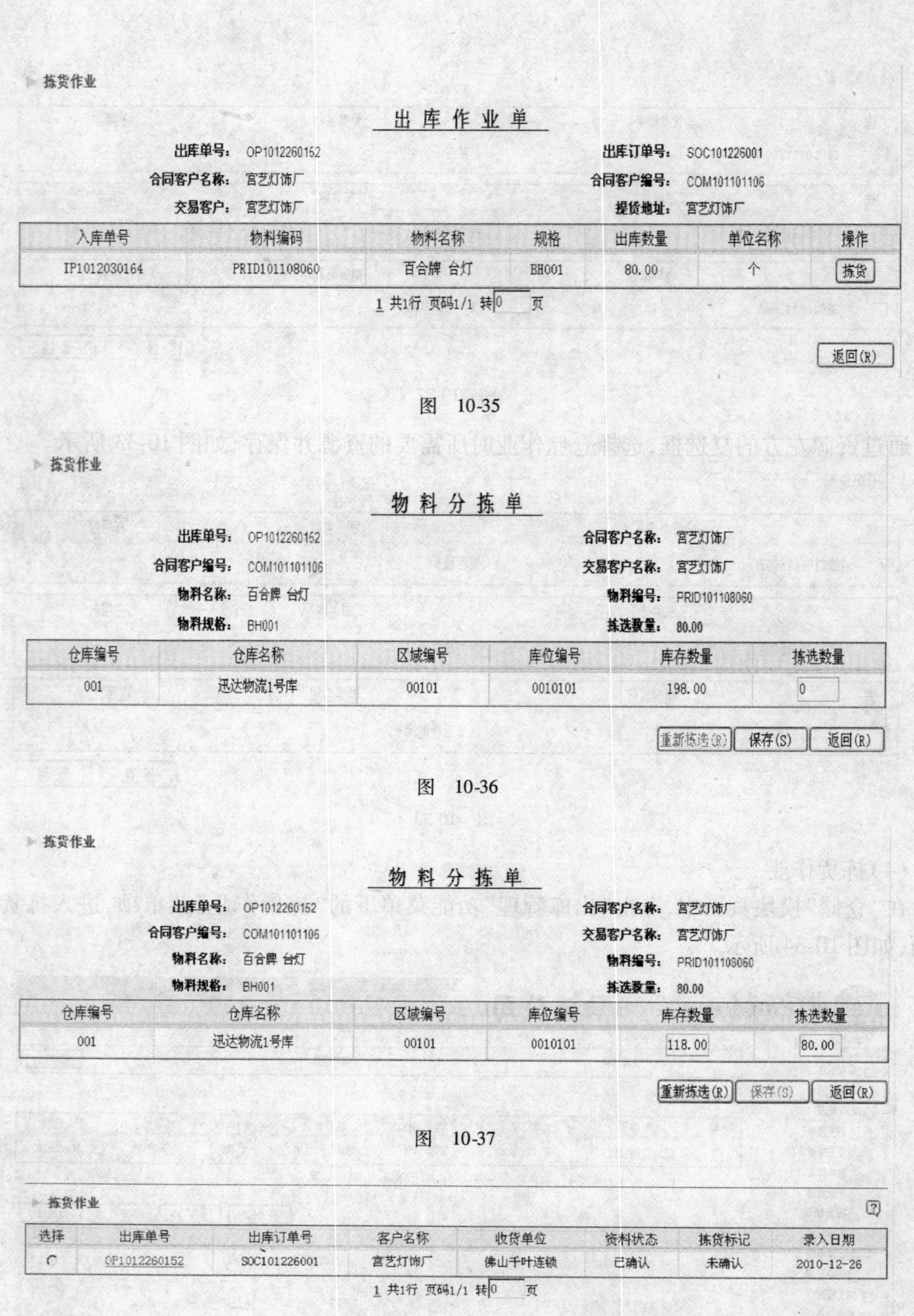

图 10-35

图 10-36

图 10-37

图 10-38

通过单选按钮选择完成拣货的出库单，点击“审核”按钮。完成拣货作业审核，“拣货标记”显示“已确认”，如图 10-39 所示。

(5)装卸作业

在“仓储”模块界面中，点击“出库管理”功能菜单下的“装卸作业”菜单项，进入装卸作业单页面，如图 10-40 所示。

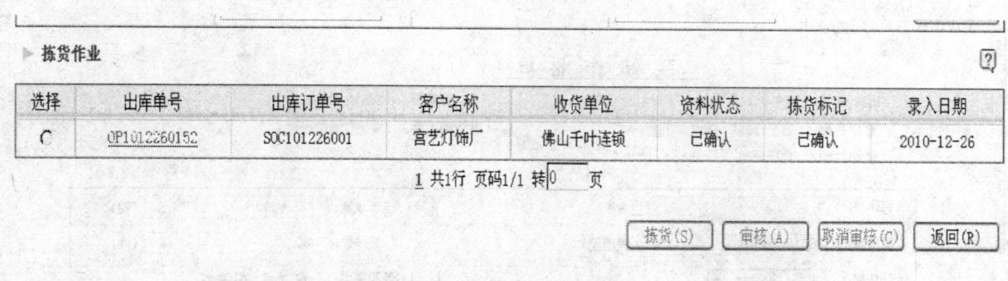

图 10-39

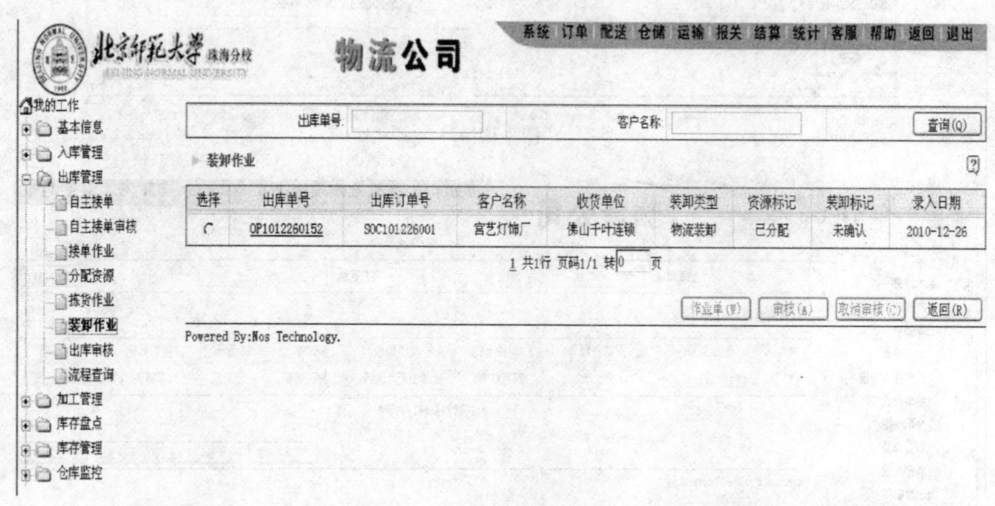

图 10-40

通过单选按钮选择需要填写装卸作业单的出库单，点击“作业单”按钮。显示“装卸作业单”制作页面，如图10-41所示。

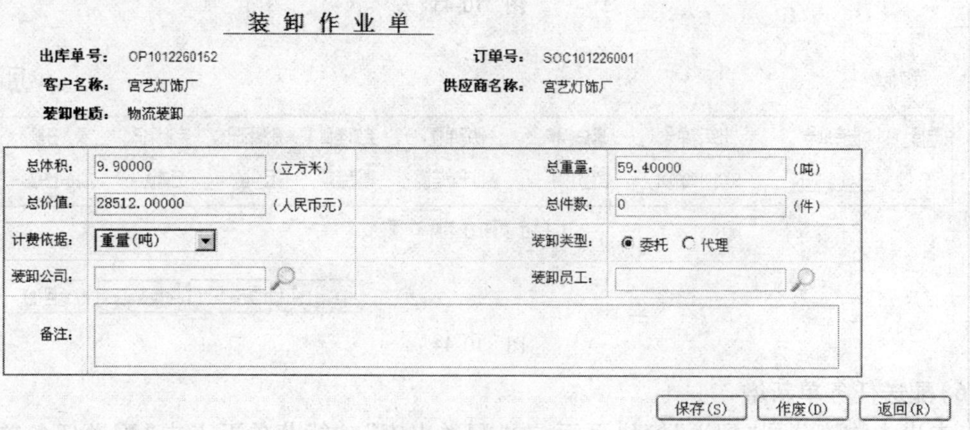

装卸作业单

出库单号：OP1012260152　　订单号：SOC101226001

客户名称：宫艺灯饰厂　　供应商名称：宫艺灯饰厂

装卸性质：物流装卸

总体积：	9.90000（立方米）	总重量：	59.40000（吨）
总价值：	28512.00000（人民币元）	总件数：	0（件）
计费依据：	重量(吨)	装卸类型：	◉委托 ○代理
装卸公司：		装卸员工：	
备注：			

保存(S)　作废(D)　返回(R)

图 10-41

填写装卸总件数、选择装卸员工、装卸公司等信息，如图10-42所示。

保存装卸作业单后，点击“返回”按钮，回到到装卸作业界面，如图10-43所示。

通过单选按钮选择已经制作了作业单的出库单，点击“审核”按钮，完成装卸作业单审核，如图10-44所示。

注意：此时还不能进行出库审核操作，因为配送流程还未完成，必须完成配送并车辆回车后才能进行物流公司出库单的出库审核。

▶ 装卸作业

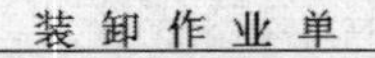
装卸作业单

出库单号：OP1012260152　　订单号：SOC101226001

客户名称：宫艺灯饰厂　　供应商名称：宫艺灯饰厂

装卸性质：物流装卸

总体积：	9.9000（立方米）	总重量：	59.4000（吨）
总价值：	28512.0000（人民币元）	总件数：	80（件）
计费依据：	重量(吨)	装卸类型：	◉委托 ○代理
装卸公司：		装卸员工：	张卓彤
备注：	迅达物流公司装卸		

图　10-42

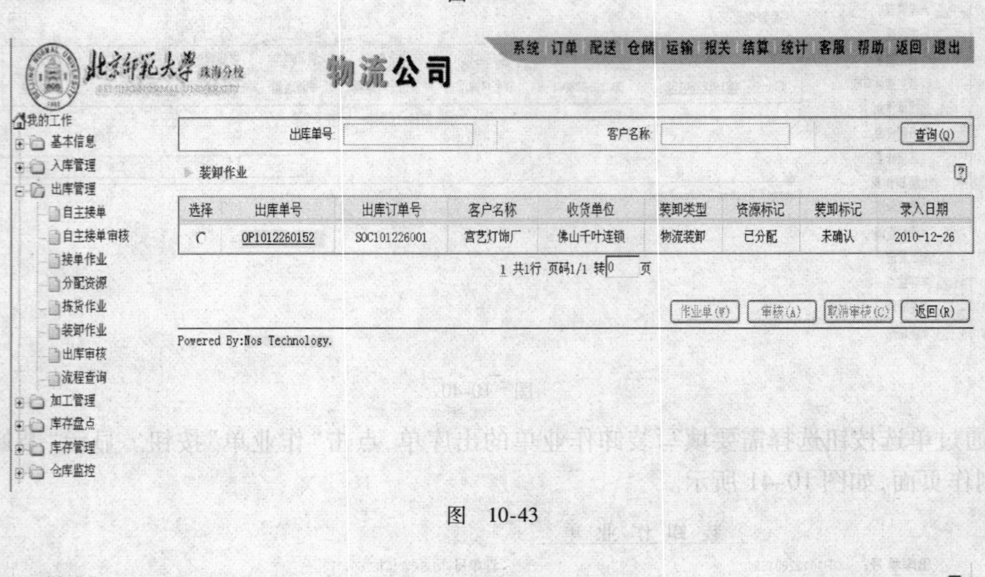

选择	出库单号	出库订单号	客户名称	收货单位	装卸类型	资源标记	装卸标记	录入日期
○	OP1012260152	SOC101226001	宫艺灯饰厂	佛山千叶连锁	物流装卸	已分配	未确认	2010-12-26

图　10-43

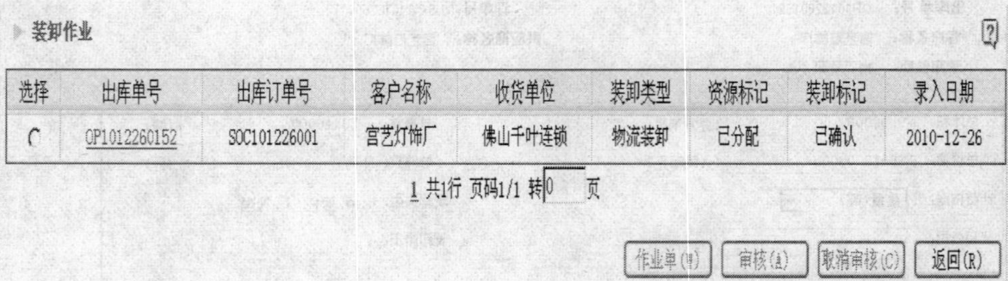
▶ 装卸作业

选择	出库单号	出库订单号	客户名称	收货单位	装卸类型	资源标记	装卸标记	录入日期
○	OP1012260152	SOC101226001	宫艺灯饰厂	佛山千叶连锁	物流装卸	已分配	已确认	2010-12-26

图　10-44

(6)配送任务单新增

点击进入物流公司“配送”模块页面，在“配送出库”功能菜单下点击“配送任务单”功能菜单项，出现配送任务单新增页面，如图 10-45 所示。

点击“新增”按钮，进入配送任务单表头维护页面，如图 10-46 所示。

保存后出现作业单和货物明细添加页面，如图 10-47 所示。

点击“作业单”按钮，进入配送作业单新增页面，如图 10-48 所示。

点击“新增”按钮，出现作业单选择页面，如图 10-49 所示。

填写相应信息，选择此次配送任务单需要处理的出库作业单，填写备注后进行保存，如图 10-50 所示。

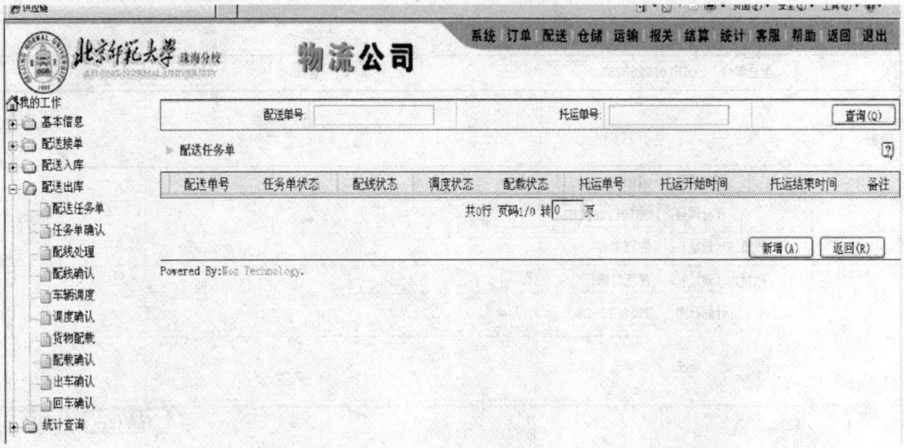

北京师范大学 珠海分校 物流公司

系统 订单 配送 仓储 运输 报关 结算 统计 客服 帮助 返回 退出

我的工作
基本信息
配送接单
配送入库
配送出库
配送任务单
任务单确认
配线处理
配线确认
车辆调度
调度确认
货物配载
配载确认
出车确认
回车确认
统计查询

配送单号: 托运单号: 查询(Q)

配送任务单

配送单号	任务单状态	配线状态	调度状态	配载状态	托运单号	托运开始时间	托运结束时间	备注

共0行 页码1/0 转0 页

新增(A) 返回(R)

Powered By:Won Technology.

图 10-45

配送任务单

配送单号: OTB1012260235

备注:

保存(S) 返回(R)

图 10-46

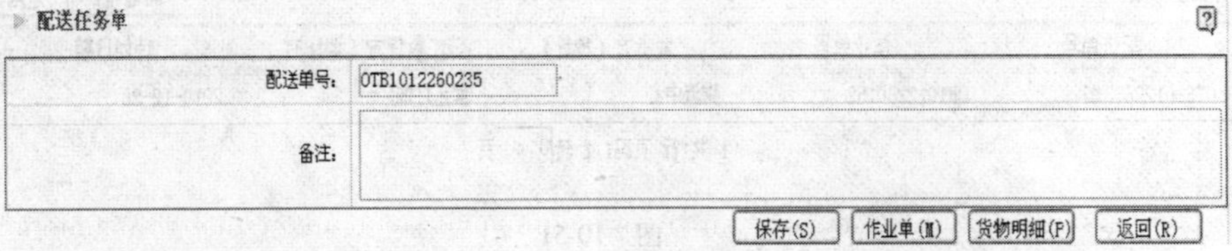

配送任务单

配送单号: OTB1012260235

备注:

保存(S) 作业单(M) 货物明细(P) 返回(R)

图 10-47

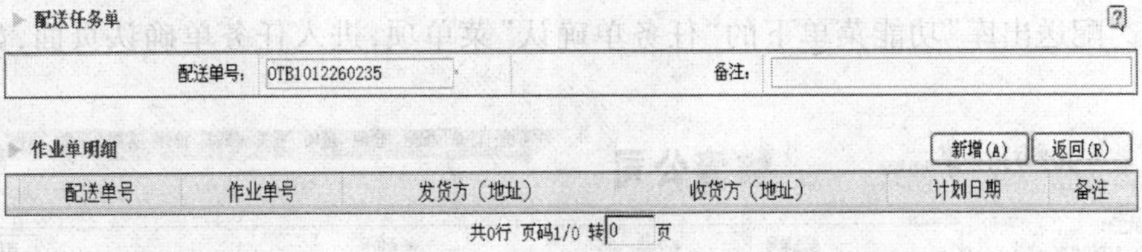

配送任务单

配送单号: OTB1012260235 备注:

作业单明细 新增(A) 返回(R)

配送单号	作业单号	发货方(地址)	收货方(地址)	计划日期	备注

共0行 页码1/0 转0 页

图 10-48

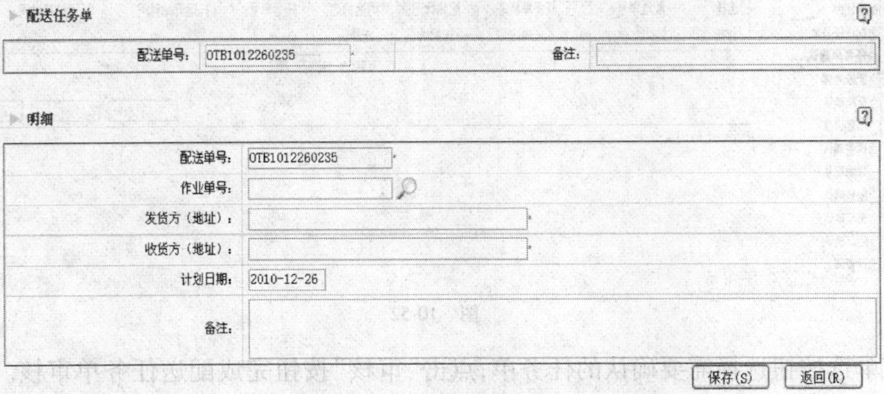

配送任务单

配送单号: OTB1012260235 备注:

明细

配送单号: OTB1012260235

作业单号:

发货方(地址):

收货方(地址):

计划日期: 2010-12-26

备注:

保存(S) 返回(R)

图 10-49

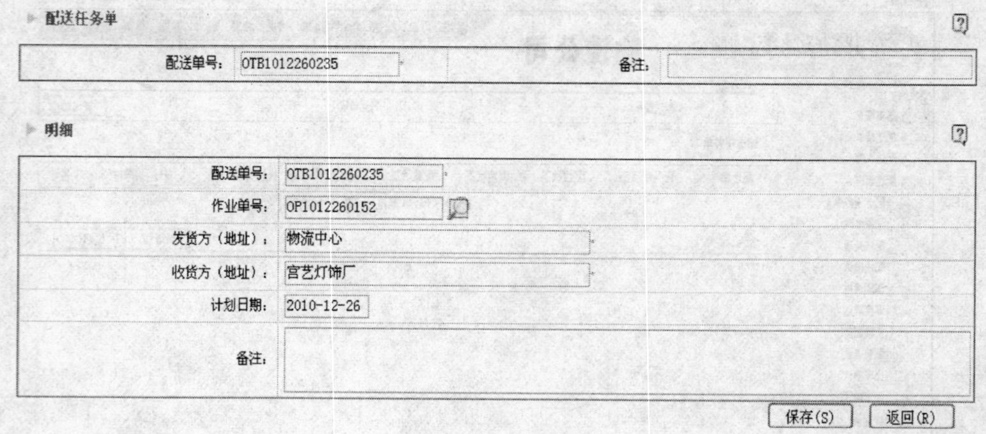

图　10-50

完成后可以看到配送任务单下的作业单明细，物流公司配送任务单根据实际配载需要，对应1个或多个作业单，在此实验指导中只有一个出库作业单，如图10-51所示。

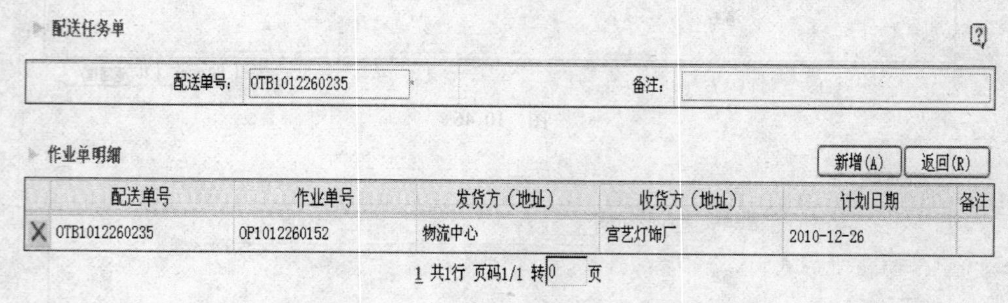

图　10-51

(7)任务单确认

点击“配送出库”功能菜单下的“任务单确认”菜单项，进入任务单确认页面，如图10-52所示。

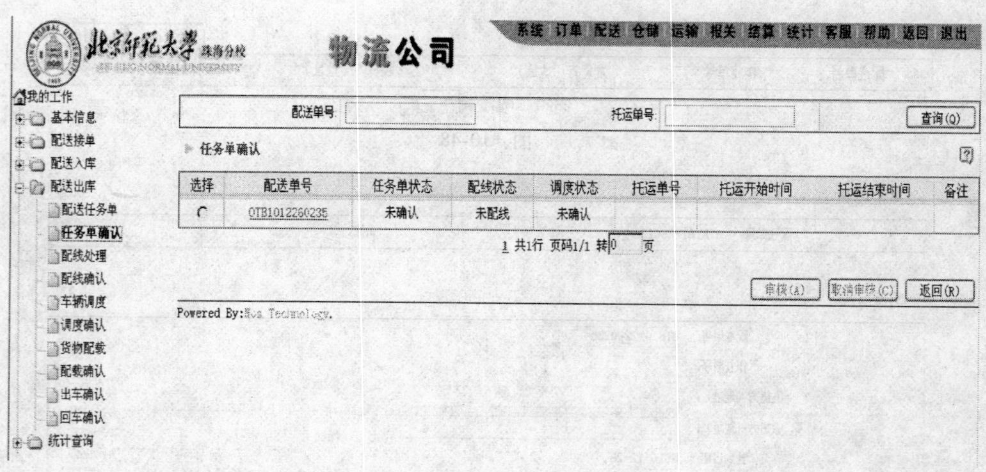

图　10-52

通过单选按钮选择需要确认的任务单，点击“审核”按钮完成配送任务单审核。此时任务单状态为“已确认”，如图10-53所示。

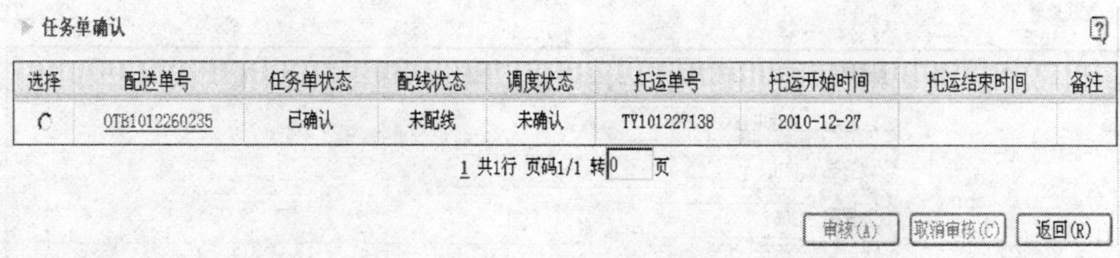

图 10-53

(8)配线处理

在物流公司“配送”模块页面中,点击“配送出库”功能菜单下的“配线处理”菜单项,进入配线处理新增页面,如图10-54所示。

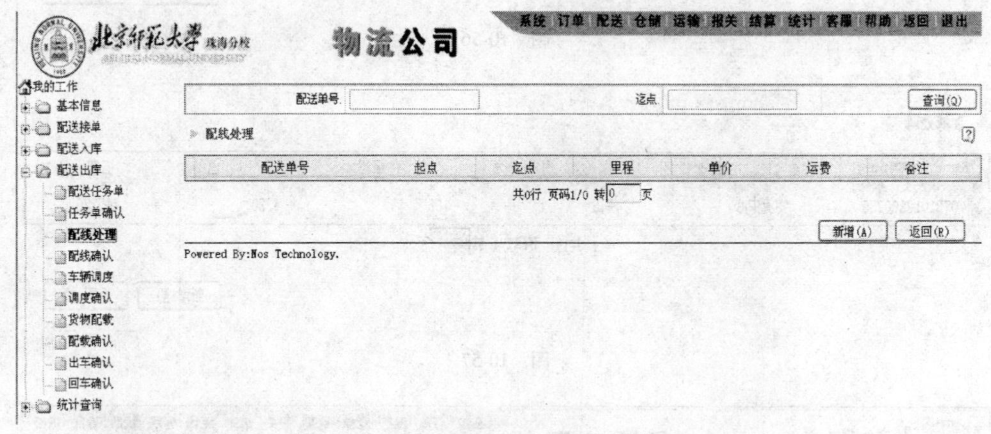

图 10-54

点击“新增”按钮,新增配线单,如图10-55所示。

配线处理

配送单号:
起点:
迄点:
里程: 0
单价: 0
运费: 0
备注:

保存(S) 返回(R)

图 10-55

选择配送单号,填写里程、单价等信息,如图10-56所示。

保存后点击“返回”回到配线新增页面,如图10-57所示。

(9)配线确认

在物流公司“配送”模块页面中,点击“配送出库”功能菜单下的“配线确认”菜单项,如图10-58所示。

通过单选按钮选择需要审核的配线单,点击“审核”按钮,完成审核操作,此时配线状态显示“已配线”,如图10-59所示。

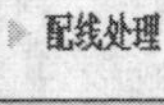

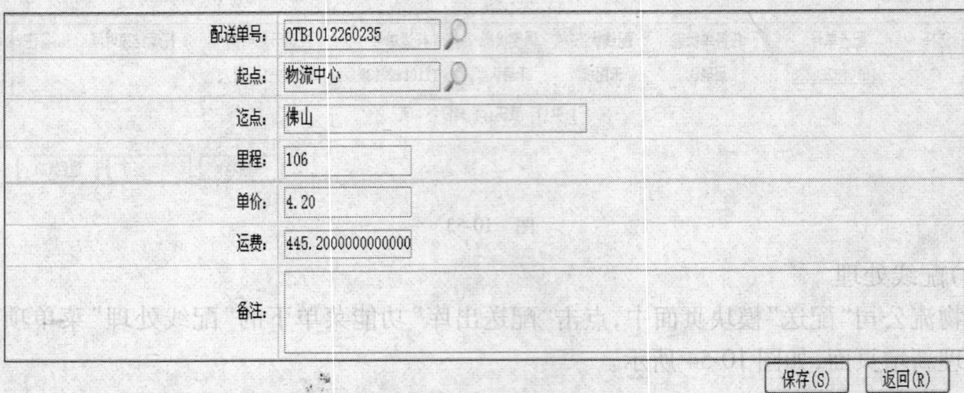

配线处理
配送单号: OTB1012260235
起点: 物流中心
迄点: 佛山
里程: 106
单价: 4.20
运费: 445.2000000000000
备注:
保存(S)
返回(R)

图　10-56

配线处理
配送单号 | 起点 | 迄点 | 里程 | 单价 | 运费 | 备注
OTB1012260235 | 物流中心 | 佛山 | 106 | 4.20 | 445.20
1 共1行 页码1/1 转0 页
新增(A)
返回(R)

图　10-57

北京師範大學 珠海分校
BEIJING NORMAL UNIVERSITY
物流公司
系统 订单 配送 仓储 运输 报关 结算 统计 客服 帮助 返回 退出
我的工作
基本信息
配送接单
配送入库
配送出库
配送任务单
任务单确认
配线处理
配线确认
车辆调度
调度确认
货物配载
配载确认
出车确认
回车确认
统计查询
配送单号
开始地点
结束地点
查询(Q)
配线确认
选择 | 配送单号 | 开始地点 | 结束地点 | 里程 | 单价 | 运费 | 配线状态
OTB1012260235 | 物流中心 | 佛山 | 106 | 4.20 | 445.20 | 未配线
1 共1行 页码1/1 转0 页
审核(A)
取消审核(C)
返回(R)
Powered By:Nos Technology.

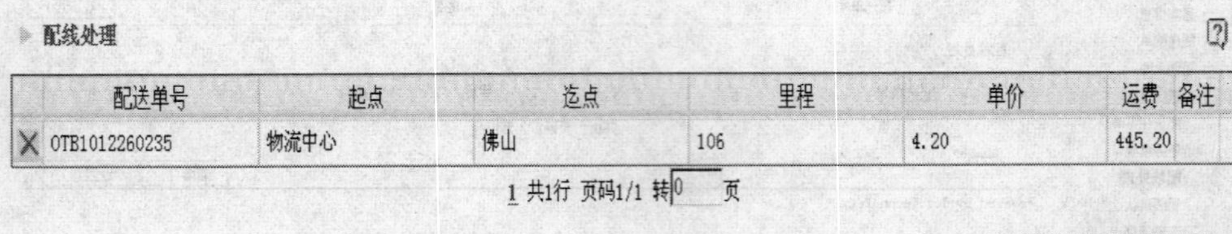

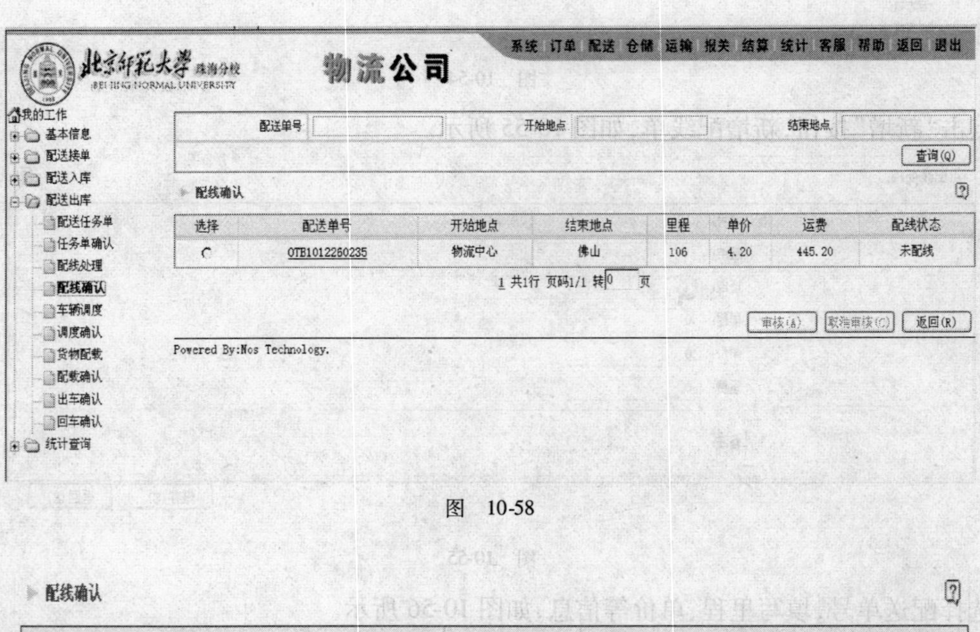

图　10-58

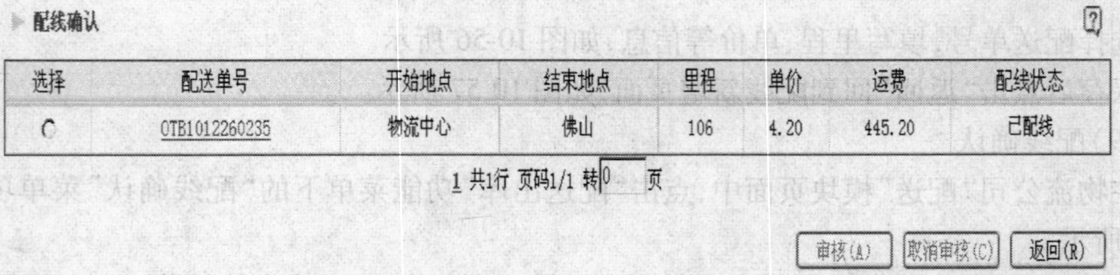

配线确认
选择 | 配送单号 | 开始地点 | 结束地点 | 里程 | 单价 | 运费 | 配线状态
OTB1012260235 | 物流中心 | 佛山 | 106 | 4.20 | 445.20 | 已配线
1 共1行 页码1/1 转0 页
审核(A)
取消审核(C)
返回(R)

图　10-59

(10)车辆调度

点击“配送出库”功能菜单下的“车辆调度”菜单项，进入车辆调度新增页面，如图 10-60 所示。

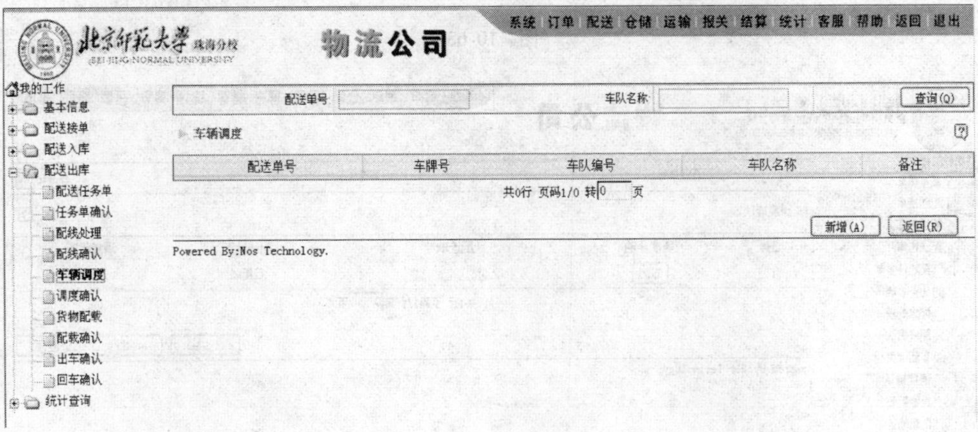

图 10-60

点击“新增”按钮，进入车辆调度单详细页面，如图 10-61 所示。

图 10-61

选择配送单号、车牌号信息，车队编号和名称信息将自动关联选择的车牌号，如图 10-62 所示。

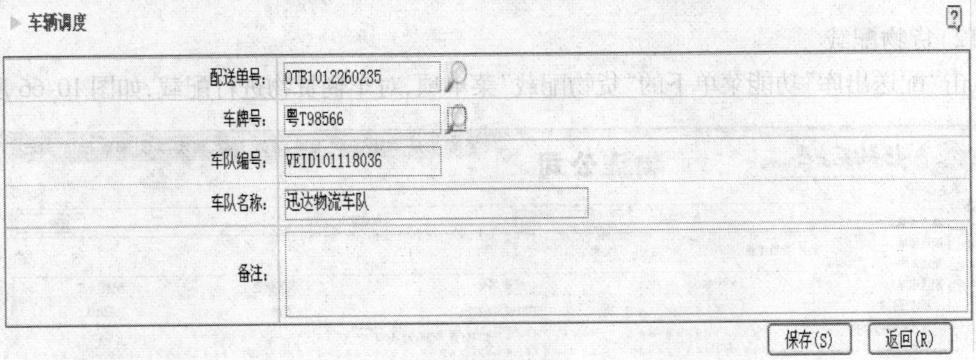

图 10-62

点击“保存”按钮，完成车辆调度单的新增，如图 10-63 所示。

(11)调度确认

在物流公司“配送”模块页面中，点击“配送出库”功能菜单下的“调度确认”菜单项，进入调度确认页面，如图 10-64 所示。

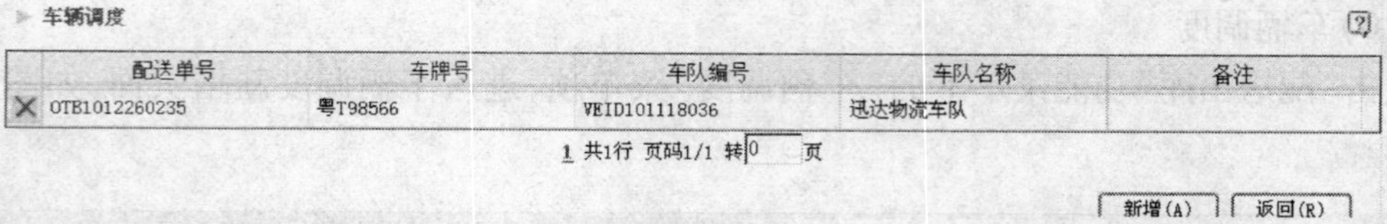

车辆调度

配送单号	车牌号	车队编号	车队名称	备注
OTB1012260235	粤T98566	VEID101118036	迅达物流车队	

1 共1行 页码1/1 转0 页

新增(A) 返回(R)

图 10-63

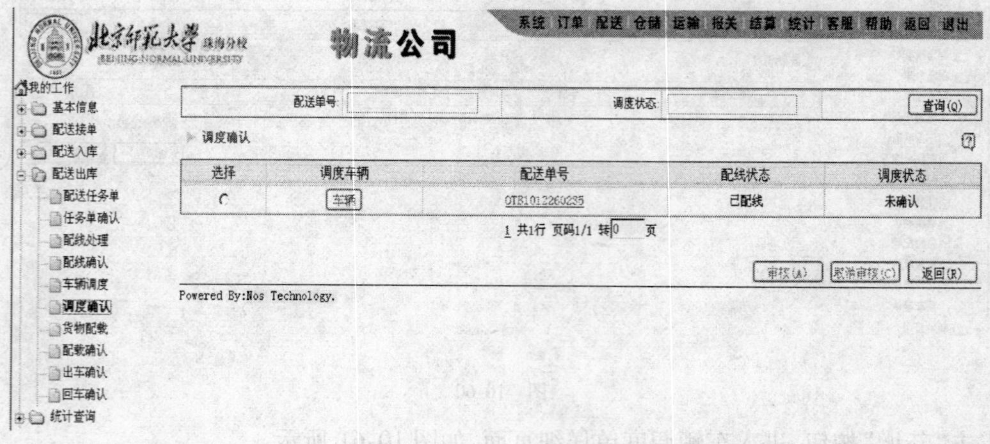

图 10-64

通过单选按钮选择需要进行审核确认的车辆调度单，点击“审核”按钮，完成车辆调度确认，此时调度状态显示“已确认”，如图 10-65 所示。

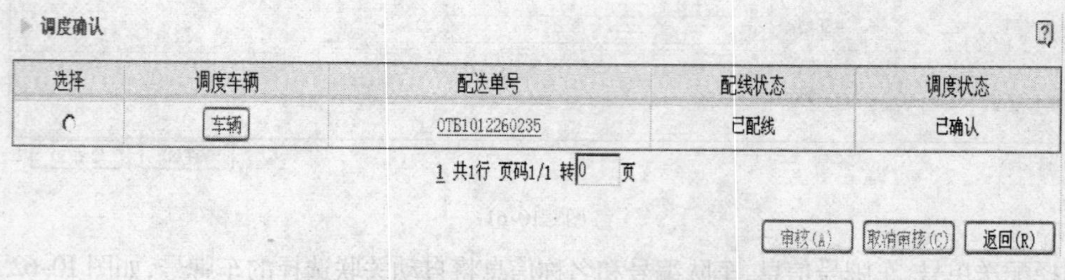

图 10-65

(12)货物配载

点击“配送出库”功能菜单下的“货物配载”菜单项，对车辆货物进行配载，如图 10-66 所示。

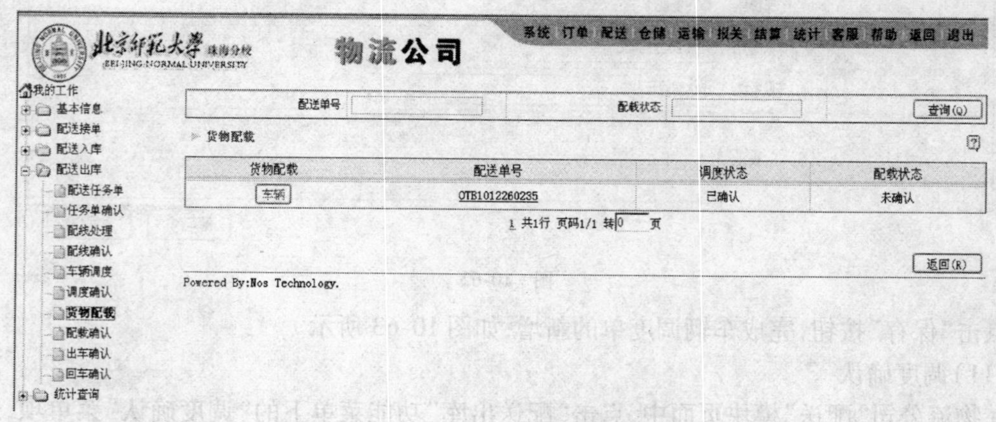

图 10-66

点击配载单的“车辆”按钮，进入车辆配载明细页面，如图 10-67 所示。

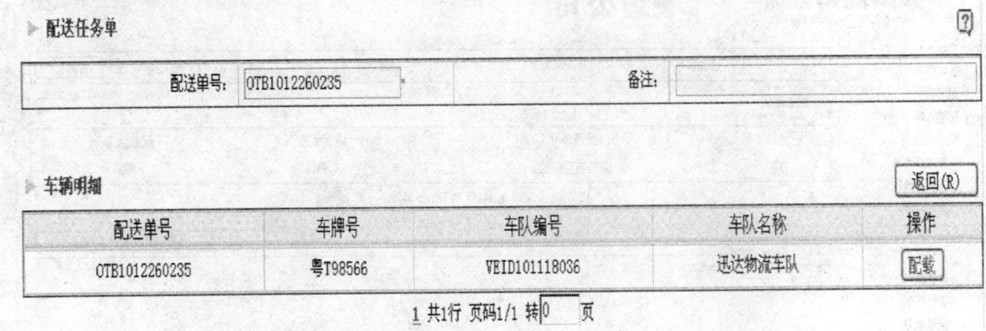

图 10-67

点击右端的“配载”按钮，进入车辆货物配载页面，如图 10-68 所示。

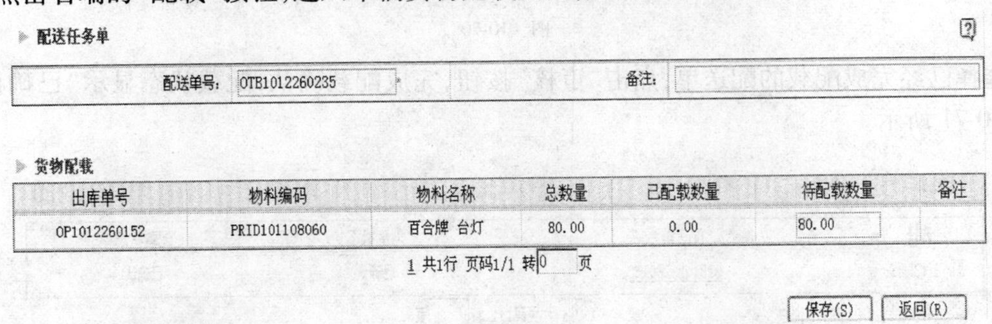

图 10-68

输入“待配载数量”，点击“保存”按钮完成货物配载单。“待配载数量”应等于“总数量”。完成配载后“待配载数量”等于 0，如图 10-69 所示。

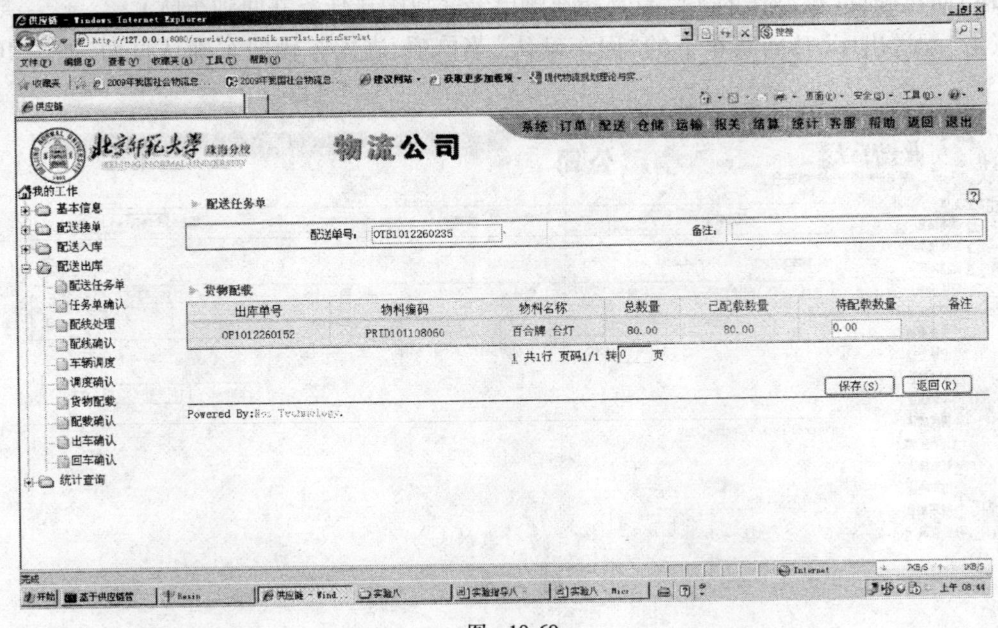

图 10-69

(13)配载确认

点击“配送出库”功能菜单下的“配载确认”菜单项，进入配载确认页面，如图 10-70 所示。

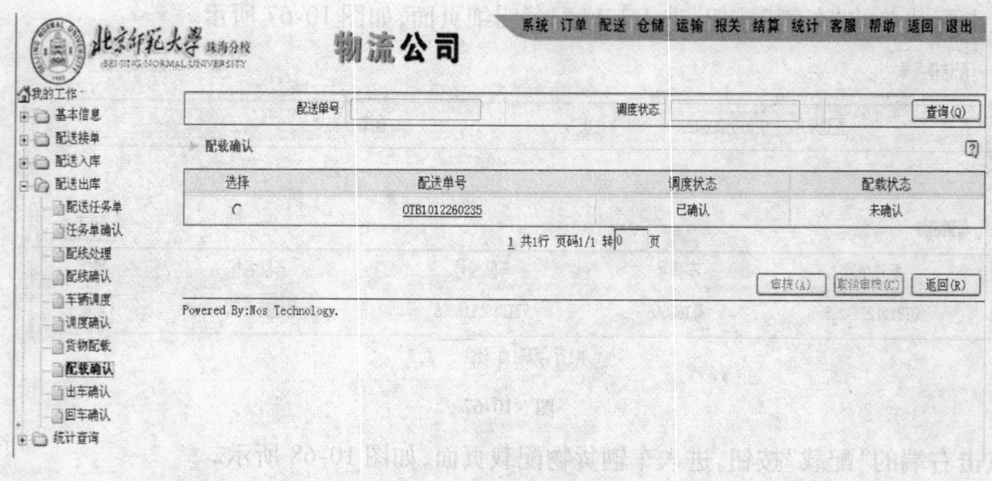

图 10-70

选择已经完成配载的配送单，点击“审核”按钮，完成配载确认，配载状态显示“已确认”，如图 10-71 所示。

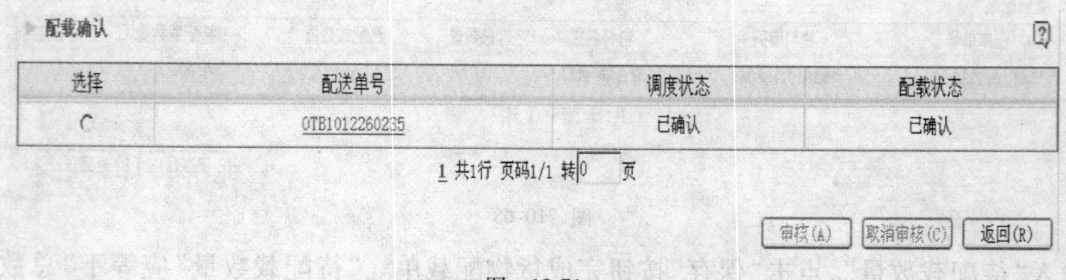

图 10-71

(14)回车确认(该操作的实际意义指车辆已经完成配送任务并回到车队)

点击“配送出库”功能菜单下的“回车确认”菜单项，进入车辆回车确认页面，如图 10-72 所示。

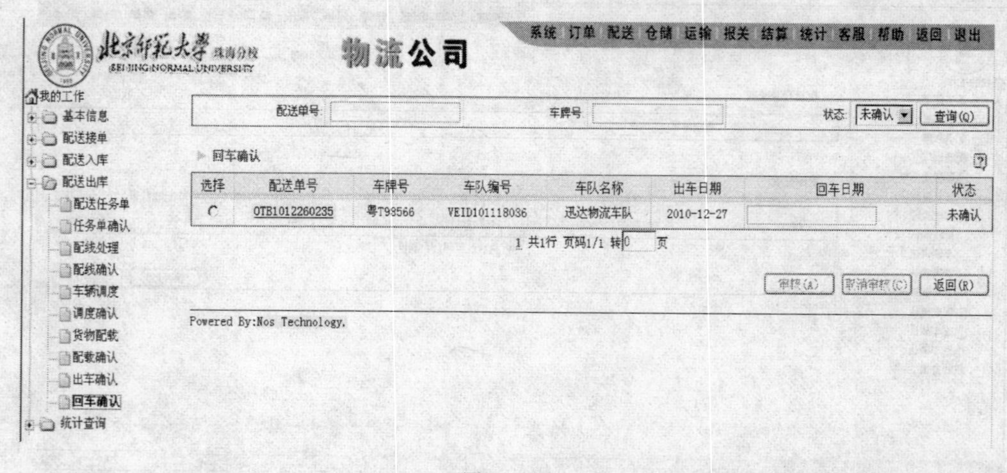

图 10-72

选择已经完成配送任务回车的配送车辆，点击“回车日期”下的输入框，选择回车的具体日期，然后点击“审核”按钮，进行回车确认审核，系统提示是否需要确认实际出库数量，如图 10-73所示。

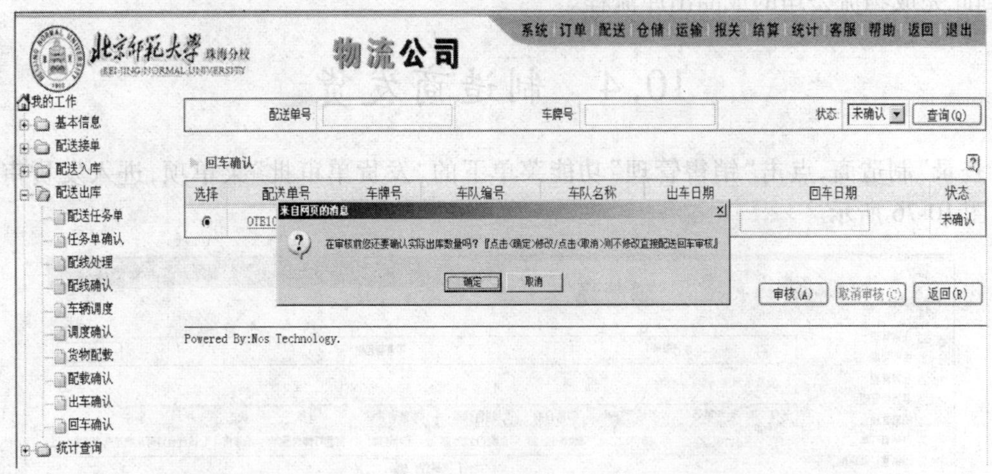

图 10-73

认真查看对话框提示：提醒您在审核前是否还要重新确认出库数量，如果需要重新输入出库数量，则点击“确认”（其含义是需要重新输入），如果不需要重新输入出库数量，则点击“取消”（其含义是取消提醒，不需要重新输入）。点击“取消”完成回车确认操作。

(15)销售出库审核

在物流公司“仓储”模块页面中，点击“出库管理”功能菜单下的“出库审核”菜单项，进入出库审核页面，如图 10-74 所示。

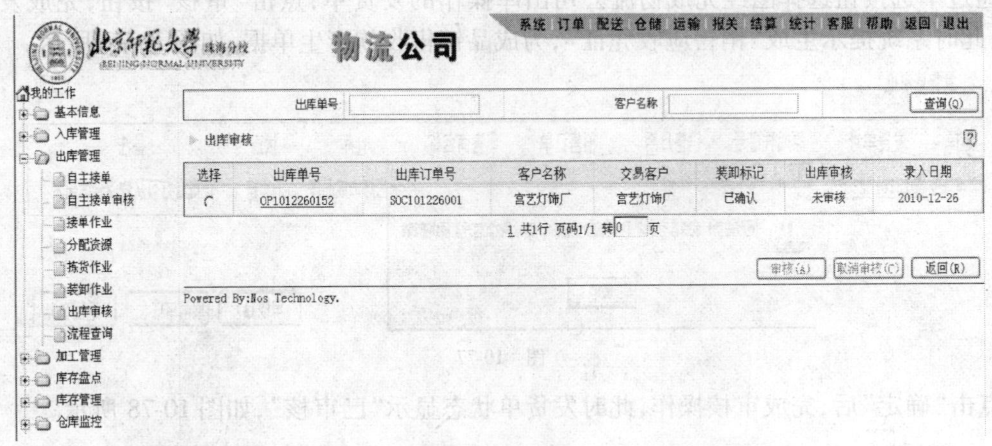

图 10-74

选择已经完成配送并进行了回车确认的出库单号，点击“审核”按钮，完成出库审核。此时“出库审核”状态显示“已审核”，如图 10-75 所示。

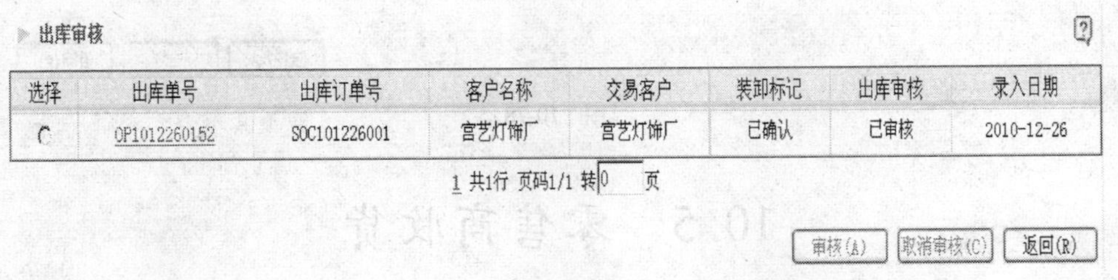

图 10-75

到此完成物流公司的成品出库流程。

10.4　制造商发货

“登录”制造商，点击“销售管理”功能菜单下的“发货单审批”菜单项，进入发货审批页面，如图 10-76 所示。

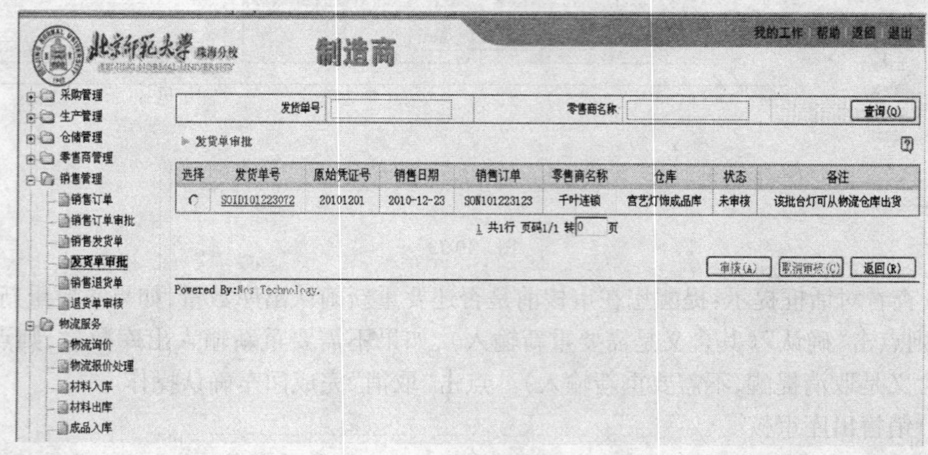

选择	发货单号	原始凭证号	销售日期	销售订单	零售商名称	仓库	状态	备注
	SOID101223072	20101201	2010-12-23	SON101223123	千叶连锁	宫艺灯饰成品库	未审核	该批台灯可从物流仓库出货

图　10-76

通过单选按钮选择已经完成物流公司出库操作的发货单，点击“审核”按钮，完成发货单审批，此时系统提示生成“销售应收凭证”，为成品销售收款产生单据，如图 10-77 所示。

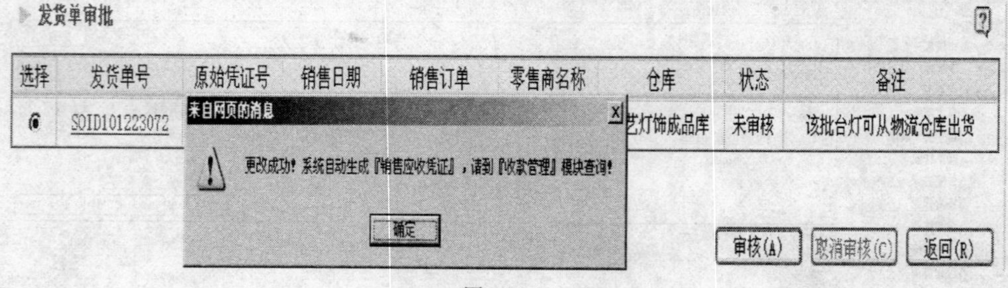

图　10-77

点击“确定”后，完成审核操作，此时发货单状态显示“已审核”，如图 10-78 所示。

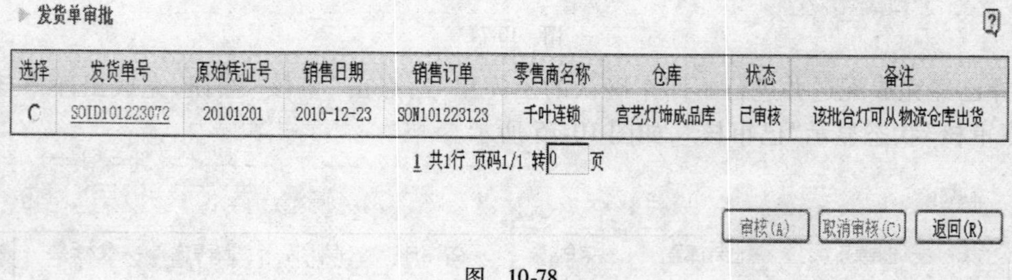

选择	发货单号	原始凭证号	销售日期	销售订单	零售商名称	仓库	状态	备注
	SOID101223072	20101201	2010-12-23	SON101223123	千叶连锁	宫艺灯饰成品库	已审核	该批台灯可从物流仓库出货

图　10-78

10.5　零售商收货

(1)收货单制作

在零售商界面,点击"订购管理"功能菜单下的"收货单制作"菜单项,进入收货单新增页面,如图 10-79 所示。

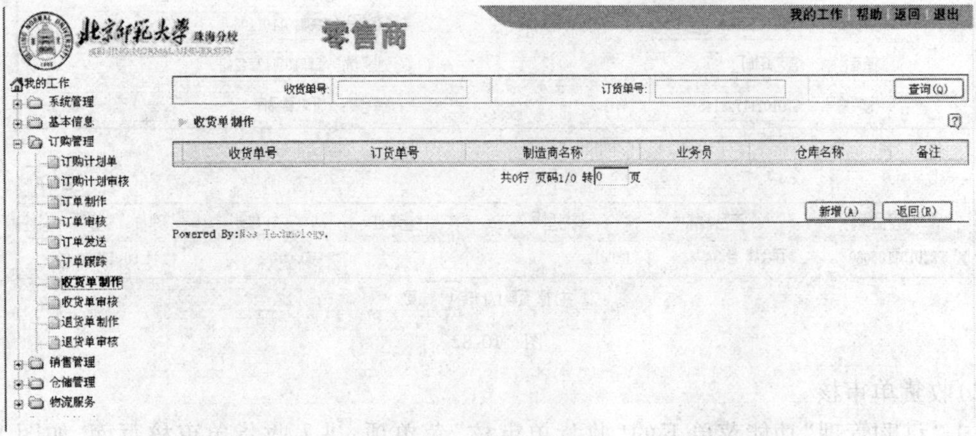

图　10-79

点击"新增"按钮,进入收货单制作详细页面,如图 10-80 所示。

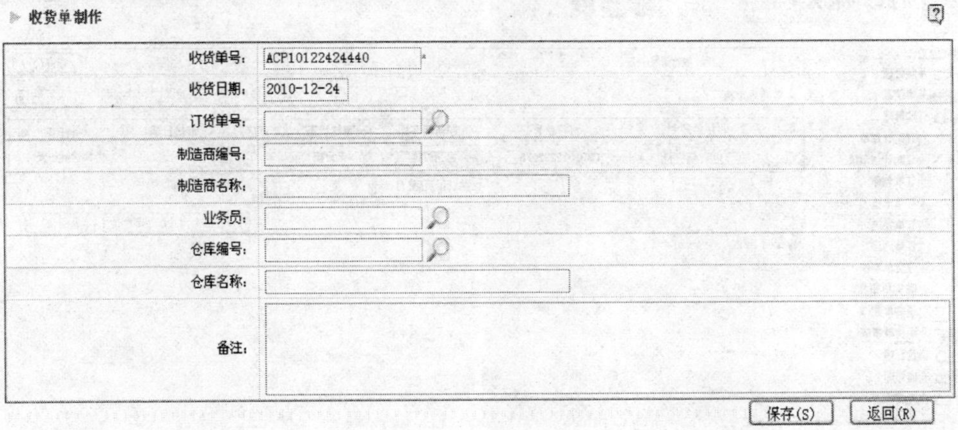

图　10-80

通过按钮选择订货单号和业务员、仓库编号等信息,如图 10-81 所示。

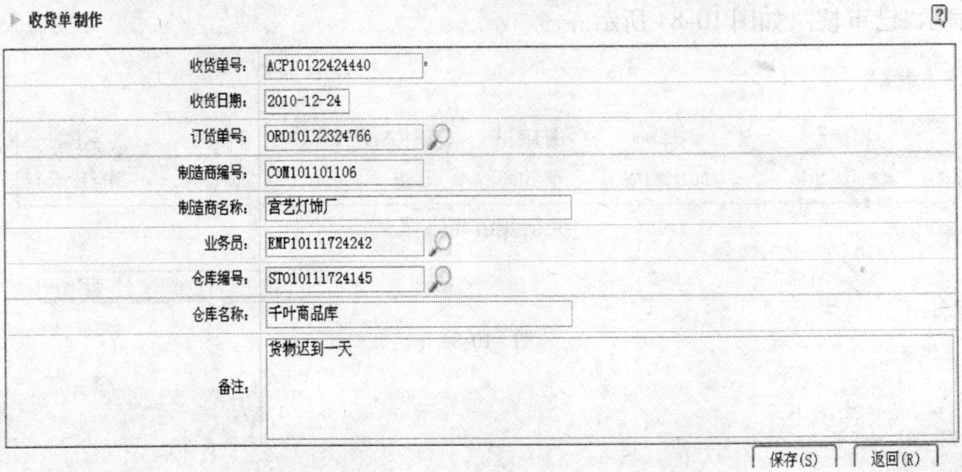

图　10-81

保存后，可以查看收货单货物明细，如图 10-82 所示。

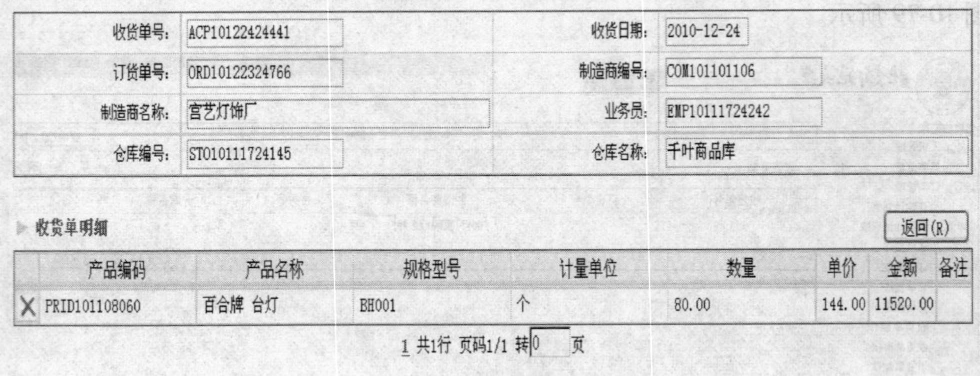

图 10-82

(2)收货单审核

点击“订购管理”功能菜单下的“收货单审核”菜单项，进入收货单审核页面，如图 10-83 所示。

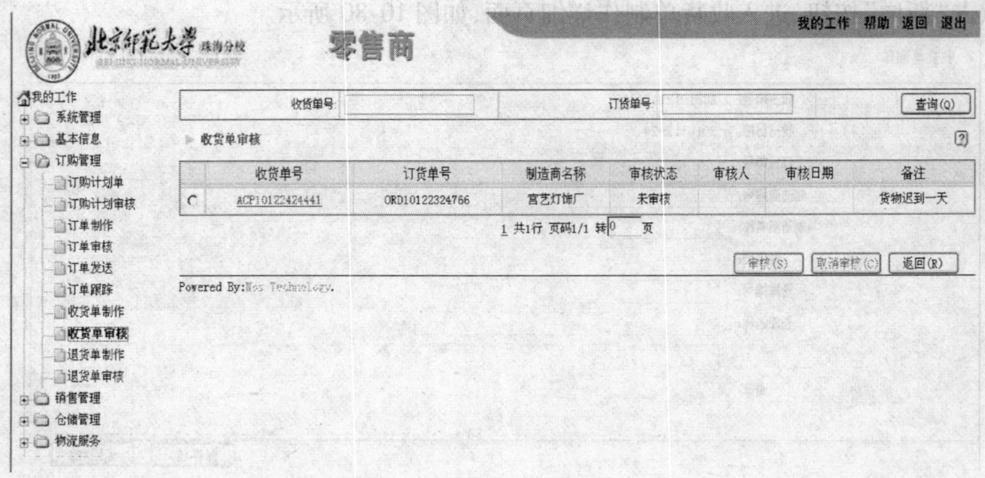

图 10-83

通过单选按钮选择已经收到货物的收货单，点击“审核”按钮完成收货单审核，此时“审核状态”显示“已审核”，如图 10-84 所示。

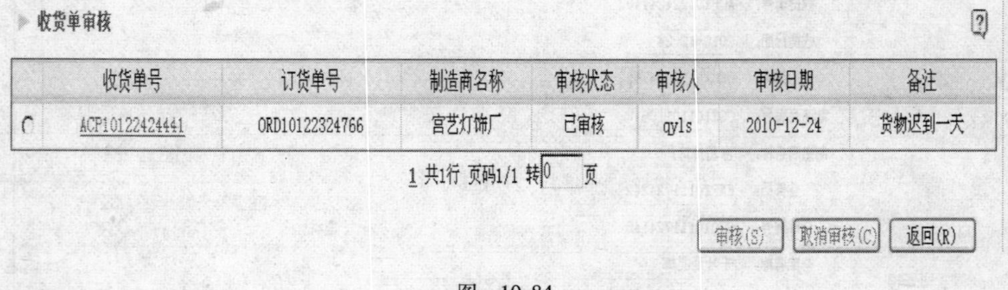

图 10-84

第11章　消费者商品订购及收货（实验指导九）

11.1　消费者（终端客户）商品订购

登录“终端客户”如图11-1所示。

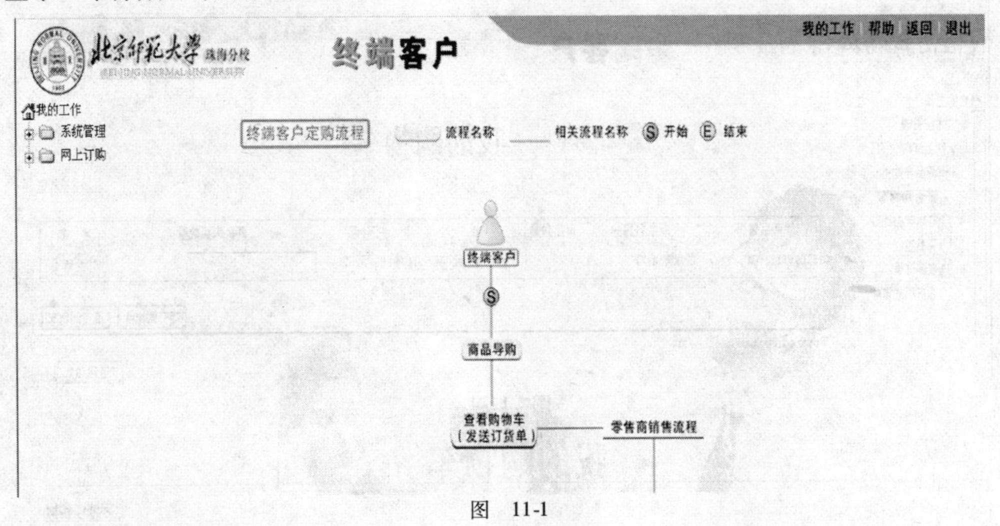

图　11-1

（1）商品订购

点击“网上订购”功能菜单下的“商品导购”菜单项，进入商品订购页面，如图11-2所示。

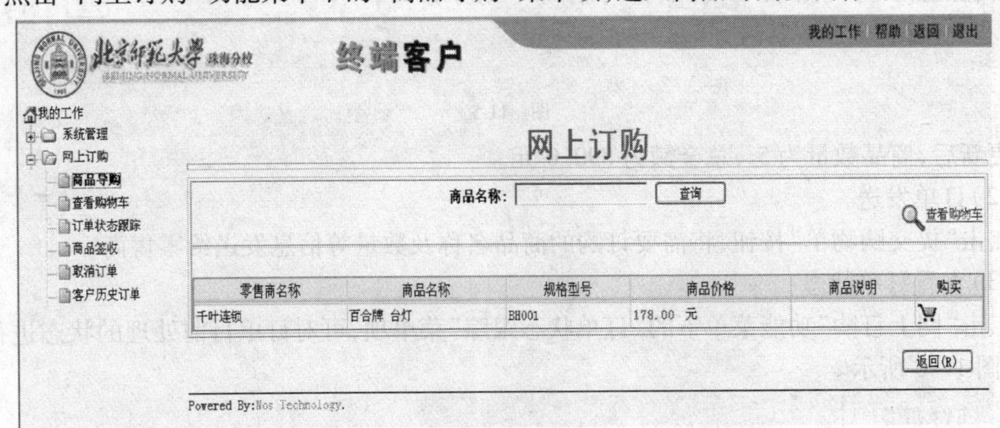

图　11-2

选择需要购买的产品，点击“购买”字段下的按钮，如图11-3所示。

点击“网上订购”功能菜单下的“查看购物车”菜单项，查看购物车内订购商品的情况（系统默认购买商品数量为1），如图11-4所示。

在“更新购买数量”栏，填写应购数量（5个台灯），并点击右端的更新“按钮”，如图11-5所示。

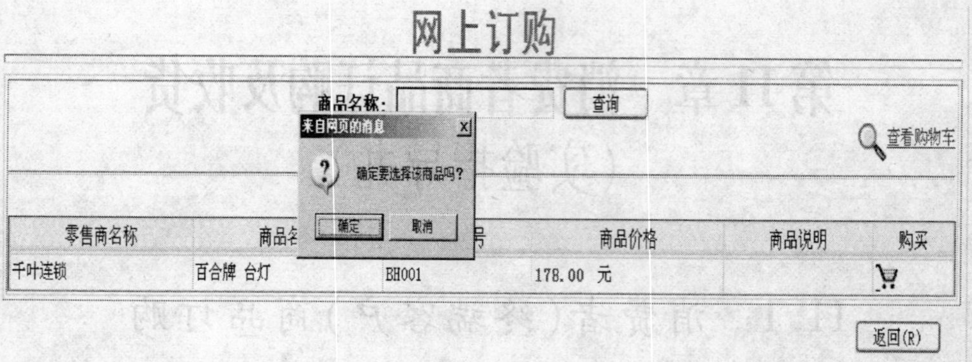

网上订购

商品名称： 查询

来自网页的消息

确定要选择该商品吗？

确定 取消

查看购物车

零售商名称	商品名称	商品编号	商品价格	商品说明	购买
千叶连锁	百合牌 台灯	BH001	178.00 元		

返回(R)

图 11-3

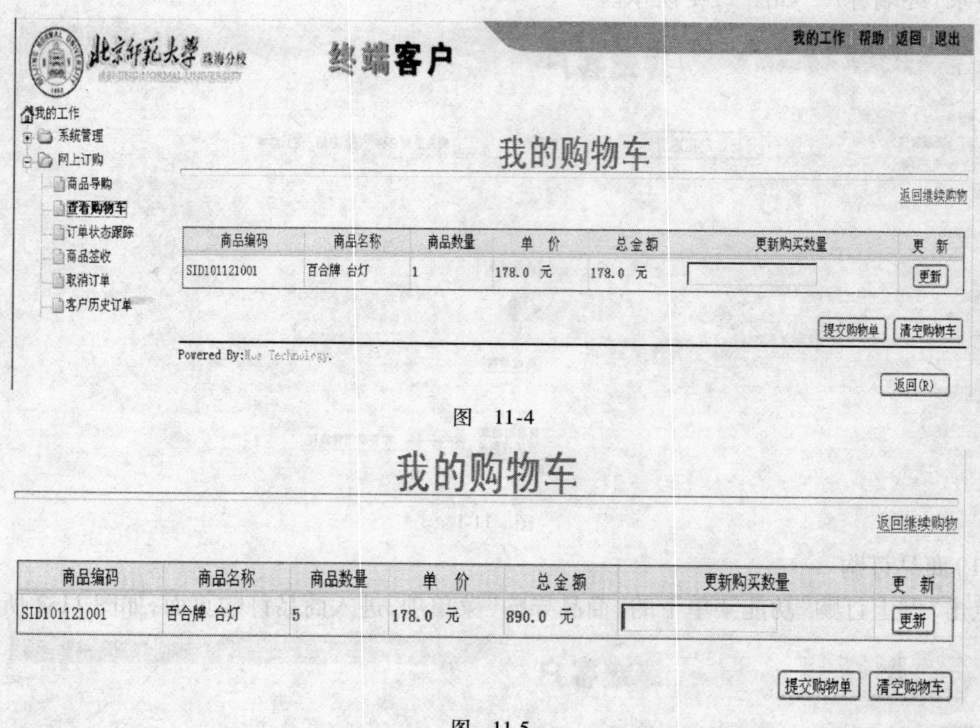

图 11-4

图 11-5

更新后，商品数量为 5，总金额为 890.0 元。

(2)订单发送

点击“提交购物单”按钮，将需要订购的商品名称及数量等信息发送给零售商。

(3)查看订单状态

点击“网上订购”功能菜单下的“订单状态跟踪”菜单项，可对订单目前处理的状态进行查询，如图 11-6 所示。

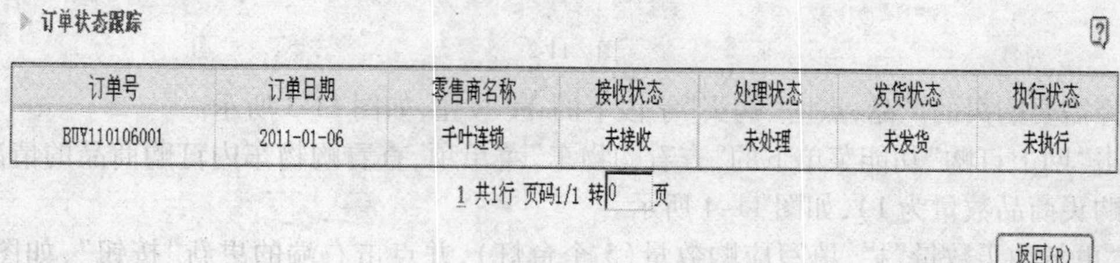

图 11-6

11.2　零售商销售管理

(1)接收订单

“登录”零售商,点击“销售管理”功能菜单下的“客户订单”菜单项,进入客户订单查询页面,如图 11-7 所示。

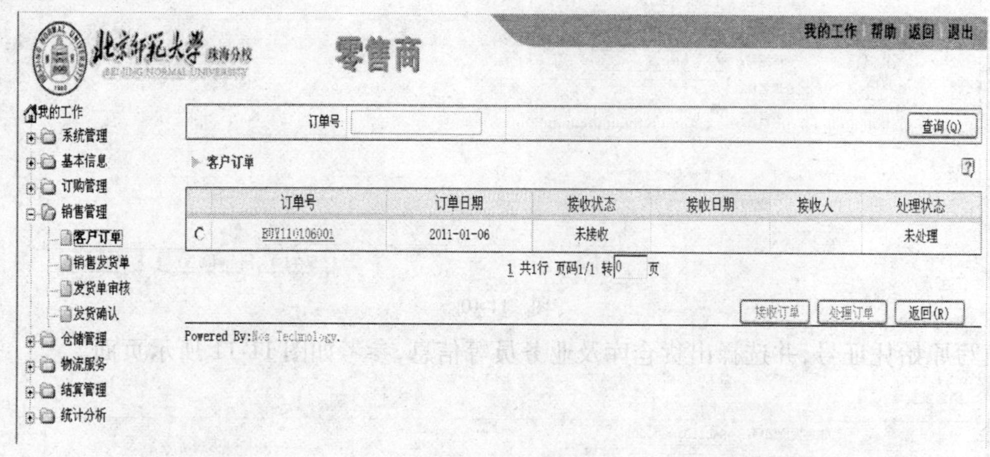

图　11-7

选择客户订单,点击“接受订单”按钮,接收客户订单,如图 11-8 所示。

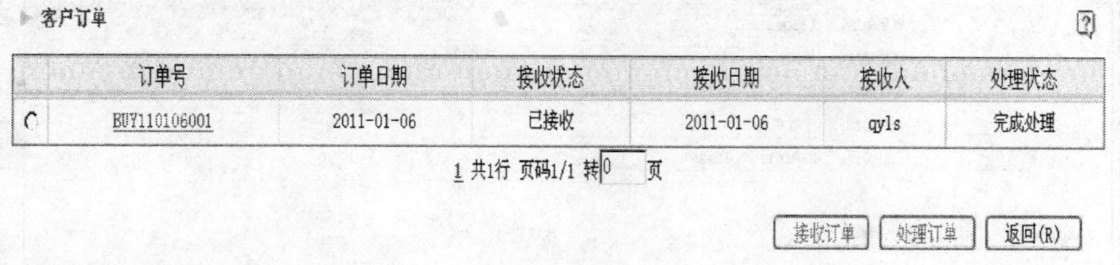

图　11-8

(2)制作销售发货单

点击“销售管理”功能菜单下的“销售发货单”菜单项,进入销售发货单页面,如图 11-9 所示。

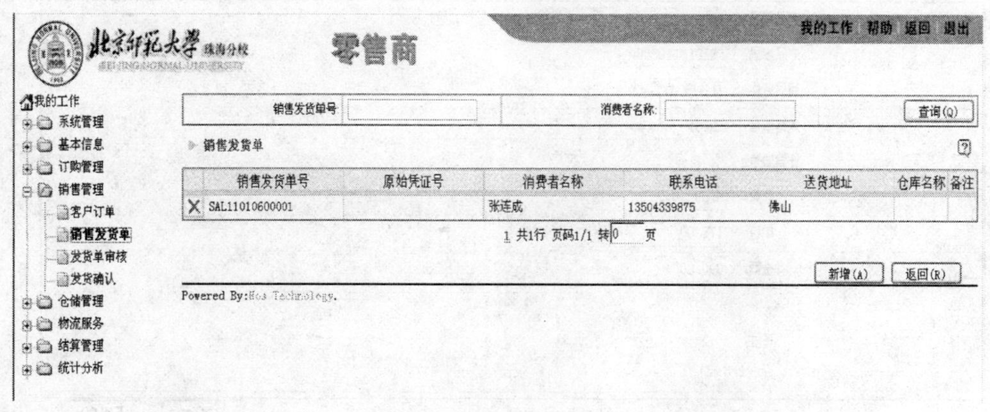

图　11-9

点击销售发货单号，进入销售发货单详细维护页面，如图 11-10 所示。

▶ 销售发货单

销售发货单号：	SAL11010600001
原始凭证号：	
发货日期：	2011-01-06
消费者编号：	COM101101108
消费者名称：	张连成
联系电话：	13504339875
送货地址：	佛山
仓库编号：	
仓库名称：	
业务员：	
备注：	

保存(S) 明细(M) 返回(R)

图 11-10

填写原始凭证号，并选择出货仓库及业务员等信息，参考如图 11-11 所示页面。

▶ 销售发货单

销售发货单号：	SAL11010600001
原始凭证号：	20101201
发货日期：	2011-01-06
消费者编号：	COM101101108
消费者名称：	张连成
联系电话：	13504339875
送货地址：	佛山
仓库编号：	STO10111724145
仓库名称：	千叶商品库
业务员：	EMP10111724242
备注：	

保存(S) 明细(M) 返回(R)

图 11-11

点击保存后，可以查看销售发货单的明细，如图 11-12 所示。

▶ 销售发货单

商品编码：	
产品编码：	PRID101108060
商品名称：	百合牌 台灯
规格型号：	BH001
计量单位：	个
数量：	5.00
单价：	178.00
金额：	890.00
备注：	

保存(S) 返回(R)

图 11-12

(3)发货单审核

点击"销售管理"功能菜单下的"发货单审核"菜单项,进入发货单审核页面,如图 11-13 所示。

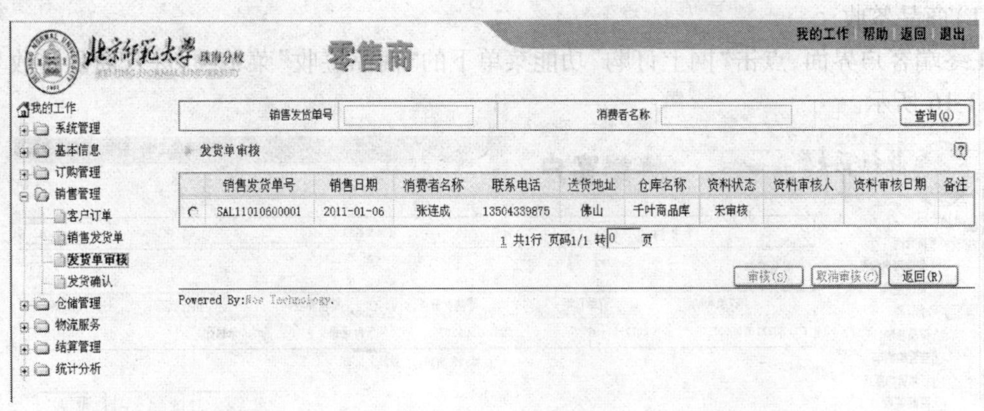

图 11-13

选择需要发货的销售发货单,点击"审核"按钮,完成销售发货单的审核,如图 11-14 所示。

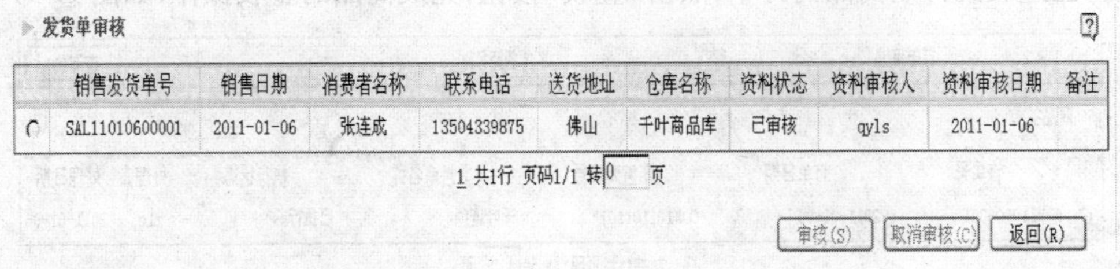

图 11-14

(4)发货确认

点击"销售管理"功能菜单下的"发货确认"菜单项,进入发货确认页面,选择已经发货的销售发货单,点击"确认"按钮,完成发货确认,此时"发货状态"显示"已确认",如图 11-15 所示。

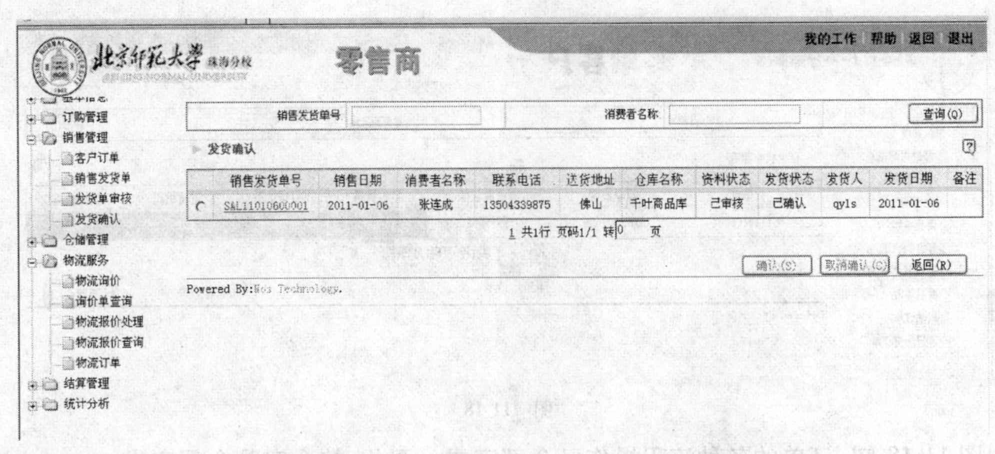

图 11-15

11.3 消费者(终端客户)收货

(1)商品签收

在终端客户界面,点击“网上订购”功能菜单下的“商品签收”菜单项,进入商品签收页面,如图 11-16 所示。

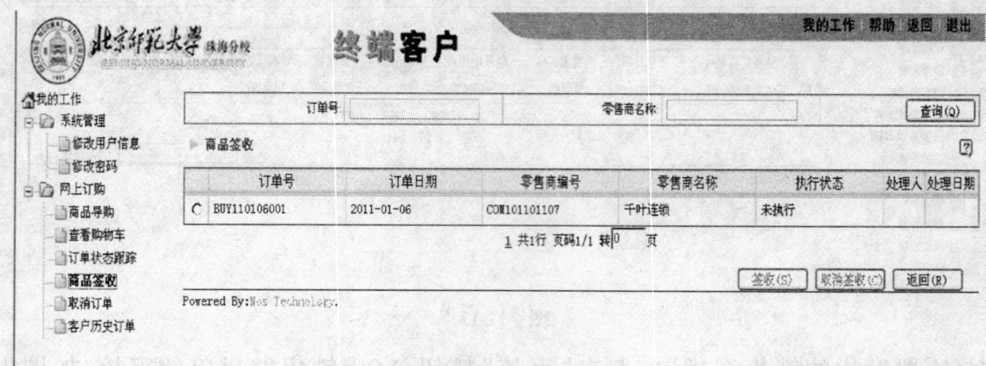

图 11-16

选择已经收到订购商品的订单,点击“签收”按钮,完成商品的签收操作,如图 11-17 所示。

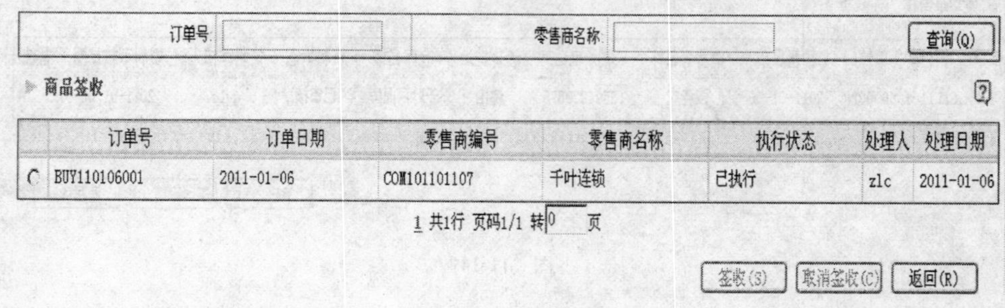

图 11-17

(2)查看订单状态

点击“网上订购”功能菜单下的“订单状态跟踪”菜单项,可看到目前订单状态,如图 11-18 所示。

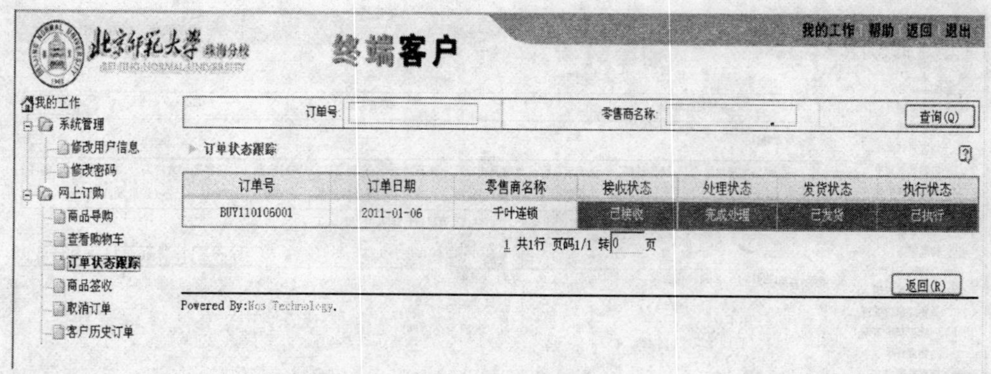

图 11-18

由图 11-18 知,订单的各种流程操作已全部完成。至此,整个实验全部完成。